解读《幼儿园园长专业标准》引领专业成长

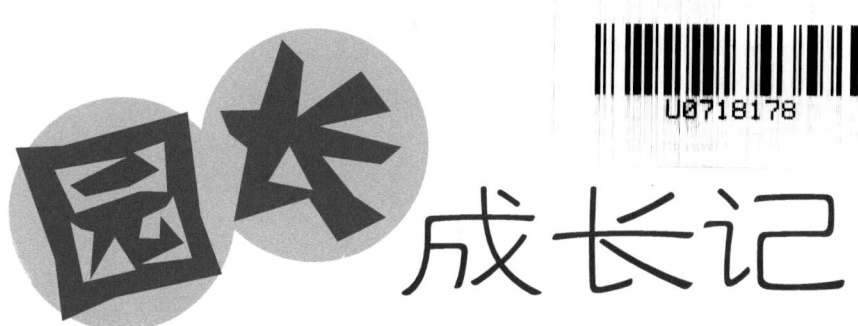

园长成长记
——幼儿园管理典型案例处理与反思
上册

主　编　刘晓娟
副主编　于丽岢　徐凌霞　黄光翔
编　者　（按姓氏笔画排序）

于　宏	王　妮	王　瑾	王庆娜	王春芳	王秋霞
王素梅	王淑楷	石　月	田　俊	吕彩凤	朱晓华
全　玲	刘春燕	孙占先	李　杰	李艳艳	李盛玉
杨　斌	杨晶坤	肖　文	吴　芳	吴丹凤	张秋颖
张洪雁	张晓岩	陈　怡	陈　辉	罗惠文	季　秀
赵　冰	赵一洁	侯雨彤	昝佳丹	姜　玲	原　媛
高　岩	梁琳琳	彭志玲	韩沈丹	程雪崴	曾　霞

辽宁师范大学出版社

·大连·

ⓒ刘晓娟　2018

图书在版编目（CIP）数据

园长成长记：幼儿园管理典型案例处理与反思. 上册/刘晓娟主编. —大连：辽宁师范大学出版社，2018.4（2024.9 重印）
ISBN 978-7-5652-2608-3

Ⅰ. ①园… Ⅱ. ①刘… Ⅲ. ①幼儿园-教育管理-案例 Ⅳ. ① G617

中国版本图书馆 CIP 数据核字 (2018) 第 056989 号

Yuanzhang Chengzhang Ji——You'eryuan Guanli Dianxing Anli Chuli Yu Fansi
园长成长记——幼儿园管理典型案例处理与反思·上册

责任编辑：孙晓艳
责任校对：王文慧
装帧设计：周佰惠

出 版 者：	辽宁师范大学出版社
地　　址：	大连市黄河路850号
网　　址：	http://www.lnnup.net
	http://www.press.lnnu.edu.cn
邮　　编：	116029
营销电话：	（0411）84206854　84215261　82159912（教材）
印 刷 者：	大连天问彩艺图文有限公司
发 行 者：	辽宁师范大学出版社

幅面尺寸：170mm×240mm
印　　张：14.5
字　　数：348千字

出版时间：2018年4月第1版
印刷时间：2024年9月第3次印刷
书　　号：ISBN 978-7-5652-2608-3

定　　价：55.00元

前言

自《国家中长期教育改革和发展规划纲要（2010—2020年）》和《国务院关于当前发展学前教育的若干意见》（国发〔2010〕41号）颁布以来，我国学前教育事业取得了长足发展，普及程度不断提高。近几年，在建设规模迅速扩大的过程中，幼儿园办园质量和管理问题日益凸显。众所周知，一所幼儿园办学层次的高低，不能仅看其硬件的好坏，从根本上说还取决于园长的管理水平，只有具备专业化素质的园长，才能促进幼儿园朝着优质的方向发展。2015年1月10日，教育部颁布了《幼儿园园长专业标准》（以下简称《园长标准》）。《园长标准》是对幼儿园合格园长专业素质的基本要求，是引领幼儿园园长专业发展的基本准则。深入学习、理解《园长标准》，不断提升专业素养，成为优秀的教育专业人员，是社会和职业发展对现代园长的要求。

园长专业成长，是园长的内在专业结构不断更新、演进和丰富的过程，是园长个体专业持续发展、日臻完善的过程。每个园长的专业成长都离不开长期不断的学习和反思，典型案例是学习他人、反思自我的有效载体，因为它是园长生活情境中重要的组成部分，是园长的主要经历。它既记录了园长的成长和变化，也反映出影响园长专业成长的因素。学习典型案例，可以帮助我们了解更多优秀园长的管理方法和策略，达到"不出户，知天下；不窥牖，见天道"。分析典型案例，可以帮助我们找出工作和事物发展的规律，从而掌握并运用这些规律。通过"案例分析和迁移"的学习方法，我们可以较快掌握更多解决问题的经验技巧和方法，做到"闻一以知十"。

为了引领园长在管理岗位上主动、健康、快速地成长，我们对照《园长标准》的六大方面60个条目，选取了79个典型案例，采用易于轻松阅读的方式并借鉴同行经验，通过"案例描述+思考与行动+成长心语"的体例，集中呈现了园长作为幼儿园核心管理者在统筹全园发展、营造育人文化、服务队伍建设、提升办园水平、协调内外关系等管理实践中遇到的困境和问题，并提出了符合当前幼儿园教育发展实际的管理理念与方法建议。其中"案例描述"部分，再现了园长专业标准所涉及的普遍存在的、大家关心的、比较重要的问题；"思考与行动"部分，分享了优秀园长对这些问题、事件分析处理的过程及取得的经验、教训与成果；"成长心语"部分，讲述的是园长对解决此类问题的感悟、体会和建议。此外，我们在每一编的开篇部分还设计了"专业解读"，结束部分设计了"资源链接"（选取了若干与各编内容相关的管理方法、心理测试、团训游戏等），旨在帮助园长进一步理解标准，丰富策略，拓宽视野，做到"学"有理论引领，"做"有案例、资源辅助。"一道天河长如许，开得源头水不绝"，研读这些案例会让你积累和熟悉更多的管理情景、困境以及解决问题的办法，学会在纷繁复杂的情境下如何去思考，如何做决策，进而锻炼分析能力、判断能力，提升自身管理智慧。

但典型案例不是"万能公式"，典型案例给予各位园长的是一种学习思路、一种原理方法、一种研究过程，在分析具体案例时，必须结合本园实际，避免陷入"套版反应"。同时，建议大家在借鉴学习他人的同时，认真反思和自我检核，评估自己的强项和弱项，所谓"缺什么就补什么，差什么就修炼什么"，只有自我不断地学习与探究，反思与实践，才能有效拓展专业内涵，提高管理水平，逐步达到专业成熟的境界。

8844.43米，这是珠穆朗玛峰的海拔。那么，幼儿园管理的"珠峰"高几许？其实，幼儿园管理没有止境，也不存在"珠峰"的说法，如果有，那就是无数敬业奉献的幼儿园园长用他们的精神、事业、成就和生命构成的高度。希望所有幼儿园园长在学前教育改革与发展的大潮中，在持续发展的专业成长之路上，不断走出幼儿园管理的新高度！

刘晓娟

2017年9月于沈阳

目 录

第一编　规划幼儿园发展

专业解读 ··· 1

案例分享 ··· 5

"普惠"——让孩子们都能上"物美价廉"的幼儿园············5
对准焦点　科学规划···10
爱的相遇　共同成长···22
龙里的精神　舞动的童心·····································25
依法治园　打造健康快乐的巴学园·····························29
为孩子们的幸福而来···33
"6+X"模式，让名师工作室助力教师团队成长·················37
"SWOT分析"走进游戏化音乐教研·····························42
从"局外人"到"局内人"·····································47
我的责任清单···50
自我评估见成效···53

资源链接 ···60

团队小游戏···60
推荐读本···61
在线学习资源···64

第二编　营造育人文化

专业解读 ···65

案例分享 ···70

园本文化浸润中的环境·······································70
立足园所特色，开展多彩文化活动·····························77
Q：聪明水？ A：营养保健水！·······························85
三色文化与小蜗牛···90
关注幼儿初入园···94
民俗教育的魅力··102

基于幼儿核心经验的幼小衔接课程·······110
童年的秘密——富有智慧的爱·······116
我喜欢书——阅读之旅·······119
让我们一起爱上阅读·······123
让教育在仪式里发生意义·······130
创设适宜生活环境,助力快乐学习生活·······134
亲子活动,让陪伴看得见·······140

资源链接·······149
学前教育类型与"温和程度""情感强度"的关系·······149
阅读书目推荐·······150

第三编　领导保育教育

专业解读·······151
案例分享·······155
保教护航——喝水之我"建"·······155
龋齿?肥胖?小信号,大问题!·······160
"迷宫"事件,谁之过·······173
尊重、顺应婴幼儿——在盥洗过程中教师的思考·······177
幼小衔接我们"衔接"什么?·······181
幼小协同　科学衔接　为幸福人生奠基·······186
排队是一种美德·······190
尊重幼儿需求　建立盥洗规则·······194
关注细节,维护幼儿的健康与安全·······197
信息技术助力家园共育·······201
小顾虑引发的大思考·······203
从进餐现象看保教质量·······206
从"预约听课"引发进班指导的思考·······211
示范引导,引领教师成长·······213
课题研究也是保育员的"菜"·······218
读懂孩子——让午睡更甜美·······221

资源链接·······225
增强团队凝聚力小游戏·······225

第一编 规划幼儿园发展

专业解读

习近平总书记说过:"如果没有一个长远的规划,走一步看一步,或者上面说一说下面动一动,那不行。一定要有思路,要有规划,要有长远考虑,不能只看眼前。要形成十到十五年的远景规划,然后再考虑当前做什么。"园长作为幼儿园的领导者,《幼儿园园长专业标准》(以下简称《园长标准》)中提到园长首要的专业职责就是规划幼儿园发展,这也是园长引领园所发展的起始与核心环节。

一、幼儿园规划的特征与内容

学校发展规划(School Development Planning,简称SDP)是近年来被广为采用的一种学校发展策略。作为一种管理未来、应对变化和专为处境不利的学校设计的改进策略,它兴起于20世纪90年代,渊源却可以追溯到20世纪60年代。

幼儿园规划是指幼儿园依据国家有关学前教育方面的方针、政策、法规以及一定的指导思想,对幼儿园未来较长一段时间内,幼儿园发展的目标、规模、速度、重点、特色、主要任务、保障体系等方面,运用科学的方法所进行的从整体到细节,有目的、有条理、全面的部署和安排,是幼儿园对未来发展所进行的形象设计,勾画和描绘了幼儿园未来发展的蓝图。幼儿园发展规划一般由幼儿园发展战略分析、发展目标、发展思路、战略任务等要素构成,即基于对现状的分析,确定未来一段时间内幼儿园做什么、怎么做。

不少学者认为,幼儿园发展规划不仅仅是幼儿园发展方案的设计,更是一种管理方式的改变,是筹划或设计幼儿园整体发展的活动或过程。

幼儿园发展规划有以下几方面特征:

(一)创新园所的管理理念

对幼儿园发展规划的制定,不能简单视为只是制定一种规划文本,应涉及一些管理方式的转变和管理过程的变革等内容。其实,制定规划是在传统管理经验的基础上与时俱进,把课程管理、队伍建设、民主管理等管理发展的新经验在规划中反映出来,规划本身就是管理不可分割的一部分,是管理活动的起始环节。规划中确定的办园方向、目标设计及策略选择,实际就是园所管理所要实现的目标要求,除此,管理不应再有什么另外的目标界定。作为园长及其管理者,必须把制定规划作为一种管理新理念而牢固树立起来。

（二）提升园所的管理质量

幼儿园有多种管理方式，如传统的目标管理、角色管理以及现代的信息管理、知识管理、绩效管理等，这些管理方式的目的不同，侧重点也存在差异，它们在园所管理这一综合性的实践活动中都不同程度地表现出缺陷来。而把园所发展规划看作一种系统性的管理方式，不仅包含上述管理方式中的基本内容，而且还展现出幼儿园组织发展的整体性和长远性，不仅使人们关注园所的发展目标、过程与绩效，而且重视相关活动过程中各种管理方式的适切性、有效性和合理性，由此真正找到适合特定园所的管理方式，群策群力地探索园所未来的发展策略和方法。

（三）贯穿园所的管理过程

园所发展规划不仅是提出园所发展目标，或创设出一种园所发展的蓝图，而且是通过制定、实施和评价等系列活动过程，激励社会人士并联合社会力量，不断改进园所的硬件和软件建设，改进园所管理、教学和科研工作，调动园内外的各种积极因素，深入开发和利用多方资源，努力将幼儿园发展的共同愿景逐步转化为现实。

（四）诠释园所的内涵发展

园所内涵发展区别于依赖外在力量而忽视内在因素的发展模式。它所强调的是充分发挥教师的主体性和核心力量，以构建自主管理和自我发展模式为主，而不是模仿任何一种外部的模式。这种发展突出自下而上，广泛参与，责任分享，通过充分采纳相关利益群体的意见和建议来改善园所管理，通过不断调节幼儿园组织内部、幼儿园与周围环境之间的关系，获得幼儿园和社会的广泛认同，使幼儿园赢得更加广阔的生存与发展空间。

幼儿园发展规划主要内容有以下几个方面：

制定一个科学而完整的规划不是轻而易举的事，需要参与的园长和教师有全局意识、整体思维。尤其应该在设计规划内容时下功夫。一般来说，规划大致分为四个部分，包括四个方面的内容。四个部分是：幼儿园的总体发展规划、课程与教学改革规划、园所文化建设规划和教师队伍建设规划。这些规划有相对的独立性，同时又是紧密相连的。总体规划的决定包含着后三个规划，后三个规划又服务于总体规划，四者是相辅相成、互相制约的关系。四个方面的内容是：幼儿园现状分析、发展目标、发展要素和保障系统。现状分析是指对本园所具有的基础条件进行全方位的剖析，了解自身的发展历史，梳理本园的师资、规模等办园条件，充分把握幼儿园的发展现状，深刻认识幼儿园发展面临的挑战与机遇，明确本园在当前所有园所之中所处的位置，结合幼儿教育发展与改革的时代需求，进一步明确办园理念，凸显办园特色。科学定位幼儿园发展目标，即对幼儿园某一时段发展方向和达到程度的定位，也就是说要把幼儿园办成什么性质和类型的

园所以及达到什么水平。发展要素是指发展重点项目的选择及其主要领域,这是规划的主体部分。保障系统是指服务于发展目标和发展要素而需要提供的人、财、物等必要的资源以及相关制度。

二、制定幼儿园发展规划的重要意义

(一)响应《幼儿园教育指导纲要(试行)》(以下简称《纲要》)、《国务院关于当前发展学前教育的若干意见》和《园长标准》等国家政策和要求。作为园长,要明确办园方向,并充分认识到学前教育对幼儿的重要影响。《纲要》总则中明确指出:"幼儿教育是基础教育的重要组成部分,是我国学校教育和终身教育的奠基阶段。"《园长标准》中也指出:"坚持学前教育的公益性和普惠性。"这让园长更加明晰学前教育发展的要求与趋势,发挥学前教育对幼儿身心发展的作用。

(二)顺应幼儿园管理体制的应然行为。世界范围内,包括幼儿园在内的学校体系的管理权力呈下放趋势,幼儿园的办园自主权会越来越大,应对自身发展进行全面规划。

(三)找准幼儿园发展基点,确立幼儿园办园方向。通过制定规划,系统诊断幼儿园存在的主要问题,也就找到了幼儿园发展的基点。通过制定规划,厘清幼儿园的办园理念和办园特色。幼儿园发展规划是实践幼儿园办园理念的路线图。

(四)有利于整合幼儿园的教育资源,提高管理效能。更好地利用、挖掘和整合教育资源,规划的实施可以最大限度地利用资源。

三、制定幼儿园发展规划的原则

好的园所发展规划可适应外部环境的变化,不断获得发展的机会,同时又能使园所内部和谐有序运转,增强办园活力。可见,制定规划与办好园所密切相关。制定幼儿园规划需要遵循以下几条原则:

(一)全员参与原则。成立幼儿园发展规划管理委员会。幼儿园发展规划管理委员会是由社区领导、教育行政部门代表、教师代表、居民代表、宗教界人士、妇女代表、少数民族代表、家长代表、企业代表等社区各界力量参与的研究、决定与支持幼儿园发展规划制定、实施与评估的常设性机构。委员会代表一般由7~13人组成,由选举产生,园长兼任主任,社区领导兼任副主任,其日常工作包括开展调查研究、整理调查结果、反映社区意见建议、确定幼儿园优先发展事项及策略等。

(二)超前性原则。规划过分谨慎、停滞不前是不可取的。要从实际出发指向未来,要表明未来幼儿园发展的前景,因此要超前一些,有预见的成分。

(三)可行性原则。制定规划要从园所实际和地区经济社会发展实际出发,要考虑幼儿园人力、物力、财力资源开发和利用的可能性。成立幼儿园发展规划评估小组、制定幼儿园发展规划评估方案、开展幼儿园发展规划评估工作等,在此

基础上全面规划幼儿园发展的规模和速度，要始终把提高教育质量作为最高目标。

四、制定幼儿园发展规划的程序

制定园所发展规划是一项比较复杂的系统工作，不是轻而易举就能做好的，大致需要经过四个步骤：

（一）现状分析

园所发展受多种因素影响和制约，制定规划时，要对制约园所发展的多种因素进行分析。这些因素主要包括四个方面：一是发展机遇分析。就是从分析园所所处的时代背景和社会环境入手，把握园所发展的契机，能够抓住机遇乘势而上。二是发展优势与问题分析。主要是围绕园所行政领导、师资队伍、教育教学等方面展开，总结已经取得的成绩、经验和形成的办园特色等。优势内容要高度概括，突出重点、抓住关键，不要面面俱到，缺少归因分析。问题分析要抓住要害，分析到位，切不可含糊其词或列出大量问题，计划解决几个需要重点突破的问题，才是规划所需要的。三是发展历史传统分析。幼儿园历史传统是一笔重要的无形资产，应该认真研究总结。园所发展方向应在继承优秀传统基础上超越和创新。只有总结过去，才能真正面向未来，才能制定出客观、全面的园所发展规划。四是利益群体需要分析。制定规划要最大限度地满足各类群体的利益需要，要把教师、幼儿、职工的不同需要尽量纳入规划之中，使群众在园所发展中得到实惠，解决一些群众迫切需要解决的问题。

（二）确定目标

办园理念是幼儿园教育预期所要达到的理想境界、目的和结果，也就是要把幼儿园办成什么水平，达到什么规格。幼儿园发展目标是规划的核心和关键。幼儿园发展目标分为三个不同层次：一是终极目标，就是幼儿园要达到的最高教育宗旨——创办让人民满意的幼儿教育。二是阶段目标，每个园所发展都处在不同阶段，制定规划要从现阶段出发，提出高一层次的目标要求。三是项目目标，是指对支撑园所发展总目标所涉及的不同领域的事项目标。如卫生保健工作、教学工作、安全工作等，都要拟定各自的发展目标，只有实现这些目标，园所总目标才能落到实处，才有实现的可能。目标设计要合理，有特色，符合园所和当地实际，可观察、能测量和进行分解操作。

在设计园所发展目标中，还要注意选择优先发展的重点项目及要解决的重点问题，提出可实现的目标要求。幼儿园工作由于千头万绪，人、财、物资源有限，不可能平均使用，应集中力量解决那些急需解决的问题和阻碍园所发展的问题。园长只有把工作重心放在重点项目上，抓主要矛盾，才有利于带动其他问题的解决，促进园所工作的全面发展。

（三）拟定规划方案

园所发展目标确定后，需要研究实现目标的途径和办法，即拟定园所发展规

划方案。规划方案主要包括园所发展规划背景分析与园所发展目标，园所发展的主要项目、主要问题和主要指标，为规划实施提供的人力、物力、财力资源保证和其他相关措施等。园所发展规划设计必须有两种以上，以便进行比较与选择。

（四）规划方案评估优先

规划方案拟定后，要对几种方案进行比较评估，幼儿园要外请专家及有关人员召开评估会议，广泛听取各方面的意见，对方案的教育效益、社会效益、经济效益进行综合分析、论证，在几种方案中选出最佳方案，并做进一步的修改完善，再报请上级教育行政部门审批。经批准后，方可组织实施。

五、幼儿园发展规划文本的撰写

园所发展规划的制定，最终要形成一个文本，各园情况不同，撰写的文本没有固定格式，但主要内容不能缺少以下项目：

（一）制定规划的起因。这是制定规划的起点，需要简单说明。

（二）园所的现状分析。主要包括环境、历史、资源与竞争，分析的具体内容根据规划的起因确定。

（三）需要优先解决的问题。包括与教学质量相关的问题，与幼儿发展相关的问题，与资源开发与利用相关的问题，与提高管理水平相关的问题等。

（四）园所发展目标的形成。主要包括总目标、阶段目标和重点项目的设计，目标的制定源于园所发展的需要和教职工的集体智慧。

（五）实现目标的策略与措施。策略和措施是为实现目标服务的，拟定的策略和措施要具体，有操作性和可行性，有利于检查和评估。

案例分享

"普惠"——让孩子们都能上"物美价廉"的幼儿园

【案例描述】

学期初的督导检查中，我们走进了几所民办幼儿园。操场上，几个孩子把废旧纸箱排列起来，反复比较，然后一个个跨越过去；几个孩子正用纸板、夹子组合连接，不一会儿一个迷宫拼摆成形了，孩子们在自己制作的迷宫里钻进钻出，不时传出一阵阵笑声；几个孩子把装满水的饮料瓶排成一排，有的围着瓶子玩"S"形跑，有的用沙包打瓶子，有的把拴上绳子的瓶子挂在"扁担"上，走在平衡木上玩挑水的游戏；几个孩子把几个小型器械自由拆开，随意组合成小桥、跨栏、山洞、小斜坡……我是特种兵、捕鱼、好玩的平衡滑板……一个个自创游戏应运而生。会议室里，老师们正在开展园本教研活动：团队热身、设计名卡、自我介绍、小组分享、答疑解惑、互助学习、自我研修、淘宝互动、质疑……所有老师在不断体验、参与、思考中感受"园本、研修、互助"的研修氛围。我们惊喜地发现，

这些变化不仅来自于民办幼儿园，而且他们又多了一个身份——普惠性民办幼儿园。

为了了解家长、幼儿园对"普惠制幼儿园"的想法，我们通过问卷调查、访谈等方式分别在幼儿园实施普惠初期和一年后收集了来自幼儿园、老师和家长的不同声音。调查情况如下：

实施普惠政策初期：

幼儿园的声音……

1. 大部分幼儿园对获得补贴、提升幼儿园整体质量充满期待。
2. 部分幼儿园对政策稳定性、配套政策是否能够持续无法确定。
3. 加入"普惠"幼儿园，园所管理以及师资培训是否会受限？
4. 加入"普惠"幼儿园，督导力度那么大，幼儿园的课程设置会按照标准实施，如果砍去以往的兴趣班、特长班，家长是否还会买账？

老师的声音……

1. 幼儿园收费降低了，教师的工资待遇会不会降？
2. "普惠"幼儿园对教师资格要求越来越高，自己是否会适应？

家长的声音……

1. 用"普惠制"政策控制幼儿园收费标准的做法非常好。
2. 收费降低了，教学质量会不会也随之"缩水"？
3. 孩子的用餐水平会不会降低？
4. 教师招聘标准是否会降低，教师的流动性是否会增大？

实施普惠政策一年后：

幼儿园的声音……

1. 加入"普惠"幼儿园后，幼儿园定期接受督导和检查，幼儿园在教学、园务管理、安全卫生、资源配置等方面更加规范。
2. 教师流动性降低了，因为各方面待遇有了保障。
3. 以前愁幼儿园里孩子少，现在愁班额少，孩子多。

老师的声音……

1. 加入"普惠"幼儿园后，感觉看到希望了。
2. 享受和公办幼儿园老师一样的培训和外出学习的机会，更有尊严感，自我价值也提升了。

家长的声音……

1. 虽然托费降低了,但是幼儿园的硬件设施设备更完善了。
2. 幼儿园的用餐水平提高了,开展了很多游戏活动、亲子活动,每学期家长还能参加普惠公益讲座。

【思考与行动】
一、分析与思考
（一）政府文件

1. 国家层面颁发的文件

2010年7月,颁发《国家中长期教育改革和发展规划纲要（2010—2020年）》（以下简称《发展规划纲要》）。

2010年11月,颁发《国务院关于当前发展学前教育的若干意见》。

2011年9月,颁发《关于加大财政投入支持学前教育发展的通知》（以下简称《通知》）。

2011年10月,颁发《中央财政扶持民办幼儿园发展奖补资金管理暂行办法》。

2. 市区层面颁发的文件

2009年,颁发《关于进一步规范城区住宅小区配套幼儿园建设管理和使用的意见》（大政办发【2009】144号）。

2014年,颁发《金州新区普惠制幼儿园管理办法（试行）》。

（二）政策重要表述

《发展规划纲要》指出:"规范办园行为,制定学前教育办园标准。"

《通知》提到:"严格执行幼儿园准入制度,建立幼儿园保教质量评估监测体系。"

《国务院关于当前发展学前教育的若干意见》中第五条规定:"完善和落实幼儿园年检制度,建立幼儿园信息管理系统,对幼儿园实行动态监管。"第六条规定:"重视幼儿园安全保障工作,健全各项安全管理制度。"第八条规定:"坚持科学保教,促进幼儿身心健康发展,防止和纠正幼儿园教育'小学化'倾向。"

《关于进一步规范城区住宅小区配套幼儿园建设管理和使用的意见》规定:"各地区教育行政部门对接收的住宅小区配套幼儿园均要举办公办幼儿园,优先满足本住宅小区居民子女入园的需求。各地区机构编制部门要会同教育、财政部门加强对住宅小区配套幼儿园编制的管理,并落实幼儿园教职工编制的核定工作。住宅小区配套幼儿园所需教职工编制要在本地区现有事业单位人员编制总量内调剂解决,重点用于解决园长和骨干教师编制。鼓励有条件的地区举办全额拨款的公办幼儿园,切实为住宅小区居民提供质优价廉的学前教育服务。"

《金州新区普惠制幼儿园管理办法（试行）》在认定条件中对"办园资质"

和"办园行为"进行了规定。"办园资质"方面，金普新区要求"普惠制幼儿园实行统一标准、政府监管、财政补贴、社会化运营的管理运营模式，通过公开招标产生运营机构。新区管委会为幼儿园提供园舍，拨付运行补助。普惠制幼儿园支出通过托保费收入和运行补助解决"。"办园行为"方面规定，"运营机构全面贯彻教育方针及有关教育政策法规，达到与公办幼儿园同等标准的保教质量，建立健全卫生保健、安全防护等相关制度"。

二、行动与策略

（一）建立财政补助制度，设立金普新区普惠制幼儿园发展中心

2014年，为从根本上解决孩子"入园难""入园贵"等问题，金州新区党工委、管委会研究制定了《金州新区普惠制幼儿园管理办法（试行）》，批准成立了普惠制幼儿园发展中心，负责组织、协调、管理、服务普惠制幼儿园的运营。新区财政局作为普惠制幼儿园资金保障监督部门和国有资产管理部门，其主要职责有：一是按公办幼儿园同等标准编制运行补助等资金预算，经审核达标后给予生均运行补助20%的奖补；二是负责运行补助资金的拨付和监督管理；三是国有资产办公室登记幼儿园园舍房屋产权。新区财政投资购买的设备产权归属发展中心，使用权归运营机构。运营机构开园前一次性购买的设备和办园期间自行购买的设备归运营机构所有。这一举措为学前教育发展开辟了一条新途径。

（二）明确运营机构的权利和义务，实行动态管理

1. 权利和义务

运营机构作为普惠制幼儿园的经营部门，其主要权利和义务有：一是运营机构为独立法人单位，拥有经营自主权；二是运营机构全面贯彻教育方针及有关教育政策法规，达到与公办幼儿园同等标准的保教质量，建立健全卫生保健、安全防护等相关制度；三是投资购置与办园规模相匹配的教育教学和生活设备（包括玩教具、室外活动器材、桌椅、床具以及卫生保健消毒器具等必备设备）；四是对幼儿园园舍及设备进行维护维修，不得擅自处理幼儿园国有资产，不得以国有资产进行抵押或融资贷款；五是普惠制幼儿园教职工与公办幼儿园教职工在教师培训、资格认定、职称评定、表彰奖励、教龄工龄计算、社会活动等方面政策一致，工资、福利待遇、基本养老保险等按合同约定执行，普惠制幼儿园与公办幼儿园在运行补助、贫困家庭补助等方面享受同等政策。

2. 准入和退出

建立准入机制。按准入条件公开招标产生运营机构，与发展中心签订委托运营合同。运营机构第一个经营期（三年）审核完全达标并有意延长运营期者，可顺延一个经营期（三年）。

新区教育文体局对运营机构审查合格后，按照有关规定登记注册，颁发"大连市学前教育机构办园许可证"，同时建立退出机制。运营机构退出，须提前三

个月向发展中心提出申请,并由新区教育、审计、国有资产管理等部门对其亏营资产、财务等进行审计后,依法依规解除合同并向社会公示。

对具有下列情形之一者,由新区教育文体局限期整改,情节严重的解除合同,收回"大连市学前教育机构办园许可证":未经新区教育文体局审批,运营机构擅自变更法人代表或擅自将幼儿园转租、转托给第三方运营的;管理混乱,教育教学质量低下,产生恶劣社会影响的;租借、转让、扩建、改建、损毁园舍或改变园舍用途的;无法保障园舍、设施设备维修维护,影响正常运转的;违反有关收费规定的;无法保障教职工工资及福利待遇的;发布虚假招生简章或广告骗取钱财的;年检不合格的;不符合国家卫生标准、安全标准、妨碍幼儿身体健康或者威胁幼儿生命的;伪造、变造、买卖、出租、出借"大连市学前教育机构办园许可证"的;恶意终止办园、抽逃资金或者挪用办园经费的;其他违反国家法律、法规和规章的。

运营方退出运营并经新区教育文体局组织审计与清算后,剩余自购设备设施可自行处理;对不可移动设备设施、装修等财政均不予以补偿。运营方退出时,不得以任何理由破坏、损毁、拆除园舍内设备设施。

3. 动态管理

运营机构每年要安排一定的专项资金进行园舍的维护保养、设备更新,保证幼儿园正常运转。严格普惠制幼儿园园长、教师和工作人员的准入制度,明确准入条件,实行持证上岗,合同管理。幼儿园依法自主招聘教职工并签订劳动合同,依法保障教职工工资和福利待遇。

普惠制幼儿园实行分级管理,托保费参照同级公办幼儿园收费标准执行。收费标准严格执行国家省市相关规定,经新区物价部门核定后,报新区教育文体局备案。不得擅自提高收费标准或增加收费项目。新区发改、物价、财政、审计、教育等部门要加强对"管办分离"幼儿园的收费监管,规范收费行为。经费管理实行独立核算。任何单位和个人不得以任何形式向幼儿园收取国家规定以外的费用,对以任何名义挪用幼儿园保教费的单位和个人要坚决查处,并依法追究责任。新区教育、财政部门要加强对普惠制幼儿园的财务监督和指导,保证各项经费专款专用。其他保育保教、卫生健康、安全等管理按照国家省市有关法律法规及文件中的规定执行。

(三)加大监管力度,实施考核监督

在扶持的同时,加强对普惠性民办幼儿园的监督和管理。每学年,以八大协作组为单位,定期对本组内普惠制幼儿园的教学计划、园务管理、安全卫生、资源配置、经费投入、教职工待遇和保教质量等进行专项督导。对造成重大事故、食品卫生责任事故的,除解除合同、收回"大连市学前教育机构办园许可证"外,要及时交由司法机关依法追究相关责任人的法律责任,并将督导结果进行公示。

上诉举措使民办幼儿园自身主动加快转化和建设进程，努力做到保工资、保安全、保运转、保发展。不断完善用人机制，确保教师工资待遇。健全培养培训体系，扩大培养规模，提高教师专业素养和教育实践能力，稳定师资。

❀【成长心语】

> 目前为止，我区已经有52所幼儿园被批准为民办普惠幼儿园，现有260个班级，有9000多名幼儿入读普惠制幼儿园，享受幼儿园优质教育资源，逐步构建了"广覆盖、保基本和有质量"的学前教育公共服务体系，让孩子们都能上"物美价廉"的幼儿园不再是梦想。在推行"普惠制"过程中，我深深感受到：作为一名幼儿园的园长，在切实解决"入园难、入园贵"的问题时，不仅要充分了解国家关于学前教育的普惠性政策，而且要了解国家对贫困人口、弱势群体的相关政策，对他们给予合理合法合规的扶助，确保这部分人群也能享受到国家的普惠政策。
>
> （大连市金普新区社会事业局基础二处 陈怡）

对准焦点 科学规划

❀【案例描述】

（事件一：新任职的谈话）2011年夏天，我被领导安排到新的园所任职，由于对园所的情况不是很了解，因此我经常找老师谈话。我设计的谈话内容是：1.请你将个人情况进行简单介绍；2.请你简单介绍一下园所文化及特色；3.入职以来你对园所发展提出过合理化建议吗？是否被采纳？ 4.你知道幼儿园未来发展的愿景吗？……我想通过谈话掌握老师们是否了解当前学前教育的发展趋势，是否参与并熟悉园所发展思路，是否对个人发展状况有较清晰的定位。老师们的回答并不令我意外，大部分老师将个人情况介绍回答为毕业院校、工作时间及年限，或者说几句爱孩子的口号，没有一位老师围绕着自我专业发展进行评价。当谈及对园所发展是否提出过建议或提出的建议是否被采纳时，她们认为这些都是领导层面的事情，与她们无关，她们也没有仔细地阅读过园所规划，甚至在上交建议时会出现雷同现象。

（事件二：复制、粘贴行得通吗）某日，接到同行电话："可不可以把你们幼儿园的发展规划借给我看看？"这个问题让我在电话这头无法应答，这位园长已经工作多年，我认为她应该是想把规划做得更完整吧。于是，在电话这端，我向她推荐了几本制定发展规划可参考借鉴的理论书，但是被她回绝了。她说："我

第一编 规划幼儿园发展

着急用,直接复制、粘贴就可以了。"园所规划都是结合园所实际制定的,在我看来属于私家订制,靠复制、粘贴就能解决问题吗?

❀【思考与行动】

一、分析与思考

"如果你不知道你要到哪儿去,那你就哪儿也去不了!"无论是一位教师还是一所幼儿园,如果没有目标,工作和生活就不会如意;如果有模糊的目标,则大多安于现状,没有什么特别的成绩;如果有清晰而短暂的目标,就容易在实现目标的过程中获得自信和快乐,能够在社会中脱颖而出,稳步上升;如果有清晰而长远的目标,就会成为行业中的精英。目前,很多园长缺乏对园所发展规划的深入理解,把制定园所发展规划当作上级交给自己的一项任务来完成,是一种被动的参与,而不是真正意义上的自主规划、自主发展;有的园长对园所当前迫切需要解决的问题缺乏深入分析;有的园所在制定规划时参与人员及参与程度不够;有的园所在制定规划时提出的发展任务和措施不够具体等。基于此,我在制定幼儿园发展规划时注意了以下几个问题:

(一)问题意识

参与制定规划的人员都要树立几个问题意识:我们的幼儿园现在怎么样?我们要把幼儿园带到哪里?如何确定我们是否把幼儿园带到了那里?园长的领导力表现在带领团队在合理分析历史和前瞻未来的基础上,明确幼儿园发展的方向和策略,这是一名园长的责任与挑战。

(二)团队意识

以人为本,自下而上,让更多的人参与到幼儿园发展规划的全过程。做到三个不放过:找不到问题不放过,找不到问题的责任人不放过,找不到问题的解决办法不放过。

(三)科学意识

德鲁克指出:"卓有成效如果有什么秘诀的话,那就是善于集中精力。卓有成效的管理者总是把最重要的事情放在前面来做,而且只集中做好一件事。""要事优先"对园长来说,就是要科学地分析幼儿园工作中的轻重缓急,明确优先解决的问题,找准园所发展的突破口。

(四)方法意识

掌握幼儿园发展策略理论,建立民主、法制、开放、公平,运转高效协调的、与社区相融合的幼儿园管理策略,从传统走向现代,从封闭走向开放,顺应时代对学前教育发展的需求。

二、行动与策略

幼儿园的发展规划,为幼儿园的发展提供指南与纲领。现以《大连市金州区第一幼儿园"十二五"发展规划》为例,简述制定园所发展规划时,如何最大限

度地整合资源，改善园所管理，提升园所竞争力。

（一）科学策划

我园成立由专家、园代表、家长、社区及各界人士组成的规划小组，共同确定幼儿园发展目标体系和行动策略。针对园所发展的三个问题，规划小组成员从不同的角度进行阐述。如中国教育科学院专家组成员李铁安博士对我园制定规划提出了前瞻性的建议：幼儿园在制定规划时需重新审视游戏和生活的独特价值，思考幼儿园一日生活中蕴含哪些学习方式和教学模式的变革。它要求教师能够创设与现实生活紧密关联的、真实性的问题情境，让幼儿通过基于问题或项目的活动方式，开展体验式的、合作的、探究的或建构式的学习。我园为更好地贯彻执行《纲要》《3-6岁儿童学习与发展指南》（以下简称《指南》）《幼儿园工作规程》（以下简称《规程》）等学前教育法律法规政策，结合大连市金普新区"十二五"的教育主题"全课程育人与学生核心素养提升"，立足我园实际，制定幼儿园新的三年发展规划，突出幼儿的主体地位，让幼儿"在游戏中生活、在快乐中成长"，全面提升办园质量。

（二）合理分析定位

我园在制定园所发展规划时运用SWOT分析法（即态势分析法）分析幼儿园的发展处境，找出幼儿园的优势、劣势、机会、威胁和现存的主要问题，以确定幼儿园所处的发展阶段，为进一步确定幼儿园的发展目标体系和行动策略提供事实依据。分为三部分：一是办园历史分析。大连市金州区第一幼儿园隶属于金普新区事业发展局，始建于1955年9月，坐落在金普新区中长街道，是辽宁省五星级幼儿园，占地面积5890平方米，建筑面积3980平方米。幼儿园设总园、亲子园两个园所，共设小、中、大、亲子14个班，在园幼儿369名，幼儿园现有教职员工73人。二是对园所取得的成就和优势进行分析。幼儿园先后被评为国家非物质文化遗产传承基地、辽宁省贯彻《指南》先进单位、大连市教科研基地、大连市绿色幼儿园、大连市卫生保健十佳幼儿园、大连市A级食堂、大连市依法治校示范校，曾获2014年中国学前教育年会论文评比优秀组织奖、辽宁省幼儿园活动区评比活动一等奖。规划小组认真疏理前期成果，总结幼儿园现有优势：（1）园所管理规范化。幼儿园建园六十一年，一直隶属教育系统，规范管理，是当地最早的省级示范幼儿园，发挥着骨干引领的作用。特别是自2015年被评为辽宁省五星级幼儿园后，园所的办园标准与质量得以稳步提升。（2）室内外环境游戏化。为支持幼儿生活及活动的需要，幼儿园创设了"亲子阅读室""美术创意室""百变纸盒王"等专项活动室，同时每个班级都创设了幼儿感兴趣的活动区域。重建室外游戏区，为幼儿增设水池、沙池、假山、小桥等回归自然的活动场地，让幼儿能自主、自愿地选择户外游戏。（3）教师队伍专业化。幼儿园有省级骨干园长1人，省级骨干教师1人，市级骨干教师6人，区级骨干教师

4人，有金普新区教育系统"百师百强工程"首席教师1名，名教师1名。教师学历达标，拥有较高的专业素质。（4）教科研工作常态化。幼儿园重视教科研工作及园本教研的开展，"十二五"期间参与国家级课题两项，均已顺利结题并分别荣获三等奖和优秀奖；市级三个课题均已顺利结题；成功申报五项省级课题。园本教研作为省内外骨干园长、教师的培训基地，接待三千余人观摩学习，园本研修曾参加"中国学前教育大连论坛"，并获专家好评。（5）园本课程本土化。幼儿园作为国家非物质文化遗产——金州龙舞基地，积极探索龙舞资源在幼儿园的开发与利用，初步形成具有儿童特色的龙舞课程。（6）家园工作"淘宝化"。幼儿园不断开拓家园联系新渠道，尝试组织"淘宝式"的家长开放日，让家长、幼儿做活动的主人。三是分析幼儿园当前存在的问题。（1）现代学校制度尚未健全。园所的核心制度、外围制度还需要不断完善。（2）教师专业能力发展不均衡。幼儿园虽然有各级骨干教师，但也有部分教师专业能力薄弱，引导幼儿进行高水平游戏等方面的能力有待提高。（3）幼小衔接工作形式单一。没有过多关注幼儿学习品质的培养，没有把这种科学理念通过更多的渠道向家长宣传，引导家长陪伴孩子慢慢成长。（4）支持幼儿游戏的活动材料不够丰富。主要表现在益智区、表演区和室内搭建区。幼儿人数较多，游戏空间小，有时候不能充分满足幼儿活动的需求。（5）园所文化需要完善。园所文化同金普新区的校园文化相比较有差距，需要在专家的引领下重新定位。（6）安全工作还需细化。在安全教育、管理、保护方面还存在漏洞和安全隐患。

（三）确定发展目标

幼儿园在发展目标的设定中应注意几个问题：一是目标与目的的关系。目标应是对目的、宗旨的具体化，是对行为结果的预期。二是办园目标与教育目标的关系。办园目标应服从教育目标，是针对组织发展提出来的目标，教育目标是针对培养和服务对象而设定的。三是定性目标和定量目标的比重。从管理层到操作层，越是基层，目标量化的比例应越高些。如：在幼儿园规划中确定全园的指导思想是深入贯彻执行《规程》《指南》，在规范中求稳定，在稳定中求发展，在发展中创特色，在特色中求提高，坚持立德树人、依法治园、尊重儿童，支持师幼能"主动地发展，快乐地工作，成长为最好的自我"；办社会满意、家长向往、孩子喜欢、教师自豪、领导认同的幼儿园。规划中发展目标有三个维度：远期目标、近期目标和具体的部门管理目标。我园的远期目标有五点：一要坚持立德树人，帮助教师真正成长为教学模式的主人，有能力、有意愿设计、提炼、组合教学要素和方法，致力于有效促进幼儿健康成长。二要继续发挥省五星级园所的示范引领作用，不断夯实基础，外树形象，稳步提升办园质量。三要坚持依法治园，逐步健全和完善各项制度，使制度以人为本，为培养幼儿服务，为教师成长服务，为园所持续发展服务。四要建构园本课程，根据本地的社会风俗文化、历史与园

所特色，培养"有根"的幼儿。五要使园所文化特色化。既要做好园训、园歌、园规、主题活动等宣传，又要彰显精神文化在园所中弥漫的价值气息、文化气息和心理气息。园所的近期目标有五点：一是总结前期园本教科研经验，形成教学策略在教师中推广，用于实践。合理规划下一阶段园本教科研计划，让每位教师成为课题研究的主人。二是关注幼儿的游戏活动，引领教师正确地观察幼儿、解读幼儿、支持幼儿。三是加强对亲子园的管理，积极探索0~3岁婴幼儿早期教育，认真完成早教指导站的各项任务。四是扎实开展好园际协作活动，推动协作组内39个园所的教师专业化发展，做好相关评价工作。五是重新梳理提炼办园理念和办园目标，构建和谐向上的园所文化。

附件：

大连市金州区第一幼儿园各部门管理目标及措施

	第一年	第二年	第三年
园务管理水平	1.全园计划基本形成体系。 2.健全各类制度及考核细则。 3.健全档案管理制度，档案管理逐步规范化、科学化。 4.对照幼儿园标准，改进不规范行为。 5.培养骨干教师。 6.家长对幼儿园工作满意率达到85%以上。	1.全园计划能够形成体系，提高制订计划的能力。 2.进一步学习、宣传制度，在实施中验证制度的可行性。 3.健全档案管理制度，档案管理逐步规范化、科学化。 4.完善园务公开制度，倡导教职工、家长积极参与幼儿园的管理工作。 5.重视教研组长的培养使用，强调工作的创新性。 6.家长对幼儿园工作满意率达到90%以上。	1.全园计划能够形成体系，科学合理。 2.细化、量化各部门的管理目标和考核标准，完善对各部门工作的月考核和年度考核的制度。 3.实施电子档案管理（图书、专业学习资料、教师各种培训、学习资源库等）。 4.严格按照五星级幼儿园标准进行管理，成为省市区知名度较高的幼儿园。 5.提高自主管理能力，提高教工自我发展的计划性和目标性。 6.家长对幼儿园工作满意率达到95%以上。
	主要措施 1.认真学习有关办学的法律法规，把《中华人民共和国教师法》《中华人民共和国劳动法》《中华人民共和国未成年人保护法》等作为稳定队伍、做好各项工作的基本法律贯彻执行，把《规程》《纲要》《指南》作为幼儿园教育的根本去贯彻执行。 2.通过园务会讨论制定规章制度及工作常规，细化、量化各部门的管理目标和考核标准，完善对各部门工作的月考核和年度考核的制度。 3.完善园务公开制度，进一步倡导教职工、家长积极参与幼儿园的管理工作，以真正体现幼儿教育的社会化，提高制定目标及计划的质量。		

（续表）

	第一年	第二年	第三年
园务管理水平	4.健全例会制度 （1）关注新课程的实施，通过自主式培训、参与式培训，鼓励教师学习新理念，积累新经验，实施新策略。 （2）根据后勤工作中的问题，开展探讨研究、实践操作、学习培训等活动，不断提高后勤人员的业务能力与操作技能，树立优质服务观。 （3）"安全检查制"：规范门卫登记、询问制度和接送制度。完善各类应急预案并进行演习，将预案演习作为幼儿园的常规工作，根据每学期的不同要求进行不同内容的预案演习。		
师资队伍建设	1.稳定教师队伍，培养教师的责任心。 2.园本培训。帮助教师理解新的课程理念，进一步加强对《纲要》和《指南》的解读，使教师能顺利进行课改。 3.资料积累。建立教师成长手册。 4.新教师担任教学工作，继续进行班级常规及业务方面的学习，熟知教学环节，初步掌握教学语言，能写出合格教案，上一般的公开课，较快地拥有独立带班的能力。 5.鼓励教师自我学习，自我成长。	1.全园教职工热爱幼儿，爱岗敬业，有较强的事业心和责任感，有较强的团队精神。 2.园本培训。教育教学能力的培养：以课例、幼儿案例为载体，帮助教师在教学活动中把握"课改"的理念。 3.资料积累。丰富教师成长手册，建立年级组管理手册。 4.对新教师逐步放手，使其独立承担班级工作，加强业务方面的跟班学习，通过园本研修、外出跟班等机会，进一步提高其业务素养，能较顺利地进行公开课。 5.搭建成长平台。为每名教师确立教师发展计划。	1.师德为先、能力为重，实现教师与幼儿一同成长，营造"人人参与、合作研究、团结互助、共同提高"的良好氛围。 2.园本培训。教科研实践：建立园本研究课题，在教学实践、教研、科研中，积极推行反思性教学，要求教师通过"区域观察记录"，进行反思和评析，提高教师诸方面的能力。 3.资料积累。园务文本资料管理规范、达标。 4.能进行评析反馈，自评或他评，逐步做到将他人评析进行内化、调整教育行为，使自身教育观念、教育行为得到及时的反馈和调整，提高新教师的教育意识和能力，提高其设计活动、组织活动的能力。 5.搭建成长平台。为每名教师确立教师发展计划，青年教师业务比拼、园内开展评比。
	主要措施 1.弘扬奉献精神，提升师德修养。 2.鼓励所有教师参加更高一层学历的进修，提高教师队伍的学历层次。 3.为各类教师搭建平台，提供多种层次的展示机会。		

（续表）

第一年	第二年	第三年

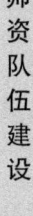

师资队伍建设

4.加强后勤人员的培训。实现所有人员都持证上岗。
5.和大连职业技术学院等幼师专科学校建立常年合作关系：在毕业生中优中选优，保持教师适当流动，招聘年轻、高学历、专业的教师充实教师队伍。
6.加强班长责任制：班长老师应该全部是骨干教师，教学之外还要承担科研和管理的任务。要加强理想、人格、奉献等方面的教育，要加强社会责任感，塑造自信、自强的人格。
7.运用现代信息技术为教师搭建知识共享平台。
　　教师专业知识库：教师专业发展所需要的各种知识。可以用"三学六法"或"五大领域"来划分，也可以用理论知识、技能性知识、案例知识等来划分。利用360云盘等技术建立教师专业库，教师可以在上传、分享资源的过程中积累、学习各种专业知识。
　　教师个人专业发展档案：教师个人档案及教师的各种智力产品。包括美工作品、自制的玩教具、教案、反思笔记、观察记录、经验总结、论文以及发表在各种书刊上的文章等。教师整理自己自工作以来的成果，通过成果累计，用数据统计分析自己的研究领域和专长，从而为进一步制定专业发展规划及规划未来的教育发展奠定基础。
　　教师交流互动平台：教师即时交流的平台，如微信、QQ、博客、微博等。定期对这些平台进行参与度统计，分析教师的观点、亮点，增强教师参与互动的意识，鼓励教师大胆表达自己的见解。
　　教师知识寻呼平台：教师向同伴求助教育教学问题的平台。加强这一平台的使用率，鼓励教师解放思想，放下包袱，把利用线上互动平台解决问题作为同伴互助学习的快捷途径和主要的方式方法。
　　园本教研专题库：结合园本教研专题提供所需要的各种知识，包括专题所需要的相关理论知识、别人已有的研究成果等，还应包括教研计划、教研活动记录、教研总结、教研成果、课例等。在360云盘中分类别建立各种专题资源，由各年级组负责人组织教师定期整理填充资源库内容。
8.通过园本教研促进教师专业成长。
（1）组织系列音乐游戏园本研修活动。
（2）汇编幼儿园传统文化园本课程书稿。
（3）探究适宜幼儿发展的园本游戏课程。
（4）撰写学习故事，学会观察、记录幼儿，支持幼儿成长。
（5）搭建各种帮扶，如园际协作、师徒结队、骨干引领等，促进每一位教师专业水平稳步提升。

（续表）

	第一年	第二年	第三年
保教质量	1.根据幼儿园实际合理调整幼儿一日作息时间表，科学安排一日活动，保证户外活动、游戏和自由活动等时间。 2.安排教师的案头工作。 3.学习观察、分析、记录幼儿的表现。 4.加强教研组建设，有计划地进行教研。 5.制定听课制度，完成听课计划。 6.加强"课改"理论学习，树立整合观念。	1.深入保教一线，合理安排一日活动，创设与教育相适应的良好环境，指导教师有计划、有质量地实施保教计划，促进幼儿和谐发展。 2.在原来的基础上，提高案头工作的质量。 3.具有初步的观察、分析、记录幼儿和了解幼儿的能力，为幼儿建立成长档案。 4.组建和落实园本培训和课程园本化研究组，形成全园参与的研究氛围。 5.通过听课、评课的方式积累有一定质量的教育活动的方案、案例，并收集存档。 6.加强课改理论学习，树立整合观念，分析幼儿园特点，进行课题实践研究。	1.继续深入一线参与研究与指导，合理安排幼儿一日活动作息时间，指导教师运用多种形式有计划、有质量地实施保教计划，创设与教育相适应的良好环境，促进幼儿和谐发展。 2.继续深入开展教师案头资料改革，确保教师案头资料的质量，倡导教师注重个性化资料的积累。 3.能根据幼儿的个体差异，制订具体的计划，并能实施。 4.以教研组为核心，以集体形式的教学活动的实践研究为抓手，提升教师的设计、组织、实施、反思等专业化水平。 5.通过搜集资料，指导教师有计划、有目的地参与教学实践研究与指导。 6.进一步完善课题研究策略，调整课题计划，总结阶段成果。

主要措施
1.认真组织全体教工学习，注重教工理念的更新、内容的分层落实以及成效的反思总结。
2.制定听课制度，有计划、有目的地参与教学实践研究与指导。
3.根据幼儿园实际合理调整幼儿一日作息时间表，科学安排一日活动，保证户外活动、游戏和自由活动等时间。
4.建立各级定期听课制，深入一线了解课程实施的情况；加强课程实践的情况分析，增强专题研究的切实性；加强各级各类研究活动的日常管理，强调研究中过程性资料的积累。
5.创设开放的游戏环境，促进幼儿自主发展。定期更换主题墙、区域环境。

（续表）

	第一年	第二年	第三年
保教质量	6. 观察和了解幼儿游戏兴趣、游戏水平、游戏经验、游戏需要，确定游戏主题。改变以往以教师为主确定游戏主题的做法：一是教师依据自己的意愿设置主题，创设环境，提供材料；二是教师依据自己的工作经验、教育目标和幼儿年龄特点预设一个游戏主题，征求幼儿的意见；三是以讨论的形式确定游戏主题，或以投票的方式决定游戏主题。 7. 教师根据幼儿游戏行为调整游戏材料，增添充足的低结构化游戏材料。 8. 丰富幼儿的游戏经验，支持幼儿实现游戏意愿。充分利用微信、QQ等家园联系平台，鼓励家长利用双休日带领幼儿走进大自然，走入社会。 9. 记录有价值的游戏故事，帮助教师更好地评价幼儿。以评价为导向，展现幼儿发展轨迹，准确把握幼儿发展的阶段性特征，充分关注幼儿发展的差异性，评价立足幼儿发展。 10. 幼儿园课程园本化研究： 　基础性课程： 　　以省编教材为实施蓝本，基本按照课程实施内容，从不同的途径选择、挖掘、重组活动的素材，每学期1个大主题活动，在主题活动中偶有生成活动。 　拓展性课程： 　　幼儿园探索型体育活动。贯彻《指南》精神，在保证每天两小时体育活动时间的基础上，优化了幼儿园的体育活动，创设幼儿园探索型体育活动环境，提供探索型体育游戏活动材料，开展主题式和非主题式体育活动，真正促进幼儿身心的全面和谐发展。"小海娃"是金普新区全体孩子的缩影，好习惯"三三三"德育系列绘本《小海娃成长记》于2014年9月在全园推广。课程的内容以良好习惯的养成为宗旨，以"小海娃"的成长历程为主线，以不同的核心美德为主题，让孩子在日积月累中自我管理、自我锤炼、自我修正。 　选择性课程： 　　"礼韵童舞"是国家"十二五"规划重点课题，通过"体验式教学"，让孩子们唱着、跳着学国学。 　　"幼趣课堂"是奇智奇才幼教动漫育儿平台，该"课堂"旨在通过动漫开发幼儿游戏、娱乐、学习的内容，并鼓励家园共用，形成育儿合力。 　特色活动： 　　开展金州龙舞特色活动，全园用"霸王鞭"做龙舞操，创新、拓展操节；鼓励龙舞队幼儿参加各种非遗文化宣传、展示活动。		

（续表）

	第一年	第二年	第三年
科研课题	1. 加强对各级课题的实施与管理，建立教师个人科研档案。 2. 完成《非遗走进幼儿园》科研成果的编写，形成可借鉴、可推广的文本材料。 3. 做好省市级"十三五"教育科研课题申报立项工作。	1. 提升教师对教育科学研究规范性、基本要求的认识，提高教师信息技术运用水平。 2. 完善教师个人科研档案。 3. 加强"十三五"课题落实，撰写阶段小结，做好资料的整理。	1. 撰写部分课题实验报告，做好部分课题结题工作。 2. 汇编整理部分结题课题成果。
	主要措施 1. 每月召开科研课题交流会，各级科研课题负责人总结经验、发现问题。 2. 建立教师个人科研档案，健全科研工作评价机制，及时对教师的科研工作成果进行材料归档，提升教师开展教科研工作的热情。 3. 及时搜集、录制课题中的优秀课例及相关资料，并及时上报。 4. 整理教科研工作档案，全园整体科研工作档案与教师个人科研档案相结合。		
卫生保健工作	1. 规范卫生保健工作计划的制订。 2. 确立健康新概念，加强管理，保证幼儿吃饱吃好，并定期向家长公布。 3. 根据园所实际情况制定应急预案。 4. 做好各类传染病预防工作，搞好室内外环境卫生和食堂卫生，严格执行消毒制度，做好疾病监测工作，确保师幼安全。	1. 规范卫生保健工作计划的制订，以进一步体现计划的导向性，积累资料。 2. 合理调配食谱，做到营养均衡，不断改善伙食质量；注重幼儿的心理研究，加强对特殊孩子的个案跟踪，如：肥胖宝宝、营养不良宝宝的矫治。 3. 不断完善应急预案，并组织学习。 4. 进一步做好各类传染病预防工作，严格执行消毒制度，经常开窗换气，保持幼儿生活、学习环境空气流通。	1. 达到卫生保健更高标准。 2. 合理调配食谱，做到营养均衡，不断改善伙食质量；注重幼儿的心理研究，加强对特殊孩子的个案跟踪。 3. 定期开展各类应急预案的宣传和实地演练，提升保教人员的应急能力。 4. 严格执行消毒制度，加强健康教育，教育幼儿讲究个人卫生，多参加体育锻炼，做好疾病监测工作，确保师幼安全。

（续表）

	第一年	第二年	第三年
卫生保健工作	主要措施 1. 保健医每年参加市区儿保中心举办的培训班学习，参加营养师、心理培训师的培训。 2. 对全体保教人员进行保健工作常规的培训。 3. 加强日常保健工作的检查和指导。 4. 相关的保健工作纳入计算机管理，做好卫生保健的归档工作。 5. 请上级专家来园指导工作。		
家长工作	1. 制定家长工作制度，落实计划的完成。 2. 健全班级家委会成员的组建，定期召开家委会。 3. 完善淘宝、预约式亲子主题活动。以不同节日为主题，家长分角色参与活动，如针对爸爸、妈妈、家中老人参加的活动。	1. 健全补充家长工作制度，落实计划的完成。 2. 进一步完善家委会成员的组建，向家长提供定期的开放式学习空间（观摩、讲座、教育书刊阅读）。 3. 举行全园、年级组为单位的多种形式的亲子活动，增进亲子情感，营造亲子共学的大氛围。	1. 优化家长工作，在家长群体中树立专业形象，产生影响力。 2. 完善幼儿园家长委员会的建设。让家委会参与管理、监督和测评，形成教育合力。 3. 积极开展形式多样的高品质的亲子活动，提高家长的参与率。
	主要措施 1. 主动提供各类优质的服务项目，进一步建立有助于幼儿园、家庭双向互动的平台。 2. 运用案例分析等方法，帮助教师、保育员分析服务方式和行为，努力提高对家长的服务质量。 3. 制定家长与幼儿的服务制度，健全服务意识。 4. 通过问卷、访谈、调查等方法，了解家长的资源、需求，并整理汇总。		
后勤管理	1. 厨房设备的改造、更换。 2. 各班填充、配备玩教具。 3. 增加教师和幼儿用书。	1. 班级进行格局改造。 2. 添置幼儿玩具。 3. 增加教师和幼儿用书，音乐、舞蹈磁带、光盘。 4. 添置科学区玩具。	1. 更换户外中小型设备。 2. 各班配电脑桌、电脑。 3. 增加绿化。 4. 创设更加鲜明的环境育人的办园特色。
	主要措施 合理使用预算资金，不断改善办园条件，为幼儿创设良好的教育环境。		

（续表）

	第一年	第二年	第三年
园际协作	1.建立园际协作工作机制，建立健全街道幼儿园和民办幼儿园的各项规章制度，促进其管理工作科学化、制度化和规范化，全面提高幼儿园的管理水平。 2.提高幼儿园保教质量。通过园际协作，规范街道幼儿园和民办幼儿园的保教常规，建立和完善园本教研机制，促进幼儿园保教质量的不断提高。	提升幼儿教师队伍整体素质。通过开展园际教研活动，提升街道幼儿园和民办幼儿园教师的专业知识和技能，提高教师组织一日活动、开展保教工作的能力，培养一支合格的幼儿教师队伍。	培育幼儿园办园特色。通过园际联片互动，促进街道幼儿园和民办幼儿园针对本园实际，挖掘自身教育资源，形成本园的办园特色，提升办园品质，促进其可持续发展。
	主要措施 三环九步法 1.学思：《指南》引路，让教师亲历学习过程。 （1）现状调查，有的放矢。 （2）以点带面，能力迁移。 （3）科研引领，树立自信。 2.求新：跨园教研，促进教师专业化成长。 （1）科学培训，指向研修。 （2）立足实践，助推成长。 （3）满足需求，立足园本。 3.致用：分享快乐，成就师幼共同发展。 （1）建立档案，记录成长。 （2）立德树人，展示风采。 （3）提升经验，引发思考。		

（四）制度与文化的统一

好的教育理念应该用好的制度来保障它的贯彻与实行。深刻体悟现代园所文化，并根据园所情况将其变成制度文本，用各种方式将其融入全园教职工的血液里。首先是办园思想的凝练。（1）办园理念：全园对办园理念达成共识，如我园提出"让天真的心灵更天真"。天真的心灵指率直、纯真、善良、火热和好奇。我们引用老子的"含德之厚，比于赤子"和孟子的"大人者，不失其赤子之心者也"，学习罗兰对赤子之心的解读——"圣洁的美德，饱满的想象力和旺盛的生命力"，形成全园的价值，追求让一个个纯真稚嫩、好奇活跃的天真心灵逐步成长为高尚本真、丰厚灵动的更天真心灵。（2）治园方略：爱岗敬业、严谨治学、敢于创新、团结协作、尊重家长、为人师表。(3)培养目标：促进幼儿德、智、体、美各方面协调发展；为幼儿后继学习与终身发展（健康成长）奠定良好素质基础。(4)教育特色：快乐教育。游戏化的教学活动——快乐教育的源泉，儿童化的教育环境——快乐教育的基础，多元化的教育理念——快乐教育的保障，专业化的保教队伍——快乐教育的关键。(5)园训："我以我心付童心。"(6)园风：健康活泼、愉快合作、注重实践、追求发展、求异创新。在反思中成长、在感悟中成长、在引领中成长、在合作中成长、与孩子共同成长。然后幼儿园要建立各种保障措施以确保幼儿园规划的落实。(1)组织保障。明确各职责部门的负责人，分层管理，确保落实。(2)政治保障。加强精神文明建设，树立优良师德，发扬奉献精神。(3)制度保障。建立激励、计划、检查、评价、反馈与监督制度。(4)师资保障。以幼儿园自培、高一层次进修等多种途径提高教师综合素质，培养一批优秀师资，每年适当招聘人才。(5)财力保障。科学规划经费的使用，确保经费的有效投入，保证计划与目标的有序、优质达成。

【成长心语】

> 园长作为幼儿园发展的领导者，要增强科学规划园所发展的能力。好的园所规划可以更好地稳定组织、建设积极向上的文化氛围、建立激励性的工作流程，有利于调动每个成员的积极性，大大提高完成任务的效率。幼儿园也在制定规划的过程中，增加所有成员对园所目标的认同度，体现集体的凝聚力、对人的关注，体现与社会环境的和谐关系。
>
> （大连市金州区第一幼儿园 徐凌霞）

爱的相遇　共同成长

【案例描述】

新入园的小班分别建立了家园沟通QQ群，为了让爸爸妈妈们安心工作，更多地了解孩子在幼儿园的生活、活动情况，班级老师每天抓拍孩子的各种镜头上传到班级群里。

下午，我发现小二班QQ群里发言热烈，以一位年轻爸爸的话题为主导，其他家长随声附和。原来老师上传了孩子们吃午餐时的照片，家长对午餐中出现的墨鱼丸表示异议，大家认为市场上采购的海螺丸、墨鱼丸等一是材料成分不明，缺乏营养，二是不卫生，幼儿园不应该给孩子们采购这样的食材。尤其是引发话题的年轻爸爸，他的言辞比较激烈，带动了群里很多家长。

班级老师也发现了这个现象，但有些束手无策。

❀【思考与行动】
一、分析与思考
（一）家长的关注点在于进餐食材是否卫生安全，对幼儿园的饮食提出异议是可以理解的

《规程》第九章"幼儿园、家庭和社区"第五十三条指出："幼儿园应当认真分析、吸收家长对幼儿园教育与管理工作的意见与建议。"《纲要》第三部分"组织与实施"中指出："家庭是幼儿园重要的合作伙伴。应本着尊重、平等、合作的原则，争取家长的理解、支持和主动参与，并积极支持、帮助家长提高教育能力。"由此可见，无论《规程》还是《纲要》，都提出了重视家长参与幼儿园管理的要求。因此，我们对于来自家长的意见和看法要本着自然、开放的态度，理解家长的同时，思考如何将家长的意见与幼儿园的工作相结合，从而促进工作质量的提升。

（二）幼儿园的食材是否安全、健康，是幼儿园必须回答的，而且要得到家长的认同，这才是解决问题的关键

《规程》第二十一条指出："供给膳食的幼儿园应当为幼儿提供安全卫生的食品，编制营养平衡的幼儿食谱，定期计算和分析幼儿的进食量和营养素摄取量，保证幼儿合理膳食。"《指南》中"生活习惯与生活能力"目标1"具有良好的生活与卫生习惯"的教育建议指出："帮助幼儿了解食物的营养价值，引导他们不偏食不挑食、少吃或不吃不利于健康的食品……"因此，幼儿园必须保证幼儿健康均衡膳食。那么，面对家长提出的异议，幼儿园必须提供合理、科学的依据，否则，不能解除家长的疑惑，如果解决不当，家长将会对幼儿园的管理失去信心。

（三）班级老师对家长的质疑束手无策，甚至否定自我，这是工作心态不成熟的表现

为了建立家园共育的教育机制，幼儿园在《家长沟通制度》中提出："树立家园共育的教育思想，共同培育好幼儿""力所能及地帮助家长解决一些实际困难""虚心听取、采纳家长的意见和建议""沟通中尊重家长，一视同仁"……老师为了建立良好的家园关系采取了"设置家园板""建立班级群""预约谈话"等方法，以期得到家长的支持和认同，达到家园共育的目的。但是，仅仅因为家长的一次质疑就对本职工作全盘否定，一方面反映出老师工作心态不成熟，另一方面也反映出幼儿园的规章制度并未真正融入老师们的内心，制度与实际工作行动相脱节。

二、行动与策略
（一）进行面对面谈话，了解问题关键

在对问题有了初步认识以后，我分别找到幼儿园保健医和班级老师进行谈话，了解具体情况。保健医反馈的结果是：幼儿园的食品安全由当地食品药品安监局

负责监督执行。安监局定期为幼儿园提供不安全元素的食品花名册，海螺丸、墨鱼丸等人工食材并不在榜。每月幼儿食谱中这种食品只出现一次，就是考虑到人工制造的因素。那么，通过家长的疑问，幼儿园该做哪些思考呢？新一代家长对生活质量的要求逐渐提高，而这种高标准也同样会促进幼儿园管理质量不断提升，二者是互相促进的作用。另外，本次事件引起班级大部分家长的共鸣，那么幼儿园则应思考：新形势下，如何为孩子们制定安全卫生的均衡食谱？通过哪些形式和方法建立营养健康饮食方面的幼儿园品牌？

在与老师的交流中，我充分肯定了老师积极与家长互动的做法，应该坚持下去；同时，也对老师忽视制度的不成熟思想进行了剖析：虚心听取、采纳、尊重家长、共同培育……这几个关键词并不是空话，真正做到家园共育应该让"换位思考"成为一种习惯，让家长感应到来自老师的真心实意，一名合格的老师首先是得到家长认同的老师。孩子刚入小班，家长对班级以及幼儿园的情况都相对陌生，尽快建立起家长与老师、幼儿园之间的信任是非常重要的工作。

（二）及时回复班级群，直面家长异议

在对事件做了初步了解和进一步思考后，作为园长，我代表幼儿园在小二班家长群进行了回复，表达了幼儿园的意见和看法。首先，感谢家长对幼儿园工作的支持和关注。关注幼儿安全健康饮食是幼儿园卫生保健的重点工作内容之一。家长是幼儿园重要的合作伙伴，有义务也有权利对幼儿园工作进行监督并提出意见和建议。其次，告知家长幼儿园在营养配餐方面的依据和做法，增强透明度，争取家长的理解和支持。再次，欢迎更多的家长为幼儿园管理献计献策，幼儿园也将不断加强幼儿饮食特色化建设，提升园所管理质量，为孩子们提供更加健康营养的安全饮食。我想，家长对于幼儿园的回复关注的是态度，更关注的是真实的变化。幼儿园办园，既要有科学合理的制度保障，也要有开放包容的民主思维，让家庭与幼儿园之间多一些尊重和理解，才能达到互助支撑、共育共赢。

（三）召开园务工作会议，完善园务管理

本次事件所引发的后续思考如何落实到实际管理中，从而转变为提升管理质量的有利契机？我组织召开了园务工作会议，引导大家思考三个问题：如何看待来自家长和社会的异议？通过这个事件我们该如何正确认识制度规范？面对新情况、新问题，幼儿园管理需要做哪些调整？由于会议主题目的性明确，大家围绕问题进行思考并集思广益，达成如下意见：首先，建好"两个资源库"。1. 建好"三园食谱资源库"——开展"好食谱推荐"活动，在伙食宣传栏增设专项宣传栏目，征集来自全园教工和家长的好食谱推荐，以丰富幼儿园的食谱资源库。2. 建立"三园品牌菜肴资源库"——探索适合幼儿园安全健康的饮食特色，打造"纯手工制作""粗粮细作""营养丰富""色香味俱全"的饮食文化，逐渐形成三园独有的"品牌菜肴资源库"。第二，坚持幼儿园家长委员会制度。通过定期组织召开家长委员会、家长开放日、家长志愿者等活动,为家长提供更多机会了解幼儿园,增强家长与老师之间的交流互动,提高园务工作透明度。第三,重新修订、学习幼儿园工作制度,尤其要学习《纲要》《规程》《指南》,让学前教育纲领性文件和幼儿园规章制度成为幼儿园管理的科学依据和有效保障,深刻领悟内涵,内化于心,外显于行,"实施科学的保育和教育,让幼儿度过快乐而有意义的童年"。

【成长心语】

> 在小二班组建家委会的时候,我特别推荐了那位年轻的爸爸。我相信幼儿园管理需要这样的年轻力量加入,他敢想、敢说,也一定敢做。果然,在班级举办的联欢会上我们看到了他们一家表演的"魔术变变变";在家长志愿者活动中,他戴着大灰狼的头饰张牙舞爪地和孩子们一起让幼儿园的操场充满了欢快的笑声;他是幼儿园家委会新一届会长……孩子毕业离园之际,他给我写了一封信:"园长,我没有后悔把孩子送到三园。小二班的时候,记得我在班级群提出不应给孩子吃墨鱼丸的事情,有的家长埋怨我不该提这个问题,我是不在意的,但是园长当时能正面回复,我觉得您是一个有担当的人。谢谢园长。"这位家长的信,我一直保存着,每当迎接新一届小朋友入园的时候,重读这封信,我会感受到家长对幼儿园沉甸甸的期待;每当我遇到困难踌躇不决的时候,品读这封信,顿觉肩上轻快了很多,因为还有那么多家长和老师信任我。
>
> 理想的幼儿园应该是什么样子的?我想,那一定是一个充满爱的地方,一定是园长、老师、孩子和家长共同成长的地方。
>
> (大连市金州区第三幼儿园 朱晓华)

龙里的精神 舞动的童心

【案例描述】

镜头一:在古城金州,龙舞表演是孩子们喜闻乐见的民间舞蹈。有一次,我带孩子们参观龙舞基地,当看到大人们出神入化的龙舞表演后,孩子们兴奋地说:"我也想舞龙,我也要舞龙。"孩子的这些话语久久萦绕在我耳边,时常会想起他们渴望的眼神。

镜头二:辽宁省电视台采访龙舞队的"龙头",一个叫王若瑾的小女孩,记者问她长大后想做什么,她回答:"我长大了要当区长,带领大家一起舞龙。"孩子的童言稚语让大人们忍俊不禁,一种民族自豪感油然而生。

【思考与行动】

一、分析与思考

（一）让幼儿了解金州龙舞

第一幼儿园的孩子们时刻受到龙舞文化的熏陶。幼儿园搜集有关金州龙舞的各种资料，以图文板报的形式向孩子和家长做宣传。此外，幼儿园老师还带领孩子们寻访民间舞龙艺人，听其讲述关于金州龙舞的各种传说。在幼儿充分感知金州龙舞的基础上，师幼共同创设了富有龙特色的教育环境。我们自制了龙风筝、龙灯、十二生肖挂饰，把它们悬挂在幼儿园走廊、墙壁上，窗户上贴着龙图腾样式的窗花，制作具有民间特色的龙花灯、龙年画，用废旧材料制成了小金龙样式的音乐打击乐器……让幼儿在看看、做做、说说的过程中，发现和感受龙舞的艺术魅力，激发幼儿热爱家乡的情感。

（二）尝试教幼儿舞龙

幼儿园将学校龙舞融入全园活动中。通过音乐欣赏活动让幼儿感受音乐的曲式特点，调动幼儿学习龙舞的兴趣；通过创编歌曲、学说歌谣活动帮助幼儿理解龙舞动作，在音乐律动中自由表现龙的各种造型和动作；通过音乐游戏增强龙舞的趣味性，尝试利用各种乐器（包括自制乐器）演奏，孩子们越来越喜欢龙舞了。走进幼儿园，我们经常会看到孩子们在做龙、画龙、制龙、舞龙……龙的形象已深深地植入孩子们幼小的心灵。幼儿通过学习龙舞，进一步加深了对"非物质文化遗产"含义的理解。龙舞锻炼了幼儿动手动脑的能力，满足了幼儿创新表现的欲望，促进了幼儿全面发展。

（三）让龙舞有童趣

"六一"前夕，我园龙舞队的孩子们受到大连市少儿节目《小螺号》栏目组的邀请，编排情景表演剧《熊猫兄妹的超级组合》，剧本在幼儿龙舞表演的基础上增加了新的人物角色和故事情节。接到了新的演出任务，孩子们显得特别兴奋，七嘴八舌地讨论起来。这个说："我想演熊猫哥哥！"那个嚷："我要演熊猫妹妹！"看着孩子们争先恐后、跃跃欲试的样子，教师们想：何不给孩子们一个机会，让他们自己来做导演呢？

孩子们的表现让我们喜出望外，他们很快就分配好了角色，并在班级里招募了新的演员，孩子们自由结伴创编舞蹈动作。

最后，当幼儿自己编导的作品呈现在观众面前时，我们在孩子们的眼里看到了自信和自豪，也使老师和家长们感受到孩子们的潜力是巨大的，要相信孩子的能力，要放手让孩子尝试，要耐心地等待孩子成长。

（四）让幼儿龙舞独具特色

游戏是孩子们最喜欢的活动，也是孩子们特有的学习方式。我们将金州龙舞的基本动作与幼儿户外体育游戏巧妙结合，创编出独具特色的幼儿龙舞游戏。目前，幼儿园户外体育活动中普遍存在幼儿上肢力量的锻炼机会较少的问题，而龙舞动作中却有大量的上肢动作的练习。因此我们将幼儿户外体操与幼儿龙舞融合在一起，增加幼儿上肢运动量，有效地解决了这一问题。可以说创新金州龙舞，让孩子在感受快乐游戏的同时发展了智力，锻炼了能力。

（五）让龙舞融入幼儿的生活

当我们深入挖掘金州龙舞的教育资源时，我们感到幼儿龙舞课程是非常丰富的，内容包含了幼儿园五大领域的各个方面，因此，我们结合《指南》的精神，在活动区中投放了多种与龙舞有关的材料，比如在阅读区投放关于龙的传说、龙的故事等图书，让幼儿在阅读的过程中感受华夏儿女对龙的敬仰；在数学区投放"我给小龙做新衣"活动材料，通过粘贴鳞片的方式练习一一对应；在益智区投放如何让小龙立起来的实验材料；在美工区投放画龙、做龙的材料等；表演区更是孩子们尽情展示的场所，他们在那里可以自由创编龙舞动作，尽情展示。形式多样的材料不仅丰富了幼儿的活动内容，而且使幼儿在自主活动的过程中更加专注、投入，也提高了幼儿的学习品质。

二、行动与策略

下面以在全国幼儿园音乐教育南北对话会议上展示的大班原创舞蹈《梦龙》为例，谈谈组织幼儿龙舞教学的几点尝试。

（一）在潜移默化的游戏情境中认识龙舞

伴随着音乐，教师扮演荷花妈妈的角色，幼儿扮演荷花宝宝的角色进行游戏。在游戏中，妈妈走到哪个宝宝面前，哪个宝宝就把自己藏好。此游戏为幼儿学习龙舞的基本动作和集体合作龙舞做铺垫。龙舞就是在音乐伴奏下一个跟着一个做动作。本活动以梦龙为线索展开，又创设了游戏的情境并贯穿始终。如：开始环节的荷花妈妈和宝宝"捉迷藏"，荷花宝宝做梦，和小龙学本领、做游戏等。这些情境的创设帮助幼儿感知、理解龙舞动作，激发幼儿对龙舞的兴趣，使活动变得更富有童真、童趣，幼儿在学习龙舞的过程中插上了想象的翅膀，从中收获了快乐和自信。

（二）在互助探究中引导幼儿学习龙舞

教师在活动中先后播放了两次录像。通过观看荷花梦龙表演，幼儿初步认识龙的外形特征，从而激发了幼儿要和小龙玩游戏的愿望。在第二次观看幼儿龙舞表演时，幼儿了解了龙舞动作、队形的变化和合作表演龙舞的方法，视频里的龙舞表演较好地激发了幼儿学习的欲望。

教师：如果想和小龙一起玩，就要学会小龙身上的本领，咱们看看小龙身上都有哪些本领，它是怎样舞的，都做了哪些动作。（观看幼儿龙舞视频，通过幼儿龙舞热烈的场面和气氛，激发幼儿学习龙舞的兴趣。同时，以幼儿作为榜样，易被孩子接受）

（三）分享交流，增强幼儿舞龙自信

活动中，我们通过引导幼儿在观察、亲身实践的基础上分享交流自己的感受与经验，不断梳理、总结龙舞的动作要领。如教师会启发幼儿："小朋友们说一说、学一学小龙做了哪些动作，这些动作像什么。"幼儿之间开始了热烈的分享："我看到有一个晃小龙棒的动作，像小鱼游来游去。""我看到有个动作像在划船。""我看见小朋友拿着小龙在转圈跑。"老师又问道："一个人能舞龙吗？为什么？"幼儿回答："不能。小龙身体太长，一个人不能舞。"教师让幼儿思考怎样才能把龙舞起来。幼儿想出了很多办法：要很多很多人才行；要做一样的动作；大家要跟着龙头跑，不能掉队。在幼儿探索合作舞龙之后，教师让幼儿谈谈合作舞龙感觉怎么样。幼儿谈论感受："我前面的小朋友总是用小棒碰我。""我们的龙棒打在了地上。""小龙的身体总向一边倒。"

学会了舞龙的基本动作后，就要练习合作舞龙。在此环节，教师抛出问题，让幼儿通过讨论——得出答案——集体探索尝试——再发现问题——再次尝试来解决问题，在老师为幼儿创设的问题情境中，引导和激发幼儿合作探索，找到合作舞龙的窍门和方法。

（四）儿歌示范法学习龙舞简单易行

在教幼儿学拿龙舞棒时教师说："拿好你们的小龙棒，我们一起来做'小手握一握，右手高左手低，小手转一转，小手举一举'的动作，小手握好了吗？"（教师：小龙棒握得真好，要是加上好看的动作，那样小龙可就神气了，咱们来试试吧！）"右手高，左手低，伸直胳膊举起来。我学大风刮一刮，然后放下来。跺跺右脚，跺跺左脚，两腿交叉画麻花。向左转来向右转，然后停下来。"

在观察感知舞龙动作时，教师尝试让幼儿用游戏化的语言来描述动作，创编朗朗上口的歌谣，从而帮助幼儿学习动作。帮助幼儿把枯燥的舞龙动作游戏化，激发幼儿学习的兴趣。学习活动中，先引导幼儿自主学习，互相学习龙舞，再通过老师的点拨来了解幼儿龙舞动作，让初次尝试舞龙的幼儿始终保持高涨的热情。

幼儿合作时教师语言提示：小龙准备腾飞了，它得意扬扬地仰起了头，在天空中穿行，在大海中遨游。小龙要玩游戏了，它要和小动物们捉迷藏，它现在要做龙摆尾的动作，一会儿高，一会儿低，它看到自己的小尾巴，想去追小尾巴，宝宝们加快速度吧！小龙累了，让它安安静静地休息一会儿吧。（教师边为幼儿创设情境边用龙珠引导幼儿进行表演）

（五）废旧材料成为幼儿舞龙的工具

为了让幼儿轻松地掌握舞龙的方法，进行简单的表演，教师可以利用日常生活中唾手可得的材料代替龙。幼儿游戏最典型的特征是象征性，他们会把一个材料想象成任何一种他们需要的游戏道具。比如在这个活动中，小龙的身体是由一节节废旧大可乐瓶和木棍串接而成的，每节龙棍用皮筋穿接起来，这样既可以单

独使用练习舞龙动作,又可以串联练习,使学习活动更具有灵活性。教师还制作了色彩不同、形状不同的便于动手操作的活动龙鳞,既赋予了龙整体美感,又发展了幼儿的各种能力,体现了一种教具的多种使用方法,达到了低成本高成效的教育效果。

可以说,"梦龙"整个活动是在轻松愉快的游戏中进行的,使幼儿的想象力、表现力、语言能力和合作能力都得到了综合的发展。虽然孩子们第一次接触龙舞,但是通过本次活动,龙的美好形象已深深地根植在孩子们幼小的心灵中,幼儿喜欢龙,愿意和龙玩耍,和龙交朋友,他们全身心地投入到活动当中,轻松地学习了龙舞。

【成长心语】

> 金州龙舞是国家级非物质文化遗产,幼儿龙舞在2006年正式走进幼儿园,像春蕾初绽,为幼儿的童年生活增添了缤纷的色彩。龙舞走进幼儿园已十年有余,从舞台上的龙舞表演成为融入幼儿日常生活的龙舞园本课程。今后我们仍会不断探索、传承、创新龙舞,让金州龙舞成为我们与孩子们沟通的桥梁,传播情感的纽带。我们既然无法预见孩子们在未来能飞得多高,那就让我们一起在龙舞世界里享受快乐!
>
> (大连市金州区第一幼儿园 徐凌霞)

依法治园 打造健康快乐的巴学园

【案例描述】

现象一: 集中教育活动时间到了,王老师正在绘声绘色地给孩子们讲述故事。一名小朋友坐在小椅子上,小声说:"老师,我要小便。"老师听了严肃地说:"不行,刚才活动前让你去小便,你不去。现在上课了,等一会儿再去。"

现象二: 早活动时,孩子们都在活动区里进行自由活动。幼儿小A跑到更衣室,打开更衣箱,从大衣的口袋里拿出一支×××口服液,交给老师,说:"李老师,妈妈让我中午吃完饭后,把这支口服液喝了。"李老师不放心,给家长打电话确认了一下。

◎【思考与行动】
一、分析与思考
（一）学习新《规程》，把握园所发展方向
2016年3月1日，教育部出台了新《规程》，明确了新《规程》的终极目标：促进幼儿身心健康和谐发展。这突出体现了立德树人、依法治园、尊重儿童、强调游戏、加强安全、提升素质、家园合作七大方面的特征。新《规程》第四十五条强调：对不履行职责的幼儿园教职工，应当视情节轻重，依法依规给予相应处分。第五十一条强调：幼儿园应当建立经费预算和决算审核制度，经费预算和决算应当提交园务委员会审议，并接受财务和审计部门的监督检查。通过这些条例，我们可以清楚地看到教育的发展已由"人治"走向了"法治"，这是社会发展的一大进步，更是当代教育发展的必然诉求。作为一名学前教育工作者，我们既应该知法、懂法、依法办园、依法治学，也应该享法、用法，享受法律带给人们的权利，用法律武器保护自己、保护儿童。而第一个案例中，王老师的做法违反了新《规程》第二十二条：幼儿园应当培养幼儿良好的大小便习惯，不得限制幼儿便溺的次数、时间等。但由于老师旧有的教师权威思想，并没有意识到自己的做法已经违背了新《规程》的要求。

（二）依法办园，完善制度建设应与强化制度管理并行
作为一所具有六十余年悠久历史的幼儿园，我们已经建立起比较完整的关于幼儿园各个部门的规章制度，但是任何一项制度都不应是一成不变的。随着在实际执行过程中的验证，时代的发展，工作重心的转变，每一项规章制度都存在着不同程度的漏洞，应结合实际工作进行修订。随着新《规程》和《指南》等学前教育纲领性文件的颁布，许多新的制度应运而生。如新《规程》中第六十二条提出：幼儿园应当建立信息管理制度。第五十三条中，将原《规程》中"幼儿园可实行对家长开放日的制度"改为"幼儿园应当建立家长开放日制度"等，都要求我们根据文件的要求革新制度，完善幼儿园的制度建设。

如果说完善制度建设是依法治园的基础，那么对制度落实的管理和监督则是依法治园的关键。园长是幼儿园的第一责任人，应通过建立各岗位的工作标准和考核细则来落实制度，依据法律法规接受教育督导部门的督导，接受教师、家长、社会的民主管理和监督。让每一项制度要求落到实处，让园所管理从随意走向标准，从经验走向科学，从他律走向自律。正如案例二中的事件，我园虽然早已制定了《幼儿服药管理制度》，但在执行的过程中，仍存在老师对家长宣传不到位、对制度执行不到位的现象。

二、行动与策略
（一）注重文化引领，明确园所发展目标
园所文化是一种氛围，一种精神，是一所学校所崇尚的价值取向，是学校内

在发展的灵魂底蕴。作为一所具有六十余年历史的老园所，虽积淀了厚重的文化气息，但也沉积了许多不良症结。为了焕发老园所的新活力，我园先后开展了征集"我们的约定关键词""发现园所走向衰败的十个信号"活动，最终达成了"和谐""阳光""微笑""团结""真诚"的员工约定共识。

多年来，我园始终以"遵循幼儿身心发展规律，坚持科学保教方法，保障幼儿快乐健康成长"为办园指导思想，以"让天真的心灵更天真"为文化核心。不同时代的教师对文化核心有着不同的解读，不同的教育背景赋予文化核心不同的内涵。2016年，我园为了深入理解和贯彻金州新区"2016全课程育人与学生核心素养提升"教育工作主题，学期初，特邀中国教育科学研究院驻区专家李铁安博士来园，以"让天真的心灵更天真"为主题，对"全课程育人与学生核心素养提升"年度工作主题进行了深入细致的解读。从3个维度、9大素养、25个方面解读和剖析了学生发展的核心素养，通过具体生动的案例带领老师们感悟并理解了金州一园"让天真的心灵更天真"的核心办园理念，诠释了幼儿教育的本质，明确了园所发展的目标。

（二）加强政策学习，增强全员教工法制观念

为了深入贯彻《规程》，推进依法治园，我园有计划地组织全体教职员工通过网络学习、观看视频、集中培训、小组学习、问卷答题等多种形式开展了政策法规的学习活动。如：2016年9月，在学期初的全园教职工大会上，我园结合新学期的重点工作组织教师学习了新《规程》中的部分条例，进一步强调了幼儿园安全教育工作、财务管理制度、教工伙食管理等制度修订的政策依据和落实的重要性。每一次的教师园本教研活动，我们都提倡老师带上《指南》。活动前，老师们根据教研的主题，依据《指南》的精神进行自学；活动中，老师们结合《指南》，研讨互动；活动后，运用《指南》检验结果。这样做有利于让老师的每一项工作有依据、有标准，提高了全园教工的法制观念，提升了工作质量和科学性。

（三）强化制度建设，不断规范办园行为

我园严格执行民主推荐、民主评议、园务公开等制度，充分发扬民主，广纳贤言，自觉接受各方面的监督，自觉接受教职工对领导、对工作的评议和督促。我们不断健全各项机制，充分发挥内部监管和社会监督的作用。结合幼儿园实际修订了《幼儿园教职工绩效工资分配制度》《教师出勤管理制度》《幼儿园各岗位工作标准和考核细则》《金州一园家长投诉处理制度及实施办法》等。

幼儿园定期召开教职工代表大会。针对幼儿园的绩效工资、奖惩制度等与教职工切身利益息息相关的问题向教工广泛地征求意见，并对群众意见进行研究讨论，迅速制定整改方案，激发教职工参政议政的积极性；通过召开家长委员会、伙食委员会等，接受家长及社会各界的监督与评议。建立幼儿园师德师风考核制度、处理投诉制度，针对教师出现的师德师风问题敢抓敢管，及时提醒、坚决纠

正,并制定"处理投诉制度与实施办法",形成社会、幼儿园和个人三位一体的监督机制。此外,关于教职工的职称评定、评模评先、考核、入党等关系到群众利益的工作,幼儿园也都进行民主管理,及时公开,自觉接受监督。

(四)完善工作细节,维护幼儿园合法权益

维护幼儿园的合法权益,既包括在园幼儿的合法权益,又包括教职员工的合法权益,同时也包括作为法人机构的幼儿园的合法权益。幼儿园的全体教工要善于拿起法律武器,同侵犯幼儿园的合法权益的行为作斗争,维护师幼、幼儿园的生命财产安全,维持正常的教育教学秩序,维护幼儿园的合法权益。

幼儿在园的安全问题是引发家长与幼儿园之间矛盾冲突的主要问题。很多家长认为:把孩子送到了幼儿园,幼儿园应承担全部的监护责任。一旦幼儿在园受到伤害,幼儿园应承担全部责任。这种认识是片面的。《中华人民共和国侵权责任法》规定:无民事行为能力人在幼儿园、学校或者其他教育机构学习、生活期间受到人身损害的,幼儿园、学校或者其他教育机构应当承担责任,但能够证明尽到教育、管理职责的,不承担责任。无民事行为能力人或者限制民事行为能力人在幼儿园、学校或者其他教育机构学习、生活期间,受到幼儿园、学校或者其他教育机构以外的人员人身损害的,由侵权人承担侵权责任;幼儿园、学校或者其他教育机构未尽到管理职责的,承担相应的补充责任。

因此,幼儿园不仅应带领教工了解和学习相应的法律规定,更应在实际工作中进一步完善各种工作细节,做到工作留痕,证据确凿。比如:幼儿园应定期对幼儿开展安全教育活动,在节假日、特殊天气、外出活动等情况前对家长进行安全教育宣传,以截屏、家长签字、教学活动照片、教案等多种形式做好安全工作的材料整理存档,既是精细工作的要求,也是对教师、幼儿园合法权益的保护。

❀【成长心语】

幼儿园管理现代化,必须坚持依法治园,这样才能使幼儿园的管理科学化,教师的工作规范化。一名园长不仅要加强政策法规的学习和研究,还应指导、带动教师学习学前教育的相关政策法规,让教师们清楚哪些行为是合法的,哪些是不合法的,是政策不允许的。只有这样,我们才能运用法律的武器保护好幼儿园,保护好孩子、老师和自己。

幼儿园建立健全的规章制度,其根本价值在于在管理过程中认真地执行,有效地落实。让规章制度建立在法律的规范之下,让规章制度落实于实际的工作之中,让全园教工在规范的基础上享受职业的快乐和尊严,这是我所向往并为之努力打造的环境。

(大连市金州区第一幼儿园 王庆娜)

为孩子们的幸福而来

❀【案例描述】

请大家跟随我的镜头看看美国幼儿园关于幼儿区域活动的三个画面。

画面一： 我和"耶鲁一期"全体学员一起走进了美国康涅狄格州的儿童博物馆，这个博物馆的特别之处是里面有一所幼儿园，孩子们可以享受博物馆里的所有资源。在博物馆内，我们看到两个孩子在家长的陪同下活动。一个孩子在观察"机器线描画"，用摇晃的线描机就能画出一幅幅精美的、变化多端的线描画，孩子坐在家长的腿上，神情特别专注；另一个孩子在攀岩墙上攀爬，之后跑到传声筒处和家长乐此不疲地重复着对话交流。博物馆内有很多互动的区域，比如吹泡泡、水世界、绿色房子等，放满了孩子们需要探究的各种材料。真是太棒了！

画面二： 在美国的想象王国学前儿童学习中心，活动室里的一种玩具引起了我们的注意：在一个盒子里，放着许多圆形布制的小人，里面填充了蓬松的类似于海绵的东西，摸起来柔软、有弹性。小人有两面：一面是各种表情的脸谱，另一面是表示这些表情的词语。大家纷纷讨论这些表情沙包是用来做什么的。

画面三： 我们走进美国康涅狄格州的一所幼儿园，园长们纷纷拿起拍摄设备，准备用影像记录学习过程。这时候园长告诉我们：有两个班不能拍照。为什么班里一个孩子也没有却不可以拍照？我们正百思不得其解时，园长告诉我们，在中国的朋友来之前，他们征求了家长的意见，有两个班的家长不同意拍摄照片，即使没有孩子，也要尊重同家长的约定，出于对孩子的尊重，我们也按要求做了。

❀【思考与行动】

一、分析与思考

在美国耶鲁大学第二天的学习中，克拉丽莎·威尔斯博士介绍了开普兰综合课程，这个课程是由耶鲁大学与开普兰早教公司共同研发的。结合在美国幼儿园中看到的点点滴滴，我对美国幼儿园的教育有了更为感性的认识，也引发了一些思考。

（一）关注生活

美国幼儿园教师创设的教育环境，大多利用了幼儿常见的日常废旧物品，这些废旧物品经过教师的精心设计，就变成了孩子们探索的大世界。看到孩子们开心活动的场景，我感到这真是验证了"环境是第三方老师"这句话。当我们习惯了在琳琅满目的现代商品中徘徊，当我们的孩子在高端昂贵的玩具中寻找欢乐，真正的生活却与我们渐行渐远。许多园所在争取设备时投入大量的精力、财力，可是设备配套齐全后，因为没有人能很好地挖掘和利用其中的教育资源，许多设备反而堆积陈列在那里，充其量为单位填充门面而已，早已失去了设备原本的价值。美国教师结合教学实际、幼儿实际，融入个人的智慧，利用日常的材料，使幼儿从中享受到乐趣，激发幼儿探索的欲望，这一点尤其值得我们学习。

（二）关注情感

在美国，参观几所幼儿园后你会发现，每个班级都创设了一个温馨区，让孩子在那里缓解不良情绪。温馨区里配有毛绒玩具，也可以放置为幼儿选取的故事书，因为幼儿在伤心的时候会想看故事，还可以选取幼儿熟悉的或自带的玩具，只要能让幼儿心里愉快就好。另外，妈妈也可以给孩子留些自己的物品，比如小手绢、小瓶香水，因为孩子手里拿着妈妈的东西会想着妈妈还在身边。美国幼儿园里的温馨区都有这么一本书，讲如何解决分离焦虑；孩子和妈妈分开的时候，妈妈在孩子手心里亲一下，亲完之后，孩子把手心合起来，妈妈的亲吻就留在手里面了。孩子想妈妈的时候就看一看，因为妈妈的亲吻就在手里面。幼儿还可以在温馨区里吹泡泡。我们都有这样的经历，像深呼吸、吹泡泡那样的动作，能让人有释放感。看了美国的温馨区，我感受到儿童的社会情绪发展至关重要，我国的学前教育应该在自律、情绪控制、同情心、解决冲突和道德价值方面有所发展。

（三）关注生命

耶鲁大学开普兰综合课程的目标中提出了适应有特殊需要的儿童，在参观时我们也看到美国幼儿园有残障儿童，园所为他们提供了支持环境。他们认为，孩子需要的环境一定是安全和快乐的，要先让孩子了解幼儿园是一个什么样的地方，让孩子喜欢幼儿园，在幼儿园有安全感和快乐感，然后再设计学习的内容。这让我想起了美国街道为盲人准备的绿色步行提示路、在机场专门为残疾人设置的绿色通道，我感受到美国对这个特殊群体的关怀，也想起了"让每个人有尊严地活着"，在这里我体验到了对生命的尊重。

同时，他们认为社会性交往对孩子来说是非常重要的，孩子之间、孩子与教师之间要相互信任。美国幼儿园同我们一样，重视让孩子学习幼儿园的常规，而且要了解幼儿园的工作人员，他们认为每天这种训练的环节越多，孩子越会觉得舒服。每课都设计了一些词，供孩子来学习，但不让孩子写，只是让他们了解这些词，帮助他们克服在幼儿园的胆怯心理。通过这些课孩子会了解如何吃饭、洗手、擤鼻涕。家长来幼儿园后，老师会告诉家长他的孩子有多好，让每一个家长都认为自己的孩子是最好的。这样，孩子在被关爱和被尊重的环境中成长，也就学会了关爱别人、关爱生活、关爱世界。

（四）关注创新

本次学习中，我还体验了开普兰的科技游戏，并参与制作了微电影。我在感受科技带给人的乐趣的同时，更加意识到自身对教育信息化认识和运用的不足。开普兰的授课老师讲道，现在处于数字化迅速发展的高科技时代，如何将高科技的东西转化为人文的东西是教育者要做的功课。现在的孩子特别喜欢玩高科技产品。我们不能只单纯地教会他们技术，学技术不是目的，而只是一种手段，譬如不是教给他们这是计算机，而是要让计算机成为一个工具，让他们在快乐中通过技术更好地掌握知识。我由最初的浏览式欣赏渐渐地变成向往，更加认识到教育

者需要有教育之外更广阔的视野，才能更进一步地、智慧地解决教育问题。科技正在影响着幼儿园的未来，幼儿园的学习方式也会悄悄地发生变革。幼儿的想象力远远超过成人，教育者必须尝试新的教学策略，掌握新的技术手段，才能实现探索带给幼儿的无穷快乐。

二、行动与策略

（一）择高处站——转变教育观念

当前幼儿园课程存在着几个问题：幼儿园对课程的关注、管理不够；片面地理解幼儿园课程；缺少丰富和创新幼儿园课程的意识；对幼儿园课程评价比较薄弱。美国专家认为根本就没有最好的课程——而是要发现和证明课程的有效性和成分。一个有效的课程包括以下要素：

★儿童的认知、身体、社会性和艺术等各个方面都获得积极发展。

★课程目标明确，并且得到了所有利益相关者的认可，这些利益相关者包括管理者、教师和家庭。

★课程建立在对相关儿童的认识的基础上，课程的组织也是基于有关儿童发展和学习原则。

★重要的内容是通过调查、游戏以及有目的教学而学到的。教学策略是与儿童的年龄、发展能力或缺陷、语言以及文化相符的。

★课程建立在先前经验的基础上。

★课程是广泛全面的。

★课程的学科内容是通过专业标准来确认的。

★课程可能会以广泛的成果使儿童受益。

1.园长要树立正确的课程观，并利用多种形式让全园教师关注课程，同时更关注隐性课程的存在。要有开放的课程观。幼儿园要从根本意义上实现对家长、对社区、对同行园所的开放，做到优质资源共享；深化幼儿园课程的内涵，进一步明确幼儿一日生活即课程，不仅精神、环境教给孩子的是课程，所有的过程都是课程，不能随意；幼儿园要始终走在探索与研究的前列，汲取教育人类学、教育生态学、脑科学、发展心理学的最新研究成果，凝聚全体教师的热情和智慧，在早期教育理论和实践研究中不断创新，充分挖掘幼儿园一日活动对幼儿最大的教育发展价值；树立正确的教育思想，关注幼儿的需要，实现幼儿的全面发展，为幼儿一生的发展做准备；从实际出发，不盲从，潜心研究园本课程，逐步形成园所特色；不急于求成，以发展的眼光看待园所的发展，不为追求短暂经济效益而违背教育规律。

2.将幼儿园课程作为园本教研常抓不懈。关注教师的疑惑，通过园本教研解决实施教材过程中的问题。以问题为主线展开教研活动，集中搜集、梳理、提炼教师存在的共性及个别问题，一一罗列的基础上，针对不同问题制定解决问题的措施；以平行教研组为单位，成立课程研究小组，研讨的内容多样化，如新课程

的研究，评选教育之星；幼儿园薄弱课程的研究，制定相应的措施解决难题；同课异构、集中备课等都是集中教师智慧研讨课程的好做法；发挥教师优势，因势利导。

（二）往深处想——改进教育策略

苏霍姆林斯基强调，校长是教师的教师，园长也同样，我们要求老师蹲下来同孩子说话，那么园长也要蹲下来同老师和孩子说话。

1. 培养人。在工作中，园长应当更多地置身于教师之中，埋头苦干。比如2008年我们带老师赴南宁组织音乐活动，为了让老师在异地组织的活动取得成效，我们忘记了时间，直至凌晨两点还在反复推敲每一个环节。甘愿让周围的人都能超过自己，不搞恶意之争，因此也不会产生嫉妒心理。鼓励年轻人和中层干部参加培训，支持他们在不同的领域内研究探索。在融洽和谐的氛围中老师们也在自己的本职岗位上奉献着。

2. 尊重人。园长应当放手让教师们做更多的事，从园歌的创作到幼儿园整体环境的设计都让教师参与完成，帮助他们勇于实践，不断向研究型教师方向努力。相信每一位教师都会尽力，不会逃避责任。为他们开设"教师沙龙"，让他们在其中畅所欲言、献计献策。营造多边互动、优质资源共享的研究氛围，促进师幼共同发展。

3. 服务人。园长不将自己拥有的信息加以垄断，只要有益于幼教工作，都应慷慨地提供给需要者；在园内教师中积极开展结对子活动、鼓励教师轮流主持教研活动等，并通过网络平台拓宽教师获得信息的渠道。到城乡与幼儿园结对，将自己所学的管理理论和实践经验毫无保留地与其进行交流。

4. 信任人。园长要相信教师都能胜任自己的工作并能圆满地完成任务；允许教师犯错误，体谅教师的失误。比如早晨入园环节要求教师提前做好接待幼儿的准备工作，对于个别缺乏经验的教师，我从不用话语提醒她该做什么，而是悄悄地走进班级，把幼儿活动区域的各种活动材料准备好，这一切教师都会看在眼里，记在心上，我相信此时无声胜有声。

（三）向宽处行——彰显教育气度

真正智慧的教育不在于教师的讲解多么出色，而在于幼儿是否有大量参与和自由表达的机会。也不在于幼儿接收了多少知识，而在于如何让幼儿张开想象的翅膀，解放幼儿的头脑，让幼儿不受任何束缚地展现自己的才华，这才是教育的本质。《指南》中指出：理解幼儿的学习方式与特点。幼儿的学习是以直接经验为基础，在游戏和日常生活中进行的。要珍视游戏和生活的独特价值，创设丰富的教育环境，合理安排一日生活，最大限度地支持和满足幼儿通过直接感知、实际操作和亲身体验获取经验的需要。幼儿园要允许幼儿自由表达。幼儿可以有各种奇思妙想、天马行空。在看看、说说、画画、唱唱、跳跳、做做中，点燃他们创造的热情，尽情释放他们的潜能。

第一编 规划幼儿园发展

◎【成长心语】

> 参加国内外的学习，让我更加深刻地认识到一名园长对园所发展起着至关重要的作用，从实施策略规划、召集会议、参与评估、凝聚团队，到争取家长及社区对园所活动的支持与配合，园长具备一定的领导力，才会获得力量，使园所发展更有灵活性，取得更大的成功。我认为，园长要有创新能力。没有一种创新是无中生有的创新，都是在"有中生有"的基础上完成的。同时园长要有学习能力。学习的影响力是巨大的，也是无处不在的，让书香墨馨的味道伴随着教师在阅读中成长。最后，园长要有沟通能力。在教育实践中，会出现很多突发事件，有时候会让园长措手不及，这时候园长的沟通能力和解决问题的能力会得到最好的验证。我认为突发事件的合理解决也是管理智慧的体现，需要园长有平和的心态、开放的胸怀、接纳的态度，允许存在不同的文化理念、价值面，允许对人或事有不同的理解。切忌以自我为中心，事事处处指责抱怨，这只会加剧冲突，不能顺畅地解决好各种繁杂的问题。所以园长更像是一个指挥家，让管理的乐章出现和谐之声。
>
> （大连市金州区第一幼儿园 徐凌霞）

"6+X"模式，让名师工作室助力教师团队成长

◎【案例描述】

名师工作室每周二下午的"对话"活动开始了，主持人提出主题"名师工作室中的团队文化建设"，让每个人提取关键词来阐述内容，引起了对话人的兴趣。今天邀请的是始终奋斗在一线的六大学科（语言领域、科学领域、艺术领域、健康领域、社会性领域、活动区领域）带头人。没想到主题刚一抛出，大家就开始畅所欲言：

语言领域滕晓霞老师：关键词——名师工作室全体教师。名师工作室不是部分骨干教师的代表，应由全体教师组成，体现带教的层次。去除单一性，成为专业性、研究型和学习型的工作室。

科学领域谷波老师：关键词——团队精神内涵。对，我觉得滕老师说的全体教师就是一个团队，一个团队文化的精神内涵主要体现在我们对教育信念、教育追求和教育价值的取向上，我们要更多地凝聚起教师间的强大合力，而不是个体成员的卓越。引领教师，必须给予教师更多的精神力量。

艺术领域张晓丹老师：关键词——领域核心。我觉得无论是哪个团队的成员，都应该了解本领域的特点。艺术领域中的核心理念就是发挥幼儿的表现力和创造力，那么，作为团队中的教师也应该是真诚和阳光的、包容和融合的、欣赏和鼓励的、个性和创新的。

健康领域李晓磊老师：关键词——园际协作、教师引领。我们有一个很便捷的引领方式，就是园际协作，作为健康领域的学科带头人，我们一直引领着全区34所民办幼儿园健康领域活动，这些幼儿园在户外健康领域取得了很多成绩，并能够慢慢理解游戏的真正作用，去除了"小学化"现象，我觉得这是最有意义的事情。

……

讨论的声音还在继续，对话中，大家对名师工作室的作用、团队的作用、教师的引领作用发表了自己的观点。

【思考与行动】

一、分析与思考

通过各领域教师的深度思考和剖析，大家一起厘清了教师专业成长、团队建设、个人发展和名师工作室之间的概念和分层关系。大家认为教师专业成长的核心基础之一在于教师团队建设，团队建设需要理念知识的填充，通过个人不断的努力，带动整个团队成长，而支撑教师团队成长的平台是名师工作室，名师工作室因提高教师专业素养、培养名优教师的重要路径和有效方法而被重视。实际上，关键还在于团队成长的整体规划和个人的努力，从制度上支持名师的专业成长，以充分发挥名师的示范引领和骨干教师培养的作用。

有位名人曾经说过："你会做的，我不会做，你不会的，我会。我们在一起就能做成大事。"那么，作为名师工作室团队的一员，到底引领什么，如何进行引领，才能使工作室走得更远、更持久，才能打造一只师德高尚、业务精湛、结构合理、充满活力的高素质专业化教师团队？我们一直在思考。

二、行动与策略

除政策、制度保障外，工作室自身按照"6+X"模式，做了大量扎实有效的工作。"6"指的是在工作室建设中注重师德为先、注重教育科研、注重读书交流、注重园际联动、注重团队协作、注重分层管理，这是工作室必须完成的任务。"X"是指几大整合，一是将此项工作和园所的特色建设相整合；二是将所有的协作体园所的活动相整合；三是将各团队研修主题相整合等。

（一）师德引领——打造"爱心永恒"教师团队

1. 继续发挥幼儿园"党员岗"的辐射作用，让更多的教师自觉自愿加入到这个队伍中来，让早来晚走的幼儿时时有人照顾。做到服务幼儿，温暖家长。

形式一：成立"爱心小组"，召集爱心志愿教师和爱心志愿家长，参与到幼儿园的活动当中来，发放爱心志愿者标牌，鼓励爱心参与者。

形式二：开展"爱心老师""优秀班级""同心教研组""优秀合作小组"等评选活动，促进幼儿园团队素质的提升。

2. 积极开展以电脑室、教师读书沙龙、名师工作室等园所文化建设为重点的

"温馨办公室"创建活动,营造有益于教师身心健康发展的工作氛围,让健康文明的班组文化促进教师优良师德师风的形成、专业能力的提升,促进教师之间、干群之间融洽和谐关系的建立,提高班组凝聚力。

(二)科研引领——打造"实践锤炼"研究型教研团队

名师工作室研训所具有的实体操作,能为教师提供广阔的参与机会,有浓厚的研究氛围,教师在其中能获得成长。执教各类公开课、研究课,在专家的指引下反思自己的教学,是多年来被证实的提高教师教学水平的有效途径。

在一般条件下,请专家来听公开课并给予评价与指导的机会是非常有限的。而名师工作室成立之后,几乎每周都排有活动日,工作室根据成员人数确定成员每人每周平均上公开课的次数,导师就课堂教学的各个环节给予指导。成员们有机会在专家的指导下反复"磨课",提高课堂教学水平,并针对教育教学中的突出问题进行专题研究。名师工作室每开展一次教研活动,都能带动一批教师努力设计、反思自己的课堂教学,并与同事分享自己成长的经验。这些资源是普通的教师研训活动不能比拟的。在实践的研究活动中,通过教师本身的参与、动手、体验等各种学习方式,有效地提高了教师的教育教学技能和水平。

教科研是促进青年教师专业成长最有力的平台,名师充分发挥教科研的示范引领作用,发挥教育科研专长,积极指导青年教师开展论文撰写、课题研究等教育科研活动。同时外聘专家来工作室开展课题研究、论文写作等讲座,促进青年教师教科研研究水平。这些成绩的取得基于工作室这个平台,让老师们找到了努力的方向,体现了人生价值。

(三)文化引领——打造"书香气息"教师团队

形式一:全天开放教师读书沙龙活动区域,开放公共区域优美的幼儿读书角。开展班级幼儿图书捐赠活动,鼓励幼儿把自己学习过的分享阅读读本和一些旧的图书捐赠给幼儿园,幼儿园再进行分类整理,投放到图书室和各个班级的图书角。这项活动的开展,大大丰富了幼儿园的图书资源。

形式二:班级开展"图书去旅行"分享交流活动,负责的老师主持此项活动,并负责将小结反馈给家长。

形式三:成立分享阅读教研组,开展分享阅读教学活动。如PPT读书交流活动、教师关于阅读的讲座活动、年级组团队根据阅读相关内容的主题进行现场合作式的绘画讲解活动(头脑风暴活动)等。

形式四:将书香幼儿园的理念及系列活动逐步加入幼儿园网站中。

(四)园际联动引领——打造"示范引领"教师团队

1.根据上级安排,继续开展"影随园长"带教活动,发挥示范园所园长的引领作用。

2.与1~2所协作组成员园签订园际联动协议,邀请联动园所参加我园的活动,

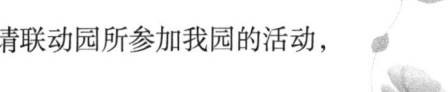

充分发挥示范园的引领作用。

3. 开展"走进社区"工作，建立幼儿园与社区联系制度，加强幼儿园与社区的互动，聘请社区的工作人员到幼儿园进行指导，如消防安全讲座、保健常识、法律知识等。

4. 继续对分园进行帮扶活动，发挥年级组的团队作用，制订帮扶计划，让分园的教师时刻感受总园的学习氛围。

（五）团队协作引领——打造"名师领衔"教师团队

1. 打造名师工作室团队。聘用名师工作室的领衔人来主持工作，计划培养1~2名名师，几年内通过悉心带教和专业辅导，使更多的、符合条件的教师加入名师工作室的团队，为幼儿园的教育科研走向前沿进行导航，为教育发展献计献策。

2. 充分发挥幼儿园各种团队的专业优势和引领辐射作用。如名师工作室团队、骨干教师团队、小中大年级组团队、青年教师团队、经验教师团队、特色教师团队、班组团队等。

要求1：各团队设立负责人。

要求2：各团队成员每学期根据园内活动计划自己的研究课题。名师工作室成员可推荐优秀教师参加国家、省、市、区教育交流和展示活动，在各级各类的教育教学能力大赛评优中崭露头角。玩教具制作小组可以组织教具制作的培训，推荐心灵手巧的老师参加各个级别的玩教具大赛。获奖后，总结经验，在玩具的选择和制作方法上对其他老师进行辅导。

要求3：各团队自己组织活动，自己反思以及小结，并与其他组进行交流。

要求4：同伴之间要有互助的活动，利用好教师的资源，打造自己团队的特色，形成整个园所的特色。

（六）分层式管理引领——打造"后备梯队"教师团队

1. 对青年教师进行分层管理，重点从"三独立"和"特长发挥"两个方面加以突破和培养，从青年教师中遴选一批后备骨干，逐步纳入名师工作室中。

形式一：班级骨干教师和经验教师常规工作带教、教研组带教、导师与青年教师间互动带教。

形式二：定期由带教老师、教研组组织教师对其实施活动状况进行诊断和问题探讨，形成书面意见。

形式三：举办"金幼新星"评选活动，为35岁以下青年教师展示自己创造条件，为培育骨干教师梯队增强储备力量。

形式四：在学期末，个人申报向全园展示半日活动并说课、评课、撰写实践案例等，促进教师独立任职能力尽快形成。

形式五：幼儿园设立专项基金，搭建教育教学、课题研究、专家带教、外出学习等平台，取长补短，积极创新，加速教师专业成长。

2. 市区级骨干教师团队除了每年完成"五个一"的任务外，要求每人必须领衔（或作为骨干）一个课题进行行动研究，每人必须指导一位青年教师，每年必须在区级以上教育刊物上发表一篇文章。

"X"的几大整合：

一是将此项工作和园所的特色建设相整合，每个团队在制订计划时要统一目标，针对区域或者园所的特色挖掘有自身特色的团队活动。

二是将所有的协作体园所的活动相整合。协作体涉及的园所是全区性的，公办幼儿园和民办幼儿园发展水平不等，所以每学期初必定召开一次沟通会，在沟通会上各团队交流各自的计划，然后寻找交叉点，找出共性和特色，进行整合，使各团队主导方向一致。

三是将各团队研修主题相整合，寻找学科间相通相融的内容开展活动。进行整合后，能力强的团队可以带动弱的团队一起开展活动等。

实践证明，名师工作室是促进教师由理念向教育行为转化的平台，是解决园本实际问题，促进教师专业成长，提高教育教学成效的有效手段。希望通过我们打造的教师团队，能成为适应时代发展的现代化教师队伍。

【成长心语】

> 一个人走，走得快；一群人走，走得远。名师工作室的运作，在乎的是行动，诠释的是活的教育哲学。行动需要目标引领，激发成员的创新潜能，通过团队引领下的各种交流活动，丰厚成员的文化底蕴，生长成员的教育智慧。一切行动都在从点到面地诠释着一位名师引领着一批骨干教师的成长，以一批骨干教师的成长带动更多青年教师的成长。名师工作室，为教师的专业成长提供崭新的平台，为幼儿的可持续发展提供坚实的基础。
>
> （大连市金州区第一幼儿园　王妮）

附件：

金州区第一幼儿园名师工作室规章制度

为了确保工作室各项工作有效开展，工作室成员必须遵守下列制度。

一、例会制度

名师工作室每学期召开一次计划会，讨论本学期计划，确定成员阶段工作目标、工作室教育科研课题及专题讲座内容；每学期至少安排一次阶段性工作情况汇报会议，督促检查各项工作的实施情况，解决实施过程中的难点；每学期召开一次总结会，总结经验成果，梳理存在的问题，研究解决的办法。

二、学习制度

一要按时学习。工作室成员平时学习以自学为主，同时要根据研究方向，确定主题，每学期至少集中学习一次，并利用工作平台交流学习心得。

二要按需学习。工作室成员在每学期自我发展计划中明确学习内容、学习目标，按需有选择性地进行学习。

三、研讨制度

1. 工作室成员积极参加各级各类教学研讨活动。

2. 工作室建立"每月一主题"研讨制度。由工作室根据研究方向确定主题，每月集体研讨一次。

四、工作制度

1. 名师工作室领衔人与工作室每个成员签订《名师工作室成员工作协议书》，在完成工作室研究项目和个人专业化成长方面制定周期发展目标，规定双方职责、权利及评价办法。

2. 工作室领衔人为工作室成员制订具体进步计划，安排培训过程。工作室成员必须参加工作室布置的带、教、培训工作，完成相关工作任务，并获得研究成果。工作室建立定期主题研讨制度，由负责人根据研究方向确定主题，定期集体研究，将研讨成果发布在工作室网站上。

3. 工作室网站、微信平台及电子档案资料要及时更新，通过开通评论和留言服务、公布成员电子邮箱等方式，确保有良好交流效果。工作室要及时通过网站发布工作动态、成员论文、专题研究课例设计、典型案例及评析、教育故事、活动图片等。

五、考核制度

工作室领衔人由"名师工作室"工作领导小组考核。

工作室成员的考核由其领衔人和领导小组负责。考核主要从思想品德、理论提高、管理能力、教育教学能力、研究能力、技能水平等方面考察成员是否达到培养目标，考核不合格者调出名师工作室；同时按有关程序吸收符合条件、有发展潜力的新成员进入工作室。

六、档案管理制度

建立工作室档案制度，并由领衔人兼管。工作室成员的计划、总结、听课记录、评课记录、公开课、展示课、教案等材料及时收集、归档、存档，为个人的成长和工作室的发展提供依据。

七、奖惩制度

1. 根据工作方案制定名师工作室成员考核标准，考核结果可作为教师评优评先的依据。

2. 对不求进取、不能按时完成工作室布置的任务的成员进行劝退。

"SWOT 分析"走进游戏化音乐教研

【案例描述】

周二下午音乐教研时间，我组织老师赏析名曲并研讨幼儿在进行音乐赏析时有哪些问题和策略，老师们分成了小、中、大班不同年龄组。可是，老师们表现得格外沉默，一是对于挖掘本年龄班幼儿在赏析音乐时需要注意的问题没有任何疑问，二是对于策略的提升缺乏深度。在实践过程中，我发现老师们在应付，私底下有的老师认为这种教研活动是在浪费时间，根本不知道从哪里说起；有的老师认为幼儿听音乐时老师不需要做什么；有的老师对音乐教研不感兴趣，尤其在班级实践环节感到累。本该表现艺术领域美好的音乐教研活动呈现出一片阴影……

❁【思考与行动】

我园教研组共有24名组员，市、区级骨干教师共有12人，其中青年教师和骨干教师各占50%。从整体教研力量上来说，全体组员的理论素养和专业技能等综合实力比较强。近几年来，音乐组致力于"集体舞""团体律动"两项专题教研活动，并没有具体围绕"音乐游戏"专题项目开展过专项研究或纵深研究，前期积累的"集体舞""团体律动"原创案例活动比较少，缺乏相应的教学实践与研究经验。因此，"音乐游戏"专题教研活动对于全体组员来说，具有一定的挑战性。

一、SWOT分析

SWOT分析方法，即优势（strengths）、劣势（weakness）、机会（opportunities）和威胁（threats）分析，它是基于企业自身的实力，对比竞争对手，并分析企业外部环境变化影响可能给企业带来的机会与企业面临的挑战，进而制定企业最佳战略的方法。

一个幼儿园若想在发展中立于不败之地，能健康、稳定、可持续地发展，可以按照SWOT分析方法，清晰、透彻地分析幼儿园的竞争优势、存在的缺点和不足、潜在的发展机会及外部的潜在威胁，从而全面地认识自我，周全考虑，根据园所情况，找寻适合本园发展的前途。教研活动是教师专业发展的必经之路，教师的专业成长决定园所发展的高度，下面我们以音乐教研活动为例进行SWOT分析。

（一）优势分析

1. 金州区第一幼儿园属于公办幼儿园，也是第一协作组组长园，引领33所幼儿园共同成长，在当地有着一定的知名度，曾被评为"大连市优秀教研集体""辽宁省贯彻《指南》先进实验基地""国家教育部幼儿园园长培训中心实践教学基地"。

2. 园领导是艺术领域的带头人、舞蹈家协会会员、辽南片教研指导专家、非物质文化遗产传人、辽宁省文化名人。

3. 有积极向上、凝聚力及向心力强的优秀教师团队，教研氛围浓厚。经常带领协作组幼儿园参与国家、省、市级大型教研观摩活动。曾参加2014年全国学前教育大会现场教研活动、国家教育部现场教研活动、新疆"手拉手"现场教研活动以及各级来访现场教研活动等，有着丰富的教研经验和浓厚的文化底蕴。

4. 老教师多于青年教师。老教师经验丰富，在各种大型活动中起带头作用；青年教师可塑性强，接受新观念、新知识的能力强，创新能力强。这些优势能让幼儿园有更好的发展。

5. 有自己园所的园本教研特色，有专人主持，有计划，有总结。

（二）劣势分析

1. 教师的音乐素养和专业技巧存在欠缺，驾驭音乐教学活动的能力薄弱。

2. 教师对音乐活动的目标要求缺乏理解，不会针对本班幼儿实际情况调整目标的难度。

3. 教师对本年龄班幼儿的年龄发展特点、动作发展特点、心理发展特点、艺术领域发展特点等没有掌握，或者在活动前没有进行有针对性的研究，在活动中无法进行分析。

4. 教师缺乏应有的知识储备。在平日活动中，教师多是照搬，而不是按照系统、科学的教学活动方案或教材进行组织，使得幼儿艺术素养的发展和综合能力出现不均衡的现象。

5. 老教师多，大多处于疲惫期、瓶颈期，教师出现抵触心理，不爱解决问题。出现在带动青年教师方面全部脱手的现象。

6. 大多数教师对音乐教研活动比较抵触，参与度不高。

（三）机会分析

1. 城区区域层面，各幼儿园针对音乐领域的理论和实践探索与专项研究比较少，我们只有先行研究才能促使园所可持续发展。

2. 教师会忽略幼儿在过程中的自主学习、沉浸体验、快乐审美，在一定程度上忽视幼儿作为"学习主体"对于音乐的主动感知、个性体验与创新表现。教师只有重视幼儿的音乐素养，甚至文化修养，才能不被幼儿园的发展所淘汰。

（四）威胁分析

产生的潜在威胁，是教师的教研意识不强，教师的音乐素养不高，对幼儿的音乐素养教育没有概念，对幼儿美的熏陶流于形式，对幼儿的健康成长造成威胁。

二、行动与策略

（一）以学为先导，让教师懂"研"

认真学习园本教研的理论，和幼儿园同步，清楚本学期园本教研计划和主要任务，使大家都知道园本教研就是以教师为研究主体，以本园的实际为着眼点的研讨。

认真了解《指南》艺术领域的精髓，了解音乐教育目标的含义和特点，建构幼儿音乐教育目标的依据、幼儿音乐教育的现状、幼儿音乐教育的结构、幼儿音乐教学中的常见问题和策略、幼儿音乐教育评价的方法等。

掌握音乐领域的技能：会唱、会弹、会舞、会编、会说；会观察、会记录和分析幼儿音乐活动的能力；制定音乐教育的能力；制订教学计划的能力；组织音乐教育活动的能力；进行艺术教育科学研究的能力，会利用网络进行协商交流学习，会利用网络与教学内容进行整合性学习等。

（二）开展多种形式的活动，让教师会"研"

1. 树立"研"的意识

由副园长、园长助理、教育专干分别负责小、中、大三个年龄组，我们以"问题即课题"为原则，引领教师在自己的音乐教育教学实践过程中发现问题，研究问题，解决问题，使教师在研究中促进自己的专业发展，并通过专项音乐教研促进教师音乐素养的提升。针对专项计划，我们特别提出：每周进行一次《指南》艺术领域有关音乐理论的学习，每周进行一次音乐专项教研探究活动，每隔一周写一篇音乐领域观察笔记、一篇音乐领域教学笔记，每学期撰写一篇音乐教育故事，每学期进行两次专业引领，每学期撰写一篇音乐领域的论文，每学期欣赏两首名曲、了解名曲的来源和内容。这样，让教师从点滴入手，逐渐提升音乐素养。

引导教师在选择研究重点时，要源于自己的实际工作，小而具体；让教师在研讨中能针对自己的实际工作想说、敢说、会说。找出教育教学工作中存在的问题，让大家展开讨论，进行交流，畅所欲言，各抒己见，使教师愿意"研"，逐渐形成浓郁的"研"的氛围。

2. 掌握"研"的方法

教研问题汇总：让教师将自己在一周的音乐实践中遇到的困惑罗列出来，提交各组负责人，然后提出探讨的问题，由各组进行讨论、交流并分析原因，共同制定教育目标，设计教育过程，选择教育方法，这样在设计教学的过程中就有研究，有探讨，从而提高了教师设计活动的能力。

教研要点汇总：创设收集问题的空间，把问题加以分类归纳；创设解决问题的平台，让教师参与研讨；把握问题来源的契机，捕捉问题的实质，及时找准问题的切入口，从而引领教师在实践中学习，在学习中思考，在思考中研究，在研究中解决问题，从而获得发展。

3. 变换"研"的方式

思维导图式：对于前期不了解的内容进行思维导图式分析，如在赏析维瓦尔第音乐《秋》时，教师分为三组，分别针对听到的音乐进行分类式查找，并画出各种形式的思维导图。如图：

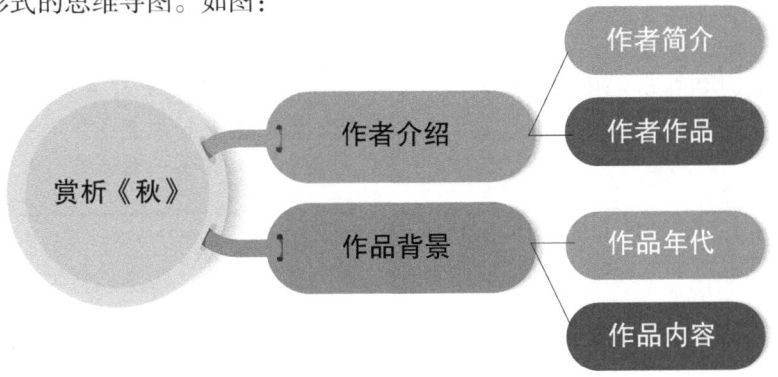

世界咖啡式：小组成员就音乐领域的某一问题畅所欲言，提出自己的看法和意见，把自己获得的信息或在教育教学改革中取得成功的案例进行交换与共享，以此促进信息的流动和成功经验的推广。

辩论质疑式：小组成员就研讨过程中的某一观点或教育教学的热点、焦点问题，站在反思的角度展开辩论或提出质疑，通过相互碰撞、充分摩擦，以达到高一层次的共识。

分析反馈式：在每次的研讨活动结束后，每位老师都要及时地在本年龄组的微信群里进行反思。针对第一次活动中的不足之处，在第二次的活动中加以改进，通过自我反思，教师进一步厘清了自己设计活动的思路，更了解幼儿对什么感兴趣，为什么等，这样强化了教师将理论与实践相结合，促进了教师自主地发展。

专家指引式：采取"请进来"的方式，定期或不定期地邀请省、市等专业研究人员参与幼儿园的音乐教研活动。教师也将自己平时解决不了的问题、困惑罗列出来，把不能在教师交流讨论中解决的问题单独列出来，向专业研究人员请教。在请教的过程中，解决了一个问题的同时，也促使教师本人的专业水平不断提高，从而提升以园为本教研的质量。

名师引领式：首席教师、名师和市级骨干教师分别带队，挖掘团队中有音乐特长的教师进行培训，比如音乐理论、舞蹈、声乐、打击乐等，让这些教师带领全体教师进行评价，发现某个领域的问题，知道选择什么样的内容，既适合孩子，又有利于教师操作。通过这样的教研活动，教师的教学能力在逐步提高。

通过SWOT分析，我们挖掘到了教师专业成长本身潜在的问题和威胁。我们要做的是创造自由、平等、民主的氛围，关注并唤起教师对音乐领域的思考和实践的愿望。不仅仅是教师自身，更让我们的孩子成为善于表达和表现的人。提升园本研修的品质，让教研结果真正服务于教育、服务于幼儿园。

【成长心语】

> 经过探索，我们认为：管理者要多从幼儿园实际出发，从教师和幼儿的需求角度出发去思考问题。在教研活动中要自下而上地去发现问题、提出问题，对于教师出现的教研困难点，要有耐心，因为只有一线教师真正感兴趣的、符合幼儿园实际的教研问题"研"出来的结果才能真正地服务于幼儿、教师和幼儿园，才不会失去研究学习的立足点和生长点。
>
> （大连市金州区第一幼儿园 王妮）

从"局外人"到"局内人"

【案例描述】

每学期末,我区教育行政部门会组织以主管行政部门负责人、公办幼儿园园长和业务园长为成员的评估小组对全区内各公办(集体、其他、普惠制)、民办、村办性质的幼儿园进行检查与评估。我们从240所幼儿园中随机抽取了120所进行了关于"本园所幼儿园发展规划的制定者都有谁"的问卷调查,其中包括公办园36所(全区公办园所数量)、民办81所、村办3所(全区村办园所数量)。调查的选项内容包括:(1)园长;(2)幼儿园各部门负责人;(3)幼儿园教职工;(4)专家;(5)幼儿园家长;(6)其他社会人士。问卷调查的结果如下:

园所性质	调查园所数量	幼儿园发展规划制定的参与人员					
		园长	幼儿园各部门负责人	幼儿园教职工	专家	幼儿园家长	其他社会人士
公办园所	36所	100%	72.22%	41.67%	22.22%	27.78%	22.22%
民办园所	81所	74.07%	53.09%	38.27%	3.7%	14.81%	12.35%
村办园所	3所	100%	0	0	0	0	0

从现场检查及问卷调查中,我们发现当下各园所在制定幼儿园发展规划中存在的最大问题是制定幼儿园发展规划的基本理念有偏差,即谁来参与幼儿园发展规划的制定。从调查中我们可以看到,大多数幼儿园认为制定规划的主要参与人是园长和幼儿园各部门负责人;一部分幼儿园让教工参与规划的制定;少数幼儿园让专家、家长以及其他社会人士参与。

【思考与行动】

《纲要》在总则里提出:"幼儿园应与家庭、社区密切合作,与小学相互衔接,综合利用各种教育资源,共同为幼儿的发展创造良好的条件。"目前我们大多数幼儿园的家长还停留在以"局外人"的身份了解孩子的在园表现,只能参与和幼儿在园生活相关的活动,参与内容和方式都由幼儿园决定,大多数家长以及其他社会人士并没有参与幼儿园管理。形成这种状况的原因,一是幼儿园规划管理意识薄弱,理念存在偏差;二是专家、家长以及其他社会人士参与幼儿园管理的机制尚未建立或健全;三是家长及社区参与意识的缺失。一份好的幼儿园发展规划,应该既能传承以往的办园特色和办园理念,又能找到新的生长点并予以创新和突破。这一工作是在园长的组织下实施的,而不是由园长或者幼儿园领导班子自己"想"出来的。园长是组织者，应当召集教师、后勤人员、家长、社区负责人、专家等各类人员召开座谈会、听证会，讨论幼儿园的办园理念、培养目标、价值定位等。金州区第一幼儿园在制定新一轮三年发展规划前，分别围绕园务管理水平、师资队伍建设、保教质量、科研课题、卫生保健工作、家长工作、后勤管理、园际协作八大项目相继召开听证会，参与人员涉及管理者、教师、后勤人员、家长、金普新区园际协作组成员园代表、专家等，围绕相关话题进行观念的碰撞。在制定幼儿园发展规划中，如何让更多优势群体从"局外人"转变为"局内人"呢？我们可以采取以下措施：

一、专家解读

我园邀请中央教科院李铁安博士来园解读幼儿园发展的核心理念"让天真的心灵更天真"时，直接拓展了"天真的心灵"这一理念的内涵——纯真、好奇、火热、善良，延展了我国古代伟大的教育家和思想家孟子关于"大人者，不失其赤子之心者也"以及思想家老子关于"含德之厚，比于赤子"的解释，将其演绎为"如婴儿一般纯真自然，有善良、纯朴、率直、热爱生命的人格品质"，更为清晰地凸显了"天真的心灵"的理念。

二、教职工挖掘

幼儿园在进行园史收集和汇编的过程中，发动全园教职员工共同参与，教师按照发展时期分成若干小组，每个小组负责收集本时期关于行政管理（办园理念、园所制度、岗位职责）、教师队伍（人员结构、队伍素质、队伍培养）、教育管理（教学计划、教学管理、幼儿发展、教学活动、教育科研、家长工作、社区工作、对口帮扶）、教育设施（园舍建设、户外场地、消防措施、玩具图书配备）、德育工作、卫生保健（一日生活、儿童膳食、卫生消毒、传染病的预防与控制、伤害预防与健康教育、卫生保健信息与管理）六大方面的内容并进行整理，通过到老教师家里走访、开展"情暖重阳，爱在一园"座谈会等盘点历史、摸家底、广泛征求群众意见的做法，挖掘并分析出幼儿园的现状及存在的主要问题，明确应该优先解决的问题、未来的主要目标、所需的投入等，并进一步区分幼儿园多项工作的轻重缓急。

三、问卷调查

幼儿园发展规划应为幼儿园、家庭和社区共同所有，家庭、社区参与是幼儿园发展规划不可分割的一部分。每学年初，幼儿园会主动联系本社区负责人，在本社区家庭中开展"0~3岁儿童早期教育"家庭问卷调查，了解本社区内0~3岁儿童早期教育情况、本社区本年度0~3岁婴幼儿增长情况、是否就近入园情况、社区服务情况等。通过这一调查，估计未来三年幼儿就近入园数量，幼儿园近几年应在早教、社区服务方面开展哪些活动，利用哪些资源等。学期初幼儿园会给每个家庭发放一份家长调查问卷，内容主要包括本学期幼儿园的主要工作重点、幼儿游戏及学习活动等，目的是了解家长关于教育、生活、营养饮食等方面的需

求和建议。学期末幼儿园还会给家长发放一份调查问卷，内容主要是回顾本学期幼儿园在各方面工作中取得的成绩和幼儿各方面的发展，目的是请家长对本学期工作进行评议，对本阶段工作提出意见，对下阶段工作提出合理化建议。

根据前期调查问卷情况，在制定幼儿园发展规划中，幼儿园在家园共育、社区工作中增添了很多新的内容，比如：有特长的家长定期来园为小朋友组织活动，与社区相互协助组织开展"好家长、好家庭"、新区"小海娃"评选活动。根据居民需要进行"家庭教育讲座""家庭教育现场咨询""学前教育宣传月"活动，充分利用社区资源开展中国传统文化教育，比如金州一园龙舞走进社区、邀请有剪纸、空竹、戏曲、武术等专业特长的辖区居民来园为幼儿组织活动等。

四、家长参与

新《规程》第五十四条指出：幼儿园应当成立家长委员会。家长委员会的主要任务是：对幼儿园重要决策和事关幼儿切身利益的事项提出意见和建议；发挥家长的专业和资源优势，支持幼儿园保育教育工作；帮助家长了解幼儿园工作计划和要求，协助幼儿园开展家庭教育指导和交流。

（一）参与幼儿园改善幼儿伙食管理

每学期初和学期末，幼儿园分两次邀请家委会成员参与营养员技能比赛的评比。从色、香、味、营养等多方面入手，让家委会成员在营养、食物搭配、口味等方面对幼儿的膳食有深入的了解，让家长放心。同时，各班级家委会成员发动各班级家长在幼儿园伙食管理方面献计献策，在幼儿餐饮方面提出改进建议，比如每学期幼儿自主餐的食谱搭配、新生入园前一个月的幼儿食谱制定、大班末期幼儿的食谱制定等。

（二）参与制定幼儿园亲子游戏活动内容

亲子活动是幼儿园家园共育的重要形式之一，它能帮助家长及时了解幼儿在园的各项活动及表现情况，促进幼儿园和家庭的有效合作。但此项活动也存在一定的问题，比如家长人数过多而活动场地有限，家长的工作时间与活动时间发生冲突，活动中家长总是作为旁观者，而对于活动的内容及如何配合却一无所知等。为了解决矛盾和问题，使家长能更加灵活自主地参与幼儿园的各项活动，我园开展了"菜单预约式"亲子活动。即由教师和家长委员会成员共同商量亲子活动的菜单，菜单包括活动内容、活动时间、活动地点，然后由家长结合自己的时间和关注点自由选择来园时间参与活动，关注幼儿的发展。

这种"菜单预约式"活动的开展，不仅切实解决了幼儿园以往亲子活动中人数多、场地小的问题，同时让家长参与活动内容的制定，进一步体现了我园对家长的尊重和服务于家长的意识，使家长真正成为参与活动的主人。我们还惊喜地发现：当幼儿园满足了家长的合理需求时，家长参与的愿望和热情提高了，从而有效地推进了家园合作的步伐，这种做法受到家长们的好评。

（三）参与设计可行的亲子活动方案

以主题系列活动的形式庆祝"六一"儿童节是我园多年来一直开展的特色活动。近年来，我们围绕主题"快乐巴学园""中国梦 我的梦""玩转童年""童年颜色"和家长共同设计了可行的亲子活动，如亲子搭建、亲子才艺展示、亲子时装秀、亲子摄影、亲子绘画、亲子寻宝、亲子运动会、亲子爱心义卖、亲子制作等。活动中，我们把自己看成是与家长一样的幼儿教育的主体和相互合作的伙伴关系，共同的目标是促进幼儿的发展。老师和家长在一个平等的位置上，以互助的关系参与亲子活动方案的设计研讨，以朋友的方式交流座谈，拉近和家长的距离，使家长们认识到设计亲子活动不仅仅是老师的事情，更是家园合作的事情，由此激发家长积极主动地参与到幼儿园亲子活动中来，为活动出谋划策，献计出力。在各项活动的组织与策划过程中，提高了教师组织、协调及与家长合作沟通的能力。

❁【成长心语】

> 幼儿园发展规划是自上而下与自下而上的统一，汇集多方智慧。园长的角色是规划的"组织者"和"总导演"，而不是"编制者"。在《园长标准》中，规划幼儿园发展是园长必备的能力素质，也是园长的岗位职责。发挥各层次的专家力量，调动各方面充分参与，从不同角度寻找存在的问题，站在更高层面思考问题的解决方式，选择最合适的方式整合多方力量，把更多的"局外人"吸纳进来成为幼儿园规划发展的"局内人"，乃是幼儿园园长的大智慧。
>
> （大连市金州区第一幼儿园 梁琳琳）

我的责任清单

❁【案例描述】

学期末，各班组开始进行工作总结，大家都复制粘贴式地说了开场语：针对本学期工作计划，现将本学期工作总结如下。接下来大家从优点、不足、取得的成绩以及下学期的工作打算开始自己的总结。听完一半教职工的总结后，园长说："请各位老师对照学期初的工作计划，看看本学期的工作任务你们完成的有多少，没有完成的有多少，没有完成的原因是什么。"园长话音一落，大家面面相觑，不知从何说起。

❁【思考与行动】

学期初，教职员工根据自己的实际情况制订了学期工作目标及工作计划，各部门负责人对其计划给予了建议。可是在期末总结会上，当园长提出问题时，为

什么会出现全体默不作声的尴尬场面呢？规划重在落实，学期初教职工制订的行动计划，是幼儿园发展目标实现的重要保障，是园所发展规划中可操作的一环。分析上述案例问题发生的原因，主要是各部门在指导计划落实、检查、支持、评价和考核中没有跟进，导致出现有头无尾的局面。于是，我们把每学期初制订的工作计划调整为"我的责任清单"，所谓"责任"是指一种能力，而又远胜于能力，是一种精神，更是一种品格。"责任清单"是指做好分内的事情，知道该干什么，不该干什么。"我的责任清单"的制定旨在指导教职工时刻把"责任"放在首位，落实到每个阶段工作计划中，落实在每个岗位中。

一、结合实际，制定清单

学期初，各个部门的负责人首先根据园所规划目标详细制定本部门的责任清单，主要分为：第一，任务清单（具体说明为达到目标各个部门必须采取的行动），负责实施这项行动的责任人，实施行动、监控和检查所需的时间；第二，成本清单（预测教职工完成各项清单任务的时间、经费和物质资源、培训成本）。部门责任清单制定后要经过本部门成员的探讨、确定，再由各部门分组制定本组成员所在岗位的责任清单。上到园长、副园长、保教主任，下到保健医、安全专干、教师、保育员、专项活动室负责人、档案管理员、炊事员，全体教职工对照园所发展规划目标和自己的岗位职责要求，制定具体的责任清单。清单制定要求有以下特点：具体、可测量、可完成、真实、联系幼儿园实际、确定时限、可以评价、可以检查。

比如，金州一园在其"十三五"发展规划中，对于"开展常规性园本教研活动"提出：每学期开展园本教研"七个一"活动，即要求教师每学期读一本教育专著、上一节优质课、分享一篇优秀教学反思、交流一篇典型活动案例、交流探讨一个有特色的主题墙、展示一次表演区活动、汇报交流一次小课题研究成果。教师根据这一内容，在分析自我发展规划进展程度的基础上制定本学期教育教学中关于"园本教研"方面的责任清单。内容包括个人在以上七个方面已经取得的成绩、上阶段未能开展的活动以及未能开展的原因，个人在以上内容中发展的目标是什么，实现目标的主要措施和需要幼儿园提供的帮助等方面。

各部门各岗位人员责任清单的制定，不仅让教职员工清晰地明确了自己前进的方向，而且我们通过教职工提供的信息，对近期内指导教职工工作计划的落实和有关人、财、物方面的支持有了更好的预测和统筹安排。

二、及时评价，调整改进

年级组长和各部门负责人在收到教职工的个人"责任清单"后，按照教师专业成长的四个阶段，即适应期（教龄 3 年以内）、成长期（教龄 3~5 年）、成熟期（教龄 6~10 年）、精研期（教龄 10 年以上），把教职工分成四组，针对他们目前所处成长期的优劣势，按照制定目标的挑战性，用"富有挑战性""有一定

的挑战性""挑战性不足"和"不具有挑战性"4个等级做出评价。对后两个等级的教职工给予鼓励，帮助其提高对自身的要求，振奋其奋斗的精神，重新调整和改进责任清单的目标。同时，在每个月月末，教职工要以年级组为单位对自己的责任清单进行自评、他评和小组评价，找出责任清单与现实的差距。

三、对照落实，给予支持

在检查指导责任清单落实的过程中，各部门负责人对照每人清单落实情况，将发现的困难以及教职工希望幼儿园提供的帮助归纳整理，及时上报，以便幼儿园做出安排。比如开展园本教研"七个一"之"组织一节优质课"活动中，我们发现处于适应期和成长期的教师对各领域的教材教法、目标要求以及本年龄阶段的幼儿学习发展特点掌握得不到位，他们不是不想干，而是不知道怎么干。于是在一次评课后，领导班子认真分析了这些老师存在的问题，提出了"三步走"的做法：一是自主学习。从引领她们自主学习各领域教材教法入手，帮助其解决理论知识贫乏的问题。二是现场协助。从目前她们感到最难组织的数学活动入手，一个领域一个领域过关，通过小范围的同伴现场协助和建议等，使其在两年内规范组织各领域活动。三是团体观摩。支持鼓励他们参加区、市组织的活动评优及现场展示活动，在大型教学活动研讨中使其教学水平得到历练和提升。

四、团队激励，助推成长

激励是把需要、动机、目标这三个相互影响、相互依存的要素衔接起来形成一个完整的过程。根据马斯洛的五个层次的需要，即生理、安全、归属和爱、尊重及自我实现的需要，前两者为低层次需要，后三者为高层次需要，人对需要的追求从低到高，某一时期某种需要占据主导地位。实践证明，教师是有着较高层次需要的人群，作为园所管理者，如果能重视教师的高层次需要并帮助他们实现，会对教师起到极大的激励作用。团队激励是园所为了充分发挥团队的作用，更好地实现规划目标，激发个人对团队的归属感和自豪感，实现激励最大化。比如，金州一园在团队组建过程中按照岗位分成了教师、保育、后勤和餐饮四大组，每个组根据每一阶段的任务又分成多个小团队。如：园本教研活动中我们一般以年级组为单位组成小、中、大三个团队；教科研活动中我们以参与科研的项目组成团队研究小组，如室外建构组、绘本开发组、户外游戏组、龙舞特色组、信息化研究组、亲子活动组等；保育组根据每位老师在保育方面的特长组成了小种植组、床铺整理组、进餐组等；后勤组根据园所每项大型活动的需要组建安全防护组、后勤保障组；餐饮组根据学期餐饮要求组成新菜谱开发组、糕点创新组、新入园幼儿配餐组……每个阶段的活动，我们会根据需要组建团队，团队组成后，以团队为单位列出每个团队在此项活动中的"责任清单"，内容包括：角色（每人在此项工作中承担的工作）、任务（每人在此项工作中要完成的任务有哪些，其中包括任务的前期准备、过程和结束）、效果（研究成果是否推广、推广的范围、没有推广的原因、需要如何改进）、评价（自评、项目负责人评、小组其他成员评)。团队研究的效果不仅直接跟幼儿园绩效考核挂钩,而且对于有突出表现的团队负责人,幼儿园在副职及中层干部、年级组长、学科带头人、骨干教师选拔上会优先考虑。对其团队的成员,幼儿园会给予更多的学习、培训、外出进修的机会。自团队"责任清单"实施以来,教师对幼儿园的归属感和对同伴的认同感有了极大的提高,教师自尊和自我实现的需要得到了极大的满足。

【成长心语】

> 计划的实现,一靠教职工的努力,二靠幼儿园的支持。幼儿园根据教职工的发展规划,从中发现教师的需要,创造条件,帮助教职工实现发展目标和幼儿的学习与发展目标。"我的责任清单"让计划落实更具体、更有指向性,对有效调控教职员工的行动方式具有积极作用。当教职工看到鲜明、具体的目标,并在实践中感受到目标的一步一步实现时,形成了强烈的动向感,朝着既定的目标奋进。在"我的责任清单"实施过程中,我们收获最大的不仅仅是能力,而是金州一园人的精神和品格。
>
> (大连市金州区第一幼儿园 梁琳琳)

附件:

我的责任清单

姓名:

内容	目标	完成时间	承担角色(负责人或参与人)	完成效果			是否在规定期限内完成	备注(未完成任务的原因及下步打算、需要园所的支持和帮助、完成任务并取得良好效果的原因)
				自评	小组评	园评		

自我评估见成效

【案例描述】

2014年开始,我区年终教育督导从实地检查过渡到采取现代化技术手段将园所工作根据考核细则的指标要求上传材料,然后由主管部门督学室组织相关人员采取网上打分的方式进行评价。第一年刚开始,园长召集各部门负责人一起学习考核细则,然后由幼儿园督导专干将各部门工作任务细化,大家各负其责,在规定时间内整理好本部门材料上传给督学专干,然后由园里统一安排上传督导系统。第一年做这项工作,各部门材料的整理及上交都比较匆忙。督导结束后,园里集中组织各部门负责人到系统中反复认真学习我区其他学校和幼儿园上传的照片、材料等，我们发现：我园材料在规范和特色上有欠缺。我们看到很多单位员工扎实的文化功底、求实的工作作风，比如对学校文化、园所文化的分析和创设。其他单位上传的材料对于我们来说好像一面镜子，每年我们全区所有的材料都统一上传到一个平台，随手点击一览无余，我们尚且在学习，何况其他单位呢？它代表着一个单位的管理和品质。

【思考与行动】

自我评估是以幼儿园自主为基点，以全体教职员工为主体，以园所发展规划及具体目标的实施为对象，按照幼儿园自主认可的评价标准开展的定期评估活动。自我评估作为幼儿园评价的组成部分，表现为评价的自主、自觉、自愿、自定、自行等特征。幼儿园正是在自我评估这种内部有效监控管理的自律机制中，促进幼儿园及成员的自我认知、自我对照、自我反思、自我总结、自我调整、自我约束、自我发展、自我完善，促进幼儿园发展目标的实现，不断提高办园质量。在上述案例中我们认识到上报材料不仅仅是为了完成一项任务，日常工作中如果能够通过自我监测和评估园所发展规划，保证每项工作严标准高质量、扎扎实实地落实，使全园教工养成求真务实、扎实肯干的工作作风，在监测评估的过程中优化幼儿园管理行为，促进园所实现有效发展才是最终目的。于是，近几年来，我们逐渐摸索了"内部监测和自我评估"的管理机制。把监测按照时段分为定期和不定期两种。定期实施的分为学期、学年度以及三年周期的监测评估；不定期的监测评估随时进行。在方式上主要有两种，一种是过程性监测评估，主要是各部门针对规划实施过程中的目标内容进行的监测评估；另一种是结果性监测评估，主要是各部门在完成幼儿园发展规划中的某项工作时进行的监测评估，我们的主要做法如下：

一、建立监测和评价机制

为保证幼儿园自我评估有序运行，健全的管理制度是一种基本规则，自我评估制度的建立使自我评估获得规范的运行。因此，我们首先建立了切实可行的自我评估管理机制，在幼儿园"内部监测和评估"中，我们成立了以园长为总负责人，以副园长、保教干事、保健医、年级组长、班长、后勤、炊事人员代表为主要参与人的评估小组，评估小组的主要任务是熟悉本岗位在园所发展规划中要监测评估的基本内容，掌握监测评估的技巧和方法，开发工具和指标，确定方案。

二、建立幼儿园管理台历

为了让每个人清楚地了解每个阶段的工作任务以及日常监测评估的时间，我们在每月初给每个班级每个岗位下发"管理台历"，台历中标注了活动的关键日期和活动内容，详细记录了每学期、每学年园所发展的大事记，提供了清晰的内容和翔实的数据，方便了每位教职工每个时期对照"管理台历"不断反思、调整和改进工作。

第一编 规划幼儿园发展

三、总结反馈，上报结果

幼儿园各部门负责人在监测评估过程中，会根据部门监测评估目标和内容定期、不定期地以口头和书面的形式向园长汇报情况，主要针对以下事项：目标在多大程度上达到了？为什么说目标已经达到了？行动计划在规定的时间内实施吗？时限是否真实？发展规划对园所、教职工以及幼儿发展有什么影响？影响的证据是什么？是量的还是质的？什么方面发展突出，为什么？我们在这一过程中学到了什么？对将来的规划有何启示？最初的工作有价值吗？

【成长心语】

> 实施监测和评价有助于幼儿园在这一过程中进一步完善和修订计划。以往的督导评估，我们关注每年园所在硬件建设方面的创设和投入，关注名师或骨干教师的数量、获奖人数等量化指标，虽然这本身也是一种发展的重要内涵，但这些只是一种外延的发展。在实施园所发展"监测和评估"的过程中，我们由衷地感到：只有关注园所内涵的发展即质的内在结构的发展，使之循序渐进、日积月累地将内涵外显化，幼儿园才会越走越精、越走越远、越走越长久。
>
> （大连市金州区第一幼儿园 梁琳琳）

附件：

金州一园各部门发展规划实施过程中文本自我评估表

项目指标	具体内容	评估等级		
		优良	合格	欠缺
目标明确性	1. 过程性目标——对发展过程表述得具体清晰，有可操作的程序要求。			
	2. 结果性目标——对发展结果有可供观察和检测的标准或指标。			
	3. 三年规划只针对2~3个重要问题提出发展目标，不能超过4个。			
	4. 每年年度发展的核心目标不超过2个。			
	5. 规定了完成目标的时间。			
	6. 目标适当：（1）发展目标是否恰当？（2）在规定时间内是否能完成？（3）各目标和项目的先后顺序是否恰当？			

（续表）

项目指标	具体内容	评估等级		
		优良	合格	欠缺
行动方案可行性	1.行动具体严密：（1）行动步骤、方法手段不偏离目标，是实现目标所需。（2）行动步骤具体说明做什么、怎么做，在什么时间和地方做，顺序合理。（3）方法手段简明易掌握。			
	2.资源保障：（1）行动方案有相应的资金或物质保障吗？在执行中若资源供应出现意外，准备好对策了吗？（2）在规定时间有可能完成吗？			
	3.组织保障：（1）成立了分项目组织吗？（2）有适当的运作和沟通机制吗？（3）组织内各成员合作良好吗？			
	4.人员保障：（1）明确了负责人吗？（2）负责人积极主动吗？（3）负责人有足够的时间、精力和能力来承担相应的责任吗？（4）对相关人员进行相应的培训了吗？			
	5.对困难的估计与应对：（1）对方案执行过程中可能遇到的困难做出充分考虑了吗？（2）准备相应对策了吗？			
落实执行检查	落实规划执行过程的检查者与检查时间。			
	准备好了检查记录与反馈的表格与方法。			

金州一园各部门发展规划实施过程自我评估表

进度—时效	规定时限完成规定任务	全部 大部分 一般 少部分
	若不能按时完成，请进行原因分析，并提出改进对策：	
进度—功效	完成的质量、效果如何	很好 较好 一般 不理想
	进一步提高成效的对策：	
人员状态	负责人能否认真组织和负责	很好 较好 一般 难承担
	参与者的积极性与合作性	很好 较好 一般 不理想
	实施中各方沟通情况	很好 较好 一般 不理想

（续表）

资源供应	所需资源到位情况	很好 较好 一般 不理想
	对策：	
困难与措施	（1）遇到哪些预料之外的客观困难或人为干扰？ （2）采取了哪些措施？ （3）能否有效克服？	

好经验和做法：

总评：实施方案是否需要调整	不需调整 微调 较大调整

方案调整记录：

金州一园周（月）监测评估表（例）

时间	第一周 2月20日—2月24日	第二周	……
工作内容	1. 制订学期教育教学工作计划。 2. 创设班级主题墙及教育环境。 3. 电话通知部分还没有来园的幼儿来园，如果不能来园要了解原因，及时和家长沟通。 4. 教学质量评估。		
负责人	各年级组负责人、年级组长		
监测评估	1. 部分教师认为目前使用的教材中有些内容孩子不感兴趣，资源包的内容因为班级没有白板暂时用不了，教材内容要重新根据主题调整。 2. 部分教师提出创设环境的某些废旧材料可以发动家长和周边资源；胶棒、彩色纸等材料幼儿园是否可以根据每个班级所需购买。 3. 统计各班级一、二月份幼儿入园率。 4. 幼儿轮休期间，各班级布置幼儿美术作品展览区，以年级组为单位对幼儿的学习、常规习惯等情况进行自查和抽查。		

金州一园项目工作期限监测评估(例)

目标	读一本教育专著《发展适宜性游戏:引导幼儿向更高水平发展》。	上一节优质课。	交流一篇典型活动案例。	……
活动与措施	全员参与。自主读—小组交流—大组导读交流。	全员参与。年级组观摩评价;优质课推荐,大组进行展示;不过关活动重新集体备课,二次或三次磨课。	将观察的典型活动案例以制作PPT或播放视频的方式进行交流。	
时间	10.11、10.25、11.8、11.22、12.6、12.20。	10.13、10.20、10.27、11.3、11.8。	12.19、12.20、12.21。	
负责人	园长,副园长、保教干事,小、中、大年级组组长。	年级组负责人。	副园长。	
所需资源	买书费用350元。	全程录像、照相,分别由××负责。	全程录像、照相,分别由××负责。	
监测评估	全程录像,熟悉每一部分内容,运用理论指导实践,用具体事例讲述实际工作的改变。	对照评价标准进行观摩评估,低于90分的属于未过关的活动,需要以年级组为单位集体备课、学习教材教法和《指南》,帮助其二次乃至多次磨课,直至过关为止。	对照观察活动案例的要求,分析每个活动案例的有效性,提出建议,反复实践,能在本学期结束时完成一篇质量较高的观察案例。	

金州一园学期或年度评估小结(例)

目标	调整幼儿园专项活动室:将社会体验室改为"百变纸盒王"创意室。	增添户外游戏小型器械及玩具。	……
所需资源	2000元	44400元	……

(续表)

实现情况	已由两位特长老师创设完成，资金到位。	已增添小、中、大户外轻器械材料若干件。	……
说明	环境创设已完成，需要进一步落实此专项室的管理和活动情况。	1.还需要制作柜子，大概需要资金3000元。2.按照年龄班进行摆放，管理责任分到年级组，要定期清点。卫生责任人定为户外清洁员。	……

金州一园各部门发展规划单项目标完成情况自我评估

部门名称：　　　　　　　　时间：

原定目标陈述：
实施过程中目标调整情况：
目标最终实现情况描述：
非预期的正效应与副作用描述：
目标最终实现简要判断： 实现时间：□提前完成　□按时完成　□推迟完成 实现程度：□全部完成并有扩展　□全部完成　□部分完成并有调整　□少部分完成

金州一园各部门发展规划学期目标完成情况自我评估

部门名称：　　　　　　　　时间：

全部目标（　）个。 □提前完成（　）个，按时完成（　）个，推迟完成（　）个。 □全部完成并有扩展的（　）个，全部完成的（　）个，部分完成并有调整的（　）个，少部分完成的（　）个。 □主要经验描述： □主要教训描述：

团队小游戏

一、无敌风火轮

1. 项目类型：团队协作竞技型。
2. 道具准备：报纸、胶带。
3. 场地要求：空旷的大场地。
4. 游戏时间：10分钟左右。
5. 游戏目的：培养队员团结一致、密切合作、听从指挥的态度，增强队员间的相互信任和理解。
6. 游戏玩法：

10~12人一组，利用报纸和胶带制作一个可以容纳全组队员的封闭式大圆环，将圆环立起来，全组成员站到圆环上，边走边滚动圆环，以最先到达终点且圆环破损最小的一组为胜。

二、晋级

1. 项目类型：团队娱乐型游戏。
2. 游戏目的：消除工作疲劳，调节团队气氛，增强团队工作积极性。
3. 场地要求：室内或室外较宽阔的场地。
4. 游戏玩法：

让所有的人都蹲下，扮演鸡蛋。相互找同伴猜拳，获胜者进化成小鸡，可以站起来。然后小鸡和小鸡猜拳，获胜者进化为凤凰。看看谁是最后一个变成凤凰的。

三、寻找我的那一半

1. 项目类型：团队合作型游戏。
2. 道具准备：将彩色纸剪成三角形或正方形，并将其分成相同的两份。胶水，硬纸板，笔。
3. 游戏时间：20分钟。
4. 游戏目的：彼此了解，建立初步的互动关系。
5. 游戏玩法：团队成员自由抽取已剪裁好的彩色纸，然后成员必须在团队中找到与自己同色的且形状相匹配的另一半。找到后，将两份彩色纸拼好贴在硬纸板上，并在彩色纸上写上两人的名字，两人自由交谈5分钟，互相认识。最后全体成员围圈坐下，每一对都轮流向大家进行介绍，使团队中的每一个成员都相互认识。

四、一心一意

1. 项目类型：团队协作竞赛型游戏。
2. 道具准备：PVC管一根。
3. 游戏目的：增强团队团结合作、服从指挥的意识。

4. 游戏玩法：成员 4~5 人一组，横排站好，伸直一只胳膊并伸出食指。由裁判员将 PVC 管放至成员的食指上，即团队成员共同用食指托举一根 PVC 管。发令后，裁判员计时，大家一起向前走至终点。用时最短的一组为胜。

5. 游戏规则：

（1）只能用食指托举。

（2）若 PVC 管掉落须重新开始。

五、沟通能力

1. 项目类型：团队操作型游戏。

2. 道具准备：数量为总人数两倍的 A4 纸。

3. 游戏时间：15 分钟。

4. 游戏目的：理解团队沟通的重要性，沟通的最佳方式要根据不同的场合及环境而定。

5. 游戏玩法：

（1）给每个成员发一张纸。

（2）培训师发出单项指令：

大家闭上眼睛，全过程不许问问题。

把纸对折、再对折、第三次对折，把右上角撕下来，旋转 180 度，把左上角也撕下来。

（3）睁开眼睛，把纸打开（会出现各种结果）。

（4）第二次游戏，培训师可以请一名学员上来，重复上述指令，唯一不同的是这次成员们可以问问题。

有关讨论：

完成第一次游戏后可以问大家：为什么会出现这么多种不同的结果？

完成第二次游戏后可以问大家：为什么还会有一些误差？

推荐读本

1. 彼得·德鲁克. 卓有成效的管理者（珍藏版）[M]. 许是祥，译. 北京：机械工业出版社，2009.

该书指出卓有成效是管理者必须做到的事，但是在所有的知识组织中，每一位知识工作者其实都是管理者——即使他没有所谓的职权，只要他能为组织做出突出的贡献。

2. 柳海民.《幼儿园园长专业标准》解读[M]. 北京：北京师范大学出版社，2016.

《幼儿园园长专业标准》的出台，为全国范围的幼儿园园长的专业成长提供

了行动指南，对我国学前教育事业的发展具有里程碑的意义与价值。

3. 周梅林.《幼儿园工作规程》（2016版）解读［M］.北京：北京师范大学出版社，2017.

本书将新旧版本的《规程》进行了对比分析，借助案例分享了对新《规程》相关条目的解释和理解，推动我国幼儿教育向科学化、法制化的方向前行。

4. 陈迁.幼儿园管理的50个细节［M］.福州：福建教育出版社，2014.

该书精心提炼了幼儿园管理中的典型案例，从不同侧面反映了当前幼儿园管理中亟待解决的管理细节，展示了管理的艺术和处理细节的智慧。

5. 洪秀敏.幼儿园教师必知的60条教育政策与法规［M］.北京：中国轻工业出版社，2014.

本书向幼儿教师普及了与其工作密切相关的教育政策和法规知识，通过条文解读、案例回放、案例分析的方式帮助幼儿教师掌握和理解政策及法规，提高幼儿教师依法执教的意识水平。

6. 刘焱.儿童游戏通论［M］.北京：北京师范大学出版社，2004.

本书将儿童游戏置于社会文化、儿童发展、教育学的视野下，多维度地探讨儿童游戏的意义、特点、价值和功能，视野广阔、内容全面，既注重理论研究，又关注教育实践。

7. 蔡春美，洪福财，邱琼慧，等.幼儿行为观察与记录［M］.上海：华东师范大学出版社，2013.

本书从幼儿行为的观察与记录的意义和重要性入手，对常用的几种观察与记录的策略方法进行了理论、案例和实践操作的诠释，帮助读者较系统地掌握观察与记录的有效方法。

8. 佐藤学.教师花传书：专家型教师的成长［M］.陈静静，译.上海：华东师范大学出版社，2016.

该书借鉴日本传世之作，将教师的专业成长比喻成从"种"到"花"的动态过程。书中以"匠人气质"为关键词探讨了专业化的教师形象，以鲜明的案例展示了开展课堂教学、构建同僚性、参与课堂变革的专业场景，剖析了教师的自我学习与自我修养。

9. 张燕.幼儿教师专业发展［M］.北京：北京师范大学出版社，2006.

幼儿教师的职业不同于任何职业，因为它关系到孩子的未来，那么幼儿园的课程就显得更为重要了。本书从幼儿园专业化的基本概念、幼儿教师的成长历程、职业道德规范与职业关系、走向专业成熟和做自身专业发展的主人六大方面来解读幼儿教师专业发展。

10. 朱福荣名师工作室.一线教师说教研［M］.重庆：西南师范大学出版社，2016.

采取以人说研，以例说研的小说形式，阐述中小学教研的方式、策略、评价

等。以平等的姿态与一线老师平等对话，通过故事的呈现指导教师如何开展教研、如何提升专业素养、如何共享资源、如何借助团队的力量等。

11. 袁振国. 教育新理念［M］. 北京：教育科学出版社，2010.

教育观念是教育行为的先导，先进的教育理念是改进教育工作、提高教育质量的动力，是使教育活动更加丰富多彩、更加富有人性的源泉。本书以生动形象的语言、丰富贴切的案例，深入阐发了从课堂到课程、从学科到学术观念更新的问题。

12. 赵德成，梁永正. 教师培训需求分析［M］. 北京：北京师范大学出版社，2012.

通俗地说，培训需求分析就是对学习者的学习需求进行识别和分析的过程。而从科学概念角度来看，培训需求分析就是在规划与设计培训之前确定一个组织是否需要培训、谁需要培训及需要什么培训的一种活动。培训需求分析十分重要，它是确定培训目标、设计培训课程和实施方案的前提，也是进行培训效果评估的基础。只有高度重视并扎实做好培训需求分析，准确识别学习者的培训需求，才能使培训真正具有针对性与实效性。

13. 吴恒山. 当代校长的使命［M］. 大连：大连理工大学出版社，2009.

作者在书中介绍了吕型伟、顾明远、冷冉、魏书生四位当代教育家的主要教育思想和学术成就，他们既有一线教育实践经验，又有自己独到的教育理念和论述，并且是人格高大、追求卓越的示范者。特别值得一提的是，作者从独特的角度提醒校长如何在领导学校的进程中走向个人成功，即先成长——成为高素质校长，后成名——跻身名校长之列，再成家——成为教育家型的校长。

14. 张琼等. 园本教研新视角［M］. 广州：暨南大学出版社，2012.

作者以全新独特的视角，介绍了园本教研的概念、理论思考，新视角下的园本教研范式，园本教研中的"团队文化"建设，教师发展及职业发展计划的制订，课例研究，参与式培训和教育叙事研究，给幼儿教师的培养和发展指明了方向。

15. 荷尔瑞恩，希尔德布兰德. 幼儿园管理［M］. 严冷，赵东辉，高维华，等，译. 上海：华东师范大学出版社，2011.

本书为幼儿园管理者提供了个人的专业知识、组织管理必备的计划和章程、财务管理知识、人事管理的重点内容及指导管理者如何调节人际关系，还提供了教育方案设计的方法和案例，同时给出大量的菜单计划和表格。本书语言通俗易懂，案例翔实，特别主张信息技术在领导力中的运用，给出了大量的网站、实用软件。本书为幼儿园的管理者提供了全方位的知识和大量的管理方法，能运用本书信息的管理者将获得更好的职业技能。

16. 曾仕强. 中国式思维［M］. 北京：北京联合出版公司，2017.

通过阅读本书，你可以掌握中国人的思维方式特点，并对中国人的基本精神、信条、立场、标准等有更深入的认识，对于如何处理工作、生活中的人际关系，会有豁然开朗的感觉。

17. 乔治S.莫里森.学前教育：从蒙台梭利到瑞吉欧（第十一版）［M］.祝莉丽，周佳，高波，译.北京：中国人民大学出版社，2014.

该书是美国最权威、最受欢迎的学前教育经典图书。自1976年初版以来，40余年历经11次修订，始终关注世界最前沿的学前理论动向和课程研究。其中关于家庭、学校和社区合作等内容对各园所如何组织多方力量制定幼儿园发展规划有一定的借鉴。

18. 张晓焱.幼儿园管理实务［M］.镇江：江苏大学出版社，2013.

该书主要介绍了幼儿园管理的相关知识，共分为10个部分，内容包括幼儿园管理概述、幼儿园的组织文化与组织机构、幼儿园人力资源管理、幼儿园规章制度管理、幼儿园保教工作管理、幼儿园总务工作管理、幼儿园环境创设、幼儿园卫生保健与安全管理、幼儿园公共关系管理以及幼儿园工作评价。

19. 中央教育科学研究所学前教育研究室.幼儿园教育质量评价手册［M］.北京：教育科学出版社，2009.

该书呈现的是一种专业化评价幼儿园教育质量的方法，具有中立的客观性、深入的描述性。这套评价体系和工具经过了三个阶段十余年在十多个省市的试用、修改和完善。实践证明，这套评价工具能够全面、客观、深入、细致地反映和描述幼儿园的教育质量。

20. 冯晓霞.坚持学前教育的公益性和普惠性［N］.中国教育报，2011-04-05.

该文章指出：当前，很多人对学前教育公益性认识不足，尤其是个别民办学前教育工作者，仍然把学前教育当成个人谋经济利益的一种工具。事实上，自世界上第一所托幼机构诞生的那一天起，学前教育的公益性就毋庸置疑。在今天大力发展学前教育的背景下，强化对学前教育公益性和普惠性的认识，就显得尤为重要。

21. 中国政府网.关于当前发展学前教育的若干意见［EB/OL］.http://www.gov.cn/zwgk/2010-11/24/content_1752377.htm，2010-11-24.

2010年11月21日，国务院发布了《关于当前发展学前教育的若干意见》，其中所提出的十条意见，不仅条条指向破解"入园难"，更重要的是明确了学前教育的性质定位和国家当前发展学前教育的基本方针。

在线学习资源

豆瓣读书，https://book.douban.com/（豆瓣网中的"读书"频道能够提供大量教育类图书的详细介绍和可供参考的笔记与书评，是教育学者研究教育问题的重要平台）

爱思想网，http://www.aisixiang.com/（为终身学习平台和思想门户，致力于传播常识、追求真知、分享资讯，旨在推动学术繁荣，塑造社会精神）

第二编 营造育人文化

专业解读

西方著名人类学家马林诺斯基给文化所作的界定：文化是"一个有机整体"，它"包括工具和消费品、各种社会群体的制度宪纲，人们的观念和技艺、信仰和习俗"，它也是一个"部分由物质、部分由人群、部分由精神构成的庞大装置"。心理学家维果斯基认为："人的心理发展的源泉与决定因素是历史过程中不断发展的文化，而文化则是人的社会生活与社会活动的产物。"他主张人与人之间的社交互动是心理发展的源泉，一切较高层次的心智更由逻辑推理、概念建立、语言能力等人际互动所产生，即儿童通过与他人的相处，直接或间接地进行学习。

教育，不论是高等教育还是初等教育，它的对象都是人。人是一个生命体，根据新生物学的观点，生命的重要特质便是皮亚杰所称的"自然调节"，即生命体的发展是开放的，是一种有机体自然追求的最终目的，所以要体现关怀生命、珍惜生命、热爱生命的人文精神。基于这些思考，《园长标准》提出：营造体现办园理念的自然环境和人文环境，形成积极向上、宽容友善、充满爱心、健康活泼的园风园貌；营造陶冶教师和幼儿情操的育人氛围，向教师推荐优秀的精神文化作品和幼儿经典读物，防范不良文化的负面影响；凝聚幼儿园文化建设力量，鼓励幼儿积极参与，发挥教师的主导作用，鼓励社会（社区）和家庭参与幼儿园文化建设。

一、幼儿园园所文化及意义

文化是一种历史积淀，是一种适于大多数人生存、生活的道德规范和行为模式，涵盖了一切人类生活，被各研究领域的学者们所认同。在马林诺斯基这一文化定义的基础上，人们又给这一定义作进一步分析，将文化分为五个层面：器物、技术、制度、风俗习惯、信仰与理念。进而又将器物层面与技术层面的文化统称为物质文化，将制度层面的文化称为制度文化，将风俗习惯层面和信仰理念层面的文化统称为精神文化。

幼儿园文化理所当然也包括幼儿园的物质文化（物质环境）、制度文化（园规园纪）和精神文化（价值观念和风俗习惯）。园所文化的构建是通过园长、教师、家长，对文化进行传承、积累和创新，分为可见的物质形态和不可见的观念形态。

其中，观念形态即精神文化，是特定社会和群体的人们的世界观、价值观、人生观以及形成的风俗习惯，是文化的核心，起决定作用。有什么样的价值观念

和风俗习惯，某种意义上也就决定了有什么样的制度、技术和器物。幼儿园的精神文化，即幼儿园在长期的办园过程中所形成的一种特有的价值观念，以及承载这些价值观念的行为模式，是幼儿园文化的最高层，是幼儿园文化的内涵，它处在意识的最深层，是幼儿园文化建设的关键。幼儿园文化建设的核心在于幼儿园精神文化的培育，不仅要使全体教职员工持有先进的价值观念，使他们发自内心地认同这些价值观念，并且将这些共同认定的价值观落实到自己与孩子日常接触的言行举止中去。

幼儿园的文化核心是全体教职工共同的价值观念、价值判断和价值取向，其根源产生于幼儿园自身，能得到全体教工的维护和认同，是幼儿园可持续发展的精神食粮。

物质文化、精神文化和制度文化三者协同发展，才能充分发挥幼儿园文化的导向、规范、激励、凝聚作用，使幼儿园成为教职员工快乐进步的精神家园，成为幼儿和谐、全面发展的乐园。

二、如何形成良好的园所文化

（一）营造温馨和谐的物质文化氛围

幼儿园物质文化主要包括幼儿园的教育教学设施设备、外围环境、师幼生活设施等，既是幼儿园教育教学活动的场所，又是幼儿园独有文化特征的体现。按照通常的理解，幼儿园的环境是一种外观，美观整洁、卫生安全、绿化达标等都是我们对幼儿园环境创设的一贯要求。于是，很多幼儿园门口呈现的是卡通动物形象，花花绿绿的墙饰，铺满整个院落的塑胶地面，还有阳光下那五颜六色的滑梯，这些真的是站在儿童的立场设置的吗，能体现幼儿园的文化吗？

环境空间要具有教育内涵，也就是包含教育性的信息和对互动的经验以及建构式的学习产生刺激。环境绝不是装饰品，也不仅仅是硬件设备的堆砌，而是和教育相互依赖、相互影响的，即"环境的设计倾向于将所有与教育相关的事物相结合而发展"。比如，户外游戏环境不仅仅是运动的地方，也是室内课程的延续，小班的主题活动"太阳""蚂蚁"，中班的主题活动"城市中的雨"，大班的主题活动"菊花"都可以在室外进行，但如果户外场地只有塑胶地面，孩子到哪里去找蚂蚁、蚯蚓、蜘蛛。如果没有各种植物，孩子如何观察四季的变化？

环境是"第三位教师"。幼儿园所有的事物以及所使用的物品、材料都不是被动的物质，而是靠幼儿与成人的积极主导成为有意义的情境。幼儿园的墙壁要会说话，用墙面和空间展示幼儿及成人的生活。环境创设促进了教师的成长，它如一面镜子再现教师的想法，促进教师自我反省，提供教师之间的经验分享。同时，它让幼儿知道成人重视他们的工作，使幼儿十分热情地投入到工作中，也让家长了解到孩子在幼儿园的学习过程。

《道德经》提出："五色令人目盲。"幼儿园环境的美感和协调也是十分重

要的。墙面温馨的色彩、栽种健康有氧的绿色植物、谨慎小心的维修细节、玩具材料的质地、自然材料的使用、餐具的配备都是幼儿园文化的表达。

（二）"以人为本"的制度文化建设

幼儿园制度文化是指幼儿园的园纪园规、公约以及习俗等，如教学常规、保育常规、教师行为规范、家长行为规范等，既是幼儿园管理的重要手段，又是幼儿园管理思想和管理风格的重要体现。坚持"以人为本"的制度文化建设，始终为幼儿和教师的身心健康发展提供制度保障，使他们都能愉悦地生活和成长。

1. 以幼儿为本。幼儿需要有安全感，所谓安全感，是指在心理上感觉自己与别人有"依附关系"，感觉自己有所属。安全感必须建立在被爱者感受到被需要和被爱。蹲下来和孩子说话、告诉孩子事情的本质而不是表扬和惩罚、给孩子自主学习的时间、不在其他小朋友面前指责孩子、教师对孩子的态度是尊重而不是控制、不大声和孩子说话等，这些制度看似简单，但会影响孩子价值观的建立。

2. 以教师为本。原则上，要创造一个良好的环境给幼儿，首先必须为教师提供一个良好的工作环境。如教师之间：相互支持，而不是相互抵制的；合作的，而不是竞争的；接受的，而不是敌对的；信任的，而不是猜疑的；尊敬的，而不是控制的。幼儿园制度要关注"核心制度"，而非"外围制度"。"核心制度"是指为促进教师专业成长而拟定的制度，如教师培训、外出学习、教研基金等。"外围制度"是指教师考勤、纪律要求等。一个优秀的教师不是规范出来的，教师只有真正建立内在的伦理道德，才能意识到"教育是挑战我们内心与头脑的职业"，所以要给教师更多的空间，让教师体验"有趣"和"创造"，这是教师专业成长的持续动力。

3. 以家长为本。当教师对待家长的态度是尊重和接纳时，家长对教师自然会报以正向的态度。虚心听取家长的建议，满足家长的合理要求。定期召开班级家长会，及时与家长进行沟通、交流。邀请家长做志愿者，与幼儿园形成合力，共同配合完成对孩子的教育，尤其是爱的教育。

（三）培植积极进取的精神文化食粮

1. 建立共同愿景

共同愿景是指组织中所有成员共同的、发自内心的意愿，这种意愿不是一种抽象的东西，而是具体的、能够激发所有成员为组织这一愿景而奉献的任务、事业或使命，它能够创造巨大的凝聚力。

（1）培养共同语言

每位教师的原生家庭和受教育背景不同，因而形成的价值观也不同。如何形成共同语言，首先要确立共同的儿童观、教育观及价值观。和孩子说话的方式，与家长交流的态度，慢慢都会成为教师特定使用的语言。它是一定范围的语言，反映出这个幼儿园、这些教师们的共同点。共同语言是可以培养的。

（2）开展团队学习

团队学习对建立共同愿景很重要，一方面是因为它可以把共同愿景转化为团队的努力方向，从而克服小团体的局部利益，坚持组织的共同愿景；另一方面是因为对于组织最终目标的实现来说，一项决策的执行大都直接或间接地由团队来完成，而不是靠单个人就能够完成的。在某些层次上，个人学习与组织学习是无关的。只有群体一起学习时，才能更容易形成共同语言，因为群体学习的过程也是一个群体沟通的过程。

作为一个学习型的团队，可以采用"横向互助、纵向引领、多元互动、共同发展"的培训方式。在横向上推出滚动式跟进制，让青年教师一课多上；在纵向上，骨干教师带领青年新教师，促进他们业务的发展。同事之间优势互补，资源共享，多元整合，将老教师、骨干教师的经验和新教师的现代化教育技术有机地整合起来，将老教师的常规教学与青年新教师的创造性有机结合起来，充分发挥多方优势，提高教育教学服务效果。

（3）进行深度会谈

深度会谈可以使每个参与会谈的人敞开内心，从而发掘每个人愿景的闪光点，进而为建立共同愿景奠定基础。深度会谈不同于讨论，深度会谈的目的是要发掘每个谈话者的内心，超越个人见解，而非赢得对话，这是深度会谈与讨论的根本不同。与每一位教师进行深度会谈，在一种无拘无束的探索中，将自己深藏的经验、想法完全表露出来，从而最终超过各自的想法。

（4）实现自我超越

自我超越是不断突破自己的成就、目标、愿望。首先要有自己的目标、愿望或愿景，只有幼儿园的每一位教师都具有一种不断超越自我的欲望，才能激励团队产生共同愿景。能够自我超越的人往往是那些永不停止学习的人，因为只有通过不断的学习，不断接受新鲜事物，才能发现自己各方面的不足，也只有这样才能不断提出自己新的目标和愿望。教师要形成自我超越的内在动力，不断地学习，在某种意义上说也就是逐步培养团队共同学习和个人自我学习的习惯，从而帮助个人甚至团队产生一种自我超越的内在机制。

2. 改变思维方式

工作的结果 = 思维方式 × 热情 × 能力

这三要素中最重要的是思维方式，甚至可以说思维方式决定了工作的结果。所以，要帮助老师建立正向思维方式，如总是积极向上，有建设性，有感恩的心，有协调能力，善于与人共事，性格开朗，对事物持肯定态度，充满善意，有同情心，有关爱心，勤奋，知足，不自私等。

3. 加强我们想要的气质

一所幼儿园的文化会以一种独特的气质存在，如具有学习的欲望、有合作、有创意、热衷于发现问题及解决问题等。儿童天生是有能力、有自信的学习者和沟通者。儿童从家长、老师那里学习如何学习。如果他们看到成人在学习的时候是富有实验精神、好奇好问和坚韧不拔的，这些习惯就会被传递。如果儿童的榜样们没有时间去读书、去尝试新点子，或者在遇到困难时变得愤怒，同样地，儿童也会学到这些习惯。气质无法直接教导，而是在儿童观察成人清楚展现的气质中学习。所以，一所幼儿园的教师如果表达的是开放的、具有学习品质的，那么，他们就会把这些气质传递给孩子和家庭，这是幼儿园文化表达非常重要的部分。

三、制定幼儿园文化需要注意的问题

误区一：将幼儿园文化建设片面理解为幼儿园文艺活动的组织

许多幼儿园的管理者们将幼儿园文化建设片面地理解为幼儿园文艺活动的组织与开展。当你问他们幼儿园文化建设得怎么样，他们会热情地向你介绍幼儿园成功地开展了各种各样的文艺活动，如组织了青年教师知识竞赛、歌唱大赛、舞蹈比赛，成功举办了"六一"文艺晚会，暑期组织全园教师游览了名胜古迹等，并且将这些活动以照片、视频的形式精心保存下来，作为幼儿园文化建设取得成效的凭证。

误区二：将幼儿园文化建设停留在动人标语的提出

我们通常会在幼儿园的主建筑物上看到这样醒目的标语："一切为了孩子""以人为本""团结、奉献、求实、创新"等，或者在幼儿园漂亮的橱窗里工整地写着诸如"对待孩子要有爱心、对待家长要热心、对待工作要有责任心"等标语。在部分幼儿园的管理者们看来，幼儿园的文化建设正是这些抽象的美好标语的提出。似乎只要这些标语提得越精彩，越标新立异，就越能够表明幼儿园文化建设的品位。

误区三：将幼儿园文化建设盲目视为幼儿园的形象设计

受市场经济"包装文化"的影响，许多幼儿园的管理者们深受企业形象塑造的"启发"，将幼儿园文化建设盲目视为幼儿园的形象设计。当你问及幼儿园如何进行自身的文化建设时，他们会自豪地向你介绍幼儿园如何为教职员工提供了统一的上岗园服，如何改造、装修幼儿园的建筑，如何设计幼儿园的网页，如何运用电视、报纸等传播媒体包装宣传幼儿园的形象，如何提高幼儿园的知名度等。

误区四：将幼儿园文化建设仅仅等同于幼儿园规章制度的制定

不少幼儿园的管理者们在谈到幼儿园的文化建设时，会滔滔不绝地向你介绍他们幼儿园制定了哪些规章制度，为什么要制定这些规章制度，这些规章制度是多么完善。至于如何贯彻执行这些制度，采取了哪些奖惩措施，收到了哪些效果却避而不谈。在他们看来，幼儿园的规章制度制定得越完善具体，幼儿园的文化建设越是取得了成效。

误区五：将幼儿园文化建设与教育教学工作割裂

在与部分幼儿园管理者的交谈中,我们经常会听到这样的话语:过去,我们幼儿园只注重教育教学工作,忽视了幼儿园的文化建设,现在看来,只有既重视教育教学工作,又重视幼儿园的文化建设,才能收到良好的教育效果。乍听起来,这似乎很有道理,可仔细分析,你就会发现许多幼儿园的管理者不经意间又将幼儿园的文化建设与教育教学工作割裂开来,似乎幼儿园的文化建设需要另辟蹊径,而不是渗透在教育教学工作之中。

文化的意义是传承,只有在不断地传承中探寻教育真谛,牢记教育初衷,才能使教师在专业成长之路上持续前行,幼儿园的文化和气质才会自然而然地散发出来。

园本文化浸润中的环境

【案例描述】

1. 我们参观过很多幼儿园,不少幼儿园园容漂亮,设施先进,在装修时投入很多经费,但给人的感受总是缺少一种神韵和底气,就是因为它没有蕴含自己园所的文化精神。

2. 很多家长为孩子选择幼儿园时比较盲目,认为装修好就是好幼儿园。有很多家长来到实验幼儿园都会问我们这样一个问题:"大家都说你们幼儿园好,到底好在哪里?"我们会为他们介绍孩子的瓷餐具、幼儿园设计制作的口袋书、花园里的爸爸树妈妈树、我们给孩子写的信及孩子们写给我们的信。最后所有的家长都会总结一句话:"你们是一所有文化的幼儿园。"

3. 很多幼儿园的墙上都有关于幼儿园理念的文字,如何把理念转换成教育实践,成为孩子们终生的记忆,经常会困扰幼儿园的管理者。

【思考与行动】

一、分析与思考

园本文化是一所幼儿园在长期教育实践中形成的一种特有的价值观念及承载这些价值观念的活动形式和物质形态,包括幼儿园成员共同遵循的最高目标、价值标准、基本信念和行为规范等。优秀园所文化的形成是一所幼儿园办园理念成熟的重要标志。教育需要健康而纯洁的文化,这种园所文化应是向上的、启智的。园所文化的构建是以园长、教师、家长等为载体,对文化进行传承、积累和创新。园长作为幼儿园管理的核心和灵魂,应对园所文化作出明确、自主、卓有远见的选择,有意识地弘扬和倡导人文教育的理念,努力构建幼儿园文化的育人平台,使幼儿园逐步形成一种春风化雨、润物无声、潜移默化的园所精神和文化氛围,促进幼儿、教师、家长和幼儿园共同发展。

园本文化应符合两方面的要求：一是让幼儿的身心健康发展，符合幼儿对环境质量的要求；二是教职工需求，能够激发教职工的归属感和责任感。园本文化所营造的育人氛围无时无刻不在发挥着作用，它具有隐蔽性和延续性，它在潜移默化中发挥着育人的功能。园本文化是构成幼儿园生存的基础，是幼儿园发展的灵魂。

园本文化建设的核心在于幼儿园精神文化的培育。不仅要使全体教职员工持有先进的价值观念，使他们发自内心地认同这些价值观念，并且将这些共同认定的价值观落实到日常与孩子接触的言行举止中去。塑造良好的师幼形象，使幼儿园园本文化在管理过程中有效地深植和渗透，从而增强凝聚力，提高幼儿园管理水平。

二、行动与策略

（一）以人为本的精神文化

精神文化是幼儿园文化深层次的集中体现，是幼儿园文化建设的本质要素和核心。在园本文化建设中，首先要以人为本，始终坚持和弘扬自己的优秀文化传统，形成幼儿园独特的精神文化，透射出感染力、凝聚力和震撼力。基于此，我园提出以下"实验精神"。

价值取向：

1. 我们相信、尊重并关怀每个人。
2. 我们坚定地以正直、诚实的品德为孩子和家庭提供教育和服务。
3. 我们致力于高水平的成就与贡献。
4. 我们通过团队合作来实现共同的目标。
5. 我们鼓励有趣、创新与进步。

那些人生中重要的道理我在幼儿园里都学过了：

1. 心怀慈爱。
2. 做事公平。
3. 保持整洁。
4. 不伤害自己、不伤害他人、不伤害物品。
5. 每天都有时间学习、思考、绘画、歌唱、玩耍及劳动。
6. 记住一个大大的"看"字。
7. 相信美好。

教师的作用：

我们的教师拥有的品质和特征：热情、敏感、正直、诚实、自然、对个别差异的接受、支持幼儿发展而不过度保护他们的能力、不断努力的能力、从经验中学习的能力，她们对幼儿保留一种神秘感和敬畏感，和幼儿一样具有好奇心。

在班级中，教师会积极地营造一个良好的环境，帮助幼儿与环境建立相辅相成的关系。以关怀、接纳、尊重的态度与幼儿交往。耐心倾听，努力理解幼儿的想法与感受，支持、鼓励他们大胆探索与表达。

专业的保健医师和厨师高度重视幼儿的饮食健康，依幼儿成长需要提供合理的营养膳食，帮助幼儿形成良好的饮食习惯。

所有的教职工都会努力地为幼儿和家长提供服务，并致力于自身的学习与成长。

教师的基本：

1. 微笑、问候（面对孩子、家长、同事、客人），任何时候笑容必不可少。
2. 同事之间相互提醒工作的方式。
3. 不在孩子面前聊天。
4. 工作时，记得家长和孩子正在看着我们。
5. 反应要明快，回答要用心。
6. 下班前收拾、整理，为第二天上早班的人做准备。
7. 不积攒垃圾，每周进行大扫除。
8. 经常洗手，讲究卫生。
9. 不和幼儿家庭过分亲近。
10. 做任何事注意提前5分钟。
11. 创造从未有过的事物，体会挑战的价值。
12. 不从两个正在交谈人的中间横越，包括孩子。
13. 自我负责、自我指示、自我检查。
14. 带着谦逊的态度和家长交谈。
15. 永远带着坦诚和初心工作。
16. 经常思考工作方式，寻求创新。
17. 保持举止优雅端庄。
18. 习惯做一项工作后，就要注重工作细节和提高工作质量。

19. 关心所有的工作，包括同事的。
20. 无论多忙，都不把坏心情带进工作。
21. 工作早下手为强，提前周密准备与安排。
22. 为了健康，用心、规律地生活。
23. 不浪费工作中的工具、用品，人走关灯，设法节约（不关乎金钱）。
24. 共事的伙伴之间相互帮助，在他人需要帮助时伸出援手。
25. 凡事都不自私，学会分享。
26. 做自己最擅长的事。
27. 不直接否定家长的问题。
28. 凡事维持理智、感情和意志的平衡。
29. 不在孩子面前讨论家庭问题。

父母的基本：

1. 任何时候笑容都必不可少，幼儿园是充满笑声的地方。
2. 每个孩子都是不同的，要真心尊重、接纳每个孩子。
3. 帮助孩子在幼儿园交到好朋友，并相互成为玩伴。
4. 向孩子学习。
5. 不在孩子面前讨论孩子。
6. 不在孩子面前讨论老师。
7. 和老师保持适当的关系，不过远或过近。
8. 记住想让孩子成为什么样的人，自己首先成为这样的人。
9. 沟通，是为了传达爱愿。
10. 磨砺心智，为此读书、听音乐、运动。

教师节写给教师的话：

亲爱的张荣老师：

教师节快乐！

你的幽默、大气时时感染着身边的每一个人，总能让人想起你说的"别慌"。作为一名教师，特别是幼儿教师，内心的坚定和外表的灿烂是最可贵的，这两点你都具备！让我们共同祝贺我们的节日，也为我们共同的坚守而努力！

亲爱的飞飞老师:

　　你是孩子们的好朋友,是我们的"开心果"。大智若愚、亦庄亦谐说的都是你。一张朴实的面孔后是一颗善良美好的心灵,这些会支撑你成为一名优秀教师。年轻的飞飞老师,和实验幼儿园一起飞翔吧!教师节快乐!

亲爱的李慈老师:

　　你是落入实验幼儿园的精灵,怡然自乐、字字珠玑是你,碎碎叨叨、磨磨蹭蹭是你,还有什么样子的你呢?你对世界充满好奇,我们对你充满好奇,好奇的你和好奇的孩子在一起,是上帝最好的安排。教师节快乐!

亲爱的露露老师:

　　你知道吗?所有形容女性美好的词语都适用于你——美丽贤淑、蕙质兰心、温柔善良……你和孩子在一起的时候像清风、像细雨,舒服而自然。期待你将一颗颗幸福的种子种进每个孩子的心中,并生根发芽。教师节快乐!

(二)充满艺术氛围的室内空间文化

　　苏霍姆林斯基说过:"我们的教育应当使每一堵墙都说话。"遵循这一原则,我们充分开发园本资源,在净化、美化、绿化和儿童化的基础上,努力营造整体化、生活化、人性化、开放化、多样化、现代化的幼儿园文化氛围,充满童趣的幼儿园环境就像是一部立体的、多彩的、富有吸引力的教科书,它有利于陶冶幼儿的情操,美化幼儿的心灵,激发幼儿的灵感,启迪幼儿的智慧,提高幼儿的素质。

1. 音乐欣赏

　　孩子从小习惯了听什么样的音乐,长大后就会喜欢什么样的音乐。我们希望把古典音乐带给孩子,在幼儿园从不出现流行音乐。在古典音乐中熏陶孩子的情感,培养其对艺术的感知。如何把古典音乐带进孩子的生活呢?

首先,每个月在幼儿园的门厅重复播放一首晨间音乐,孩子们和爸爸妈妈每天伴随这首乐曲来园。为了增加孩子对音乐的感受力,我们为每一首音乐配备一个主题板。如:4月份欣赏的晨间音乐是《四季·春》。孩子们在美术活动中用树枝、陶泥、硫酸纸共同创作春天的景色,完成一幅大的作品,同时,在作品旁呈现绘本《春天来了》。

晨间音乐作品推荐:

一月:《爱的喜悦》　　　　　二月:《春节序曲》
三月:《圣母颂》　　　　　　四月:《四季·春》
五月:《春之声圆舞曲》　　　六月:《拉德斯基进行曲》
七月:《花之圆舞曲》　　　　八月:《童年情景》
九月:《小步舞曲》　　　　　十月:《秋日私语》
十一月:《胡桃夹子》　　　　十二月:《喜洋洋》

2. 自然在环境中的呈现

五色令人目盲,在幼儿园色彩中最突出的不应是墙壁或成人创作的装饰,而应是孩子和孩子的作品。我们经常说一句话,孩子们长大后可能不会记得你说过的话或做过的事,而会记得你带给他的感受。幼儿园不是一所漂亮的大房子,而是一个可爱的家,家是这里住着什么样的人,过着什么样的生活,所以我们依照家的方式创设幼儿园的环境。

首先是颜色和材质。木本色及自然色是我们的选择,从木制楼梯拾阶而上,会让人感受到进入的不是一个机构,而是一个大的家庭。老师布置环境所选的材料多是布、棉花、树枝、石头、木片,纸的颜色也是一种和谐的色系。

小区中的"绿园"。幼儿园满墙的青藤已经生长了二十多年,一个陈旧的建筑不是被粉刷一新,而是被青藤环抱。从春天吐新绿,到夏天繁茂的枝叶,再到秋天满眼的霜红,它能告诉孩子们季节的更替,这是学习自然的最佳方式。很多毕业的孩子都回到这里寻找他们童年的记忆。而这满墙的青藤也记录着幼儿园的成长历史。

随处的阅读角落。家就是可以随处坐下,并在旁边可以随手拿到一本书来阅读的地方。实验幼儿园把每个角落都创设成阅读角,摆放沙发、长椅、摇椅,家长在早入园和晚离园时,可以和孩子们坐下来亲子阅读。幼儿园从一楼到四楼共提供 100 本绘本供亲子阅读。

3. 卫生间文化

幼儿的教育不只体现在课程和活动中,生活中处处都可以对其产生影响。沈阳市皇姑区实验幼儿园建于 20 世纪 80 年代,大约从 2004 年开始逐步进行内部装修和翻新。

在四楼，有一个成人和幼儿共用的洗手间。学龄前幼儿的洗手间可以和成年女性共用，但不准与成年男性共用。我们设计了一个小熊门洞样式的隔断，把洗手间分成里外两间，外间有两个成人隔间和一个保洁间，加上一个洗手台。洗手台采用低矮的设计方式，幼儿用的手盆是沉入式

的，成人用的是台上式的。隔断里面是幼儿使用的区域。坐便器之间设计了一个带窗口的隔板。洗手间选用环氧树脂自流平地面，隔断和隔间板选用浅黄色的木纹板，灯具选用的是竹藤材质的。

与儿童有关的设计，我们不倾向于刻意地迁就儿童的幼稚感，只要在配置和尺度上适当考虑儿童的身心特点就足以了，培养孩子们有较高的审美格调才是正确的方法。

来过的人都说，这有点儿像厨房。

（三）户外空间环境的文化表现

多数幼儿园在户外环境创设时更多关注幼儿运动能力的发展，多会选择完整地铺设塑胶地面。而我们认为，一个安全的、精心设计的户外游戏环境可以促进幼儿的自我意识、情感健康、社会性、交流能力、认知和感知运动能力的发展。户外游戏环境不仅仅是运动的地方，也是室内课程的延续。例如，小班的主题活动"太阳""蚂蚁"，中班的主题活动"城市中的雨"，大班的主题活动"菊花"，这些都是在室外进行的。因此，我们在创设户外空间时，要思考学习运动和通过运动学习是同等重要的。

自然活动。为了满足幼儿全面发展的需要，户外课程必须能够促进幼儿的思维和好奇心的发展。幼儿天生的好奇心和对他们周围的自然世界的敏感性能在户外游戏环境中得到有力的发展。那些分享幼儿的好奇心和兴奋感的成人，以及参与到幼儿对自然界的探索中的成人就有机会给幼儿树立尊重和保护环境方面的榜样。在我们的花园里，植物有银杏树、国槐、小叶朴、龙爪桑、玉兰、杏树、苹果树、五角枫、白桦树、小叶黄杨、珍珠绣线菊、栀子花、凤仙花、向日葵、玉簪等。被满墙青藤围绕的花园里，除了植物外，是大片的草地，孩子们可以在草地上尽情翻滚。有了这些植物，幼儿园的小动物也多了起来，喜鹊、蜻蜓、蜜蜂、蚯蚓、蚂蚁、蜘蛛随处可见，特别是雨后的蜗牛，地上、窗户上到处都是，可以让孩子们观察一整天。蜘蛛可以在每个班的窗户上结网，《夏洛的网》真实地发生在孩子们的身边。在种植区里，孩子们可以观察播种、栽培、浇水等活动以及植物生长的过程。

冒险和挑战活动。花园里围绕草地的车道也是孩子们喜欢的游戏场地，不同

种类、不同玩法的车辆吸引着孩子们,特别是遇到坡道和拱桥时,孩子们面临挑战时,会相互学习和模仿。枝杈很低的大杏树可以满足男孩子爬树的愿望,现在城市里的孩子很少有会爬树的,我们种植杏树的目的就是希望孩子们有勇气去挑战。秋千、攀爬架、假山等也都是孩子们冒险的地方。

沙水游戏。沙水游戏是为幼儿提供感官、触觉刺激的一种重要活动。实验幼儿园有三个大沙池,可以同时为三个班级的幼儿提供沙水游戏,孩子们挖沟渠、堆砌,充分表达他们自然、纯真、质朴的天性。在愉快的玩沙、玩水游戏中,孩子们的情绪得以宣泄,大胆、丰富的创造与想象得以实现。他们在舀水、拍打水、把水注入容器中感受水的流动,在堆沙、挖道、筑墙中体验沙子的柔软和可塑性。

创造性活动。画架、颜料、画笔、粉笔都可以在户外使用,自然的景色是孩子们观察与创作的源泉。到了秋天,所有的植物都成为孩子们艺术创作的材料,用颜料绘画秋天、用花瓣做书签、用树叶进行拓印等。

在运动中学习,幼儿可以学习更多的有关幼儿自己、有关他们所处环境和他们所处的世界的知识,这要比简单的户外学习运动价值更大。这也是我们思考幼儿园户外环境文化之所在。

【成长心语】

> 幼儿园的兴旺在于文化的发展,幼儿园的名气在于文化的影响。尤其是在幼儿园体制改革不断深化的今天,要在激烈的市场竞争中立于不败之地,核心问题是创建和发展独特的园本文化,在反思中不断完善幼儿园文化建设。校园文化建设不是一朝一夕、一蹴而就的,也不是一劳永逸的,它一定是经过精心打磨,才能沉淀、存留下来,也需要不失时机地调整、更新、丰富和发展。幼儿园将根据不同的发展时期与不同的目标定位,采取切实可行的措施,狠抓落实,务求实效,推动文化建设向纵深发展,从而实现幼儿园的可持续发展,促进幼儿园保教质量的不断提升,推动幼儿园走向内涵式发展之路。

(沈阳市皇姑区实验幼儿园 黄光翔)

立足园所特色,开展多彩文化活动

【案例描述】

科学是我园的教育特色,我们把每年5月定为我园的科技节。在科技节期间,我们不仅会营造浓浓的节日氛围,而且还会举办各种活动来庆祝。今年的科技节又将来临,一天,我组织年级主任和科学老师召开会议,专题研讨如何过好今年

的科技节，应该策划哪些文化活动才能更好地彰显我园的园所特色。

大家纷纷发言。有人说："以往科技节的活动虽有家长参与，但活动的数量还不够，应该再策划一些家长能参与进来的活动，真正让家长们行动起来，加深对我园的了解，更好地促进家园共育。"有人说："延用以往的活动挺好的，最好不要改变，让人摸不着头脑。"有人说："可以在原来活动数量的基础上，再增加1~2个活动，有所创新。"还有人说："开展更多活动固然是好，既能培养孩子的各种能力，又能让我们的园所特色更加凸显，但不能仅追求量，更要求质。"就目前的情况来看，5月份已经有很多活动，且太过集中。每年的5月份，对于班级教师而言，是他们最忙乱的日子，除了每天要进行烦琐的常规工作外，各种活动纷至沓来，让他们难以消化……

大家仍在争论着、商讨着，每个人都说出了自己内心的想法，每个人的想法也都不无道理。那么，究竟应该怎样立足我园的园所特色，科学合理、适时适度地策划丰富多彩的文化活动，更好地促进幼儿体、智、德、美各方面协调发展，在活动中快乐成长呢？这让我无数次地陷入了沉思当中……

【思考与行动】
一、分析与思考

幼儿园文化是幼儿园之灵魂，而丰富多彩的文化活动是幼儿园文化之血脉，是幼儿园文化得以延续与发展的源泉，更是体现办园特色的关键所在。它不但能为师幼和家长提供展示才华、发展个性的舞台，让幼儿的生活多姿多彩，还能提高幼儿的综合素质，提升幼儿的综合能力，从而促进幼儿健康快乐地成长。

因此，作为孩子成长的幸福阶梯和快乐摇篮的幼儿园，应该经常开展一些形式多样、趣味横生、寓教于乐、积极向上的文化活动，且要立足于本园特色，既能让孩子们在轻松、愉悦的氛围中接受教育、培养能力，又能充分彰显园所特色，树立园所品牌，提升办园品质。

那么，到底应该怎样策划才能使活动更加科学合理，才能确保活动的最佳效果呢？实际上，案例中每个人的观点都有一定的道理：如果能够吸引家长积极参与幼儿园的各项活动，可以丰富活动形式并产生良好的活动效果；如果开展的活动内容总是变来变去，势必不能形成本园的传统与特色；如果活动形式总是一成不变，缺乏创新，必然会枯燥乏味，不能引起孩子和家长的兴趣；可如果活动开展得过多，一定会牵扯老师们过多的精力，耗时费神费力不说，还会严重影响幼儿园的一日常规工作。

基于此，综合大家的建议，我们总结以往活动经验，竭力做到既要提高家长的参与度，又要激起幼儿与家长的兴趣；既要继承传统，又要勇于创新；既要保证内容丰富，又不过度集中开展；既要形式多样，又要凸显特色。努力给予孩子一个五彩缤纷、美好难忘、充实快乐、受益终身的幸福童年。

二、行动与策略

立足我园科学教育特色,我们精心策划丰富多彩的系列活动,让活动始终贯穿每学年始终,将活动做成常规,将常规做到极致,最终形成我园独有的园所文化。

活动一:创意作品征集

征集内容:1. 科技节徽标;2. 亲子环保视频;3. 亲子创制作;4. 亲子创意科幻画。

参与人员:全园家长、幼儿与教师。

活动时间:3~4月。

附件:征集倡议及部分徽标作品

● **徽标征集**

东北育才幼儿园"我和科学手拉手"第九届科技节徽标征集通知

亲爱的家长朋友:

在春光明媚、万象更新的日子,东北育才幼儿园将迎来"我和科学手拉手"第九届科技节。本届科技节以倡导培养幼儿的创新能力和动手能力为核心,激发幼儿从小爱科学、学科学、用科学的兴趣。现面向全园家长征集本届科技节徽标,真诚期待您的热情参与!

一、征集要求

1. 富有童趣:色彩鲜明、生动活泼、符合幼儿的年龄特点。
2. 创意独特:充分体现我园的办园理念。
3. 寓意贴切:能运用简洁的图画清晰形象地展现科技教育特色。
4. 交稿时附设计文字说明,包括构图思想和徽标含义。
5. 形象风格不限,确保原创。

二、具体安排

家长须将设计好的作品以手绘或电子稿的形式交于本班教师,由教师统一整理后交至年级主任处,待评选出优秀的作品后向全园进行公示,并对相关参与的家庭给予奖励。

三、截止时间

请于4月13日之前上交。

● **亲子创意作品征集**

东北育才幼儿园"我和科学手拉手"第九届科技节亲子创意作品征集通知

亲爱的家长朋友:

本届科技节,我们将通过丰富多彩的科学益智活动和亲子体验活动,让幼儿在玩中感受科学、爱上科学,培养幼儿积极探索、勇于挑战、敢于创新的精神,展现不一样的自己。同时,促进亲子之间的交流与互动,营造家庭学科学的氛围。

现面向全园征集：

一、亲子创意制作——我的奇思妙想

作品要求：

1. 制作材料不限。

2. 可围绕"我的发明创造""我的奇思妙想""我的最新科技成果"等主题，亲子共同完成制作。

3. 体现科学性、创造性、环保性。

4. 亲子制作过程需保留照片或视频，并与作品一并上交。

二、亲子环保视频——我为环保出份力

征集亲子环保视频，以"分享环保生活方式，感受环保就在身边"为题材，从幼儿视角进行创作。拍摄内容可包括"提倡使用可再生能源，可再生资源的回收利用和垃圾分类、节能减排，水资源保护和自然资源保护，倡导低碳生活方式和节水、节电，减少环境污染"等。拍摄时间可在5分钟左右，简明扼要，主题突出，体现创意性、实用性。

三、亲子科幻画比赛——我有一个蓝色的梦想（面向大班幼儿征集）

作品要求：

1. 围绕"远离雾霾，还我一个蔚蓝的天空"的主题进行创作。

2. 充分发挥幼儿的想象力，体现科学性、创意性。

3. 形式不限，可为水粉画、水彩画、蜡笔画、剪纸画、粘贴画等。

4. 纸张尺寸：297毫米×420毫米（A3）。

以上创意作品上交截止时间：4月27日。

上述征集作品经过逐层推选后，我们将针对参与作品的科学性、环保性、创意性、实用性等评选出一、二、三等奖，优秀作品奖以及参与奖。同时，将为获奖幼儿家庭颁发证书及精美礼品。真诚期待家长和小朋友的共同参与！

活动二：亲子创意多米诺大赛

参与人员：中班组幼儿与家长。

活动时间：5月份。

附件2：大赛方案

东北育才幼儿园"我和科学手拉手"第九届科技节活动方案
——多米诺骨牌亲子创意大赛

多米诺骨牌是一种游戏，是一种运动，更是一种文化。它起源于中国，漫长的发展过程赋予它独特的教育功能。多米诺骨牌需要一张张摆下去，它不仅考验

参与者的体力、意志力,而且还能培养参与者的想象力和创造力,更重要的是,它能够培养参与者的毅力与耐力,最大限度地发扬团队精神。

本届多米诺骨牌亲子创意大赛的开展,旨在培养幼儿的创造力与想象力,发展幼儿的思维与智力,锻炼幼儿的毅力与耐力。同时在亲子互动中体验团队合作的快乐,促进亲子间的沟通与交流,增进亲子之间的感情,促进幼儿身心全面和谐地发展。

一、比赛时间:5月13日(周五)14:30—15:30。

二、参赛对象:中班组幼儿家庭(每班各选派一组参赛家庭代表)。

三、比赛内容

1. 每个参赛家庭运用多米诺骨牌创作拼摆出一个自定义主题图案(体现科技元素),并进行演示。

2. 由幼儿推倒第一块骨牌进行力量传递,引发多米诺骨牌效应,骨牌依次全部倒下即完成任务。

3. 当所有骨牌倒下后,其中部分或所有骨牌需要形成一个自创的图案,并请幼儿对所创作图案进行现场的寓意说明。要求寓意内涵丰富,解说清晰,时间在1分钟以内。

四、比赛规则

1. 各参赛家庭由两名家长及一名幼儿组成。

2. 在规定的1小时内,现场创作,将骨牌布置在规定面积(3米×3米)的指定区域中(可按照任意形式摆放)。

3. 比赛前各参赛家庭抽签分配场地(抽签时间另行通知)。

4. 比赛时以裁判哨音为主:裁判鸣短哨,比赛正式开始;裁判鸣长哨,比赛结束。

5. 比赛期间,各参赛家庭尽量减少噪声及不必要的走动,不得影响其他家庭正常比赛,违规者给予相应扣分。

6. 比赛完成后由幼儿推牌,家长退场,如有违规则相应扣分。

7. 比赛中如有异议可与裁判进行交涉,不得当场喧哗。

五、材料准备

1. 创作说明

选择多种形式对创作作品做简要说明,以展示参赛家庭风采。如:主题展板或绘画说明等。

2. 比赛用品

本次比赛各参赛家庭结合自身需求做好赛前准备,多米诺骨牌可自带,也可由园方提供(需提前申请),但骨牌数量统一规定为500块。同时,参赛家庭可以选择运用机关,机关种类与数量不限,机关数量不计入骨牌总数量中。

六、评分标准

比赛总分为100分,分别对骨牌利用率、图案创意、难易程度、象征意义以及推倒率进行评分,并设罚分:

1. 利用率(20分):实际利用骨牌数占骨牌总数(500块)的百分比,分数精确到小数点后两位。

2. 图案创意(30分):以图案的创意创新性、设计美观性、完成情况给予相应记分。

3. 难易程度(20分):以图案中设置难易程度以及机关设计效果、数量进行综合评分。

4. 象征意义(10分):以图案的象征意义及幼儿现场说明的完成情况进行评分。

5. 推倒率(20分):一张导引牌成功推倒所有骨牌即为满分,每多推一次扣除4分,骨牌须全部推倒,分数(20分)扣完为止。

6. 如本参赛家庭有违规现象,将逐次扣除本参赛家庭分数,每次4分。

七、奖项设置

本次活动设置一等奖、二等奖、三等奖各1名,同时设置最佳创意奖、最具潜质奖、最具活力奖、最佳亲子合作奖4个单项奖。

备注:

1. 请将本班参赛的骨牌于5月13日10:00之前送到科学教室,以备清点。

2. 活动当天,除各班家庭代表在园厅比赛外,其他家庭在班级进行比赛,15:30教师组织家长和孩子到规定地点观看园级赛事裁决过程,充分感知骨牌的创意性与神奇。

活动三:科普秀表演

参演人员:专业组教师。

演出地点:多功能厅。

演出时间:6月。

演出场次:三场(观看时间:小班9:00—9:30;中班10:00—10:30;大班15:00—15:30)

附件3:原创剧本简介

精灵王国的秘密

剧情简介:

在一个神奇的地方,有一个美好而梦幻的精灵王国。在这个王国里有三个小精灵,第一个精灵有制造魔法汤的魔力,第二个精灵有制造白色烟雾的魔力,而第三个精灵则具有超凡的造型能力,他能将身边的东西做成不同的形状。

三个小精灵都说自己的魔力最神奇,甚至互相争辩自己才是拥有精灵王国中最强魔力的人。就这样,精灵王国原本欢乐的气氛不见了。突然有一天,泡泡公主闯入了精灵王国,打破了王国的宁静。她来到三个小精灵居住的地方,发现了他们使用的魔具,并对此产生了好奇,泡泡公主开始尝试将这些魔具结合起来,竟然能制造出多种有趣而神奇的泡泡游戏……

大能有多大?一个巨型泡泡包裹着你和你的朋友们……

小又有多小?五彩的泡泡好像漫天繁星……

泡泡只能是圆的吗?

为你做个泡泡王冠……

从那以后,精灵王国里开始出现一些微妙的变化,精灵们开始意识到三个人的魔力都很重要,只有将三个人的魔力加在一起,才能出现更多更有趣的现象。最后,三个小精灵又回到了从前其乐融融的生活中,他们每天都在为了做出最美的泡泡而努力着……

活动四:科普剧大赛

参与人员:大班组全体师幼。

活动时间:9—12月。

附件4:大赛方案、评分细则

● **大赛方案**

东北育才幼儿园科普剧大赛方案

一、大赛主旨

本次科普剧大赛以培养幼儿科学素养为根本出发点,旨在萌发幼儿对科学探究的兴趣,鼓励幼儿参与集体表演活动,增强与人交往的能力及合作意识,并在活动中大胆展示自我风采,感受科学魅力。

二、大赛主题

主题:感受身边的科学。

主题宽泛,给予创作者更为充分的创作空间。创作内容可包含科学理念的传播、对伪科学的揭露、科学原理的诠释、环境保护的故事等。

三、参赛人员

大班组全体教师及幼儿(以班级为单位)。

四、大赛要求

1.作品内容

(1)以积极、健康、向上的内容阐述科学精神,揭示科学现象,激发公众对科学的兴趣。

(2)科技主题鲜明。展现生活中的奇妙现象,阐述科学原理,普及科学知识,传播科学思想和方法。

(3)剧本完整,剧情连贯,构思新颖,兼顾科学性、知识性、趣味性和艺术性,台词生动、有趣，剧情与科普巧妙结合。

（4）作品须符合大赛主题要求，围绕相关理念，通过剧情表演，突出科学精神、科学理念和科学方法，进行科普宣传。

（5）支持参赛作品原创。

2. 科普剧表演

（1）参赛作品的形式以舞台表演为主，应具观赏性及教育性。

（2）演出时角色分配、对话设计等清晰自然，有高潮、有亮点，故事生动完整。

（3）有符合剧情需要的基本道具、舞美设计和表演服装等，并能够综合运用声效、道具、多媒体等多种辅助条件，营造科学表演的时尚、创意和快乐氛围。

（4）表演时间：20分钟左右。

（5）参演人数：班级全体幼儿。

五、大赛形式及时间安排

本次科普剧大赛以班级为单位，根据抽签次序进行表演。比赛时间如下：

9月末（具体时间待定）：第一组、第二组。

10月末（具体时间待定）：第三组。

11月末（具体时间待定）：第四组、第五组。

12月末（具体时间待定）：第六组、第七组。

六、大赛奖项

本次比赛依据投票结果将评选出一、二、三等奖各1名，并设立最具舞台魅力奖、最佳团队表演奖、最佳剧本创作奖和最具科学素养奖。

● 评分细则

东北育才幼儿园科普剧大赛评分细则

本次科普剧比赛总分100分，评委将从各参赛队伍的剧本内容（40分）、舞台表现（30分）、服装道具（20分）、演出效果（10分）四个方面进行综合评定。每项内容评分将去掉一个最高分和一个最低分，取剩余评审的平均分数作为该项的最后分数；将各项平均分数进行累加，作为该队伍的最后得分。

具体要求如下：

一、剧本内容（40分）

1. 主题鲜明，能够阐述科学原理，普及科学知识，传播科学思想及方法。

2. 确保科学知识的正确性，杜绝伪科学；科学知识与剧本内容的融合要合情合理。

3. 支持原创剧本，剧本通俗易懂，便于传播与推广。

4. 剧情积极向上、合理连贯，场景连接过渡自然，有连续性。

二、舞台表现（30分）

1. 表演形式丰富，有良好台风，能准确塑造剧中人物形象。

2.通过语言表达能够体现人物的性格特征,夸张而不失真;在表演时应有相应合理的表情和动作,语言协调。

3.演员走位应合理,演员间配合自然大方。

三、服装道具(20分)

1.舞台设计合理,场景、效果要有一定的真实性,体现故事背景,烘托气氛。

2.服装、道具设计要贴合剧中内容,符合人物身份、剧情需要,有一定的真实性。

四、演出效果(10分)

演员间分工明确,配合默契,有较强的团队意识,剧目表演整体效果引人入胜。

【成长心语】

> 幼儿园不以考试成绩作为评价标准。若幼儿园能立足本园特色,经常开展一些丰富多彩、寓教于乐的文化活动,对孩子的素质提升会产生巨大的推动力量。另外,多彩的文化活动又是幼儿园文化建设的重要体现,更是充分展示幼儿园教育教学成果、展示师幼素质水平、彰显办园特色、提升办园品质、扩大品牌影响力的有效途径。
>
> 有句话说:"把常规做到极致就是创新,把创新做成常规就是文化。"为此,幼儿园要经常组织开展形式多样、异彩纷呈的活动,且落实到一日常规工作当中,做到极致、做出特色、做强品牌、形成文化,真正使每名幼儿在体、智、德、美各方面协调发展,在活动中健康成长,让孩子真正拥有一个受益终身的幸福童年!
>
> (东北育才幼儿园 石月)

Q:聪明水? A:营养保健水!

【案例描述】

在幼儿园的一日生活中,喝水是一个重要的环节。每天老师和保育员会不停地"喊"幼儿喝水。但是不同的班级都会存在一个相同的问题:幼儿喝水状况并不是很好。如不予提醒,许多幼儿都不会主动喝水。有的幼儿需要保育员将水倒好,端到他们面前陪着他们喝;有的幼儿接水后喝一口,会趁老师不注意悄悄地到水池边将水倒掉;个别幼儿干脆紧闭小嘴,一口水也不喝。

通过观察和了解,幼儿不爱喝白开水主要有以下几方面原因:

1.父母及长辈溺爱幼儿,生活饮食方面过分包办代替,养成了依赖家人照顾的生活习惯。

2. 幼儿来到幼儿园，接触到新环境，生活作息发生了很大变化，可以说和在家里完全不一样。幼儿在生理和心理上都需要有一个逐步适应的过程，尤其是要和其他同伴一起使用易消毒清洗的不锈钢口杯喝水，不能再用自己独享专用的口杯。

3. "口感不好"，不愿意喝没有"滋味"的水。有些家长忽视白开水对幼儿身体健康的积极作用，以大量的牛奶、果汁和各种饮料来代替白开水给孩子喝。

❋【思考与行动】

一、分析与思考

水对人体的健康起着十分重要的作用，水是构成人体组织细胞的重要成分，也是机体物质代谢不可缺少的溶剂，机体所有的化学变化都是在水的参与下进行的。水还起着运输养料、代谢废物的作用。在水的参与下，血液能够给机体运送物质，并把代谢的废物排出体外。水在体内起着润滑的作用，保持眼球的湿润和关节的灵活运动。水还能通过血液循环调节人的体温。水的质量大约占体重的60%~70%。人每天喝一定量的白开水，可以保护肾脏，排除体内毒素，不易生病。有位科学家曾说过："白开水是世界上最健康的饮品。"同时《指南》就养成幼儿良好饮食习惯的典型表现做出了非常具体的描述。如：3~4岁"喜欢吃瓜果、蔬菜等新鲜食品""常喝白开水，不贪喝饮料"；5~6岁"主动饮用白开水，不贪喝饮料"等。这些目标与2007年卫生部颁布的《中国居民膳食指南》中提出的学龄儿童要"多吃新鲜蔬菜和水果""少喝含糖高的饮料"等观点基本一致。总之，从小培养幼儿良好的生活与卫生习惯，其最终目标就是帮助幼儿逐步学习以健康的方式来生活，这对幼儿的健康成长乃至一生的健康都具有重要而深远的意义。

通过幼儿园的生活能力课程和一日生活的习惯培养并随着幼儿年龄增长，幼儿会很快适应定时定点喝水，并能自觉自愿地喝水，只是时间的问题。但幼儿喜欢有"滋味的水"也没有错，这是他们的年龄特点决定的。怎么能将二者结合起来，让幼儿在喜欢和习惯之间不纠结呢？让喝水成为孩子最爱做的事情，成为幼儿园生活活动中一件有趣的事情，我们认为必须要解决以下几个问题：

1. 让白开水也能有滋味。
2. 要有不同滋味的水。
3. 不同时间里让幼儿以不同形式喝不同的水。
4. 家园配合让孩子爱上喝水。

二、行动与策略

（一）让白开水变得有滋味

让水变得有滋味的方法有很多，加糖、加果汁等都能让水变得有滋味，但哪种方法更适合幼儿，能长期喝并对身体有益处呢？我们组织营养师、大厨进行学习并查阅相关资料，我们受到很大启发，如夏天喝绿豆水能解暑，冬天喝姜汤能驱寒等。这些食材都是我们日常所见,使用方便且价格不贵。同时了解到经过不同食材搭配熬制出来的水对幼儿没有任何副作用,可长期服用。餐饮作为幼儿园的特色窗口,我们决定再增加一项——营养保健水,让幼儿的白开水变得有滋味。营养保健水利用各种植物与蔬菜合理配制,发挥食物的药用价值,既能解渴,补充水分,又能预防疾病。我们可以在幼儿一日生活中以白开水为主,辅助自制营养保健水,这样既丰富幼儿饮水的品种,又有利于幼儿强身健体。

（二）要有不同滋味的水

幼儿在不同季节会出现一些疾病征兆,如咽喉红、咳嗽等,不同的疾病威胁着幼儿。要抵御威胁就要提高幼儿的体质及防病能力。如：春季预防感冒,提高呼吸道免疫力;夏季要清热解毒、消暑降温;秋季要通气助消化、化痰润肺;冬季要驱寒,补充矿物质和维生素等。所以我们决定将营养保健水与幼儿保健疾病预防结合起来,利用不同食材的不同药效,制作不同口味的营养保健水。（见附表）

春季	冰糖白菊枸杞芦根水 原料：白菊花、鲜芦根、枸杞子、冰糖。 营养功效：抗过敏、预防感冒、提高呼吸道免疫力。 菊花：明目解毒 枸杞子：平肝明目 芦根：清热润喉、祛痰生津 三者合一组合成幼儿春令时节理想的保健水。	什锦果茶 原料：苹果100克,橙子200克,去皮菠萝100克,冰糖10克,绿茶3克,水1500毫升。 营养功效：具有消痰、降气、和中、开胃、宽膈健脾、清热解毒等功效。
夏季	西瓜皮绿豆银花水 原料：西瓜皮200克,绿豆100克,金银花10克,冰糖40克。 口味特点：清香甜美,浓汁润口,适合幼儿食用。 营养功效：绿豆、金银花清热解毒,西瓜皮消暑清咽,是幼儿夏季必备的保健营养汤水。	冰糖冬瓜荷叶山楂饮 原料：冬瓜300克,山楂干20克,干荷叶10克,冰糖40克。 口味特点：浓汁清香、酸甜润口。 营养功效：荷叶清热、冬瓜消暑、山楂消食开胃,具有消暑、解渴、开胃等特效。

（续表）

秋季	冰糖柚皮洋葱大枣汤 原料：柚皮100克，洋葱50克，大红枣50克，冰糖适量。 营养功效：柚皮清火消食，洋葱清热化痰、解毒杀虫，红枣有抗过敏和提高人体免疫力的作用，冰糖更有润肺止咳、生津止渴、清热、祛痰的功效。组合成具有润燥、消食、解毒、抗过敏的秋季营养保健汤水。	冰糖白萝卜梨汁 原料：白萝卜100克，梨1个，姜5克，冰糖30克，水300毫升。 营养功效：润肺去燥、止咳祛痰、预防感冒。
冬季	冰糖嫩姜红枣营养水 原料：小葱100克，嫩姜100克，红枣50克，冰糖50克。 特点：葱香浓郁、甜辣适中。 营养功效：葱白有杀菌、助消化的功效，嫩生姜有祛风散寒、发寒解毒的作用，红枣营养丰富、含糖量60%以上，矿物质和维生素充足，有提高人体免疫力之功效，组合成冬令预防和治疗风寒感冒的佳饮。	冰糖三白汤 原料：葱白、白菜、白萝卜、冰糖。 制作方法：将食材洗净入水煮沸，可加入适量冰糖调味。 营养功效：具有抗寒、防感冒的功效。

（三）不同时间里让幼儿以不同形式喝不同的水

幼儿一日生活中教师不应该限制幼儿喝水，幼儿可以随渴随喝，这样可以更好地培养幼儿自主养成良好的生活习惯。特别是在户外活动前、运动中、活动后、间点时间的饮水，教师和保育员要重点指导幼儿根据自己的需求喝不同的水。（见附表）

时间	间点 （牛奶、点心）	户外 活动前	户外 活动中	户外 活动后	间点 （水果）
9:20— 9:30	温水 （集中）				
9:50— 10:00		温水 （集中）			
10:00— 11:00			瓶装矿泉水（自愿喷洒式）		
11:00— 11:10				少量温水 （自愿）	
14:00— 14:30					温水、营养保健水 （自选）
……					

（四）家园配合让孩子爱上喝水

充分利用家园联系栏和微信平台，向家长介绍幼儿保健相关的知识，指导家长在家如何为幼儿准备营养保健水，与幼儿园同步培养孩子良好的生活习惯。

【成长心语】

> 幼儿事无小事。幼儿园为幼儿提供怎样的人文环境、教育环境、生活环境都是与幼儿这些小事息息相关的。《纲要》指出：幼儿园应为幼儿提供健康、丰富的生活和活动环境，满足他们多方面发展的需要，使他们在快乐的童年生活中获得有益于身心发展的经验。喝水虽是小事，但通过幼儿园打造饮食特色为幼儿创造良好条件，帮助幼儿获得有意义的生活经验，让幼儿在未来的生活中真正学会"喝水"。懂得喝水有益于身体健康。
>
> （东北育才幼儿园　李咸玉）

附件：

随着秋天的到来，气温开始下降，天气也变得干燥起来。幼儿适应能力差，皮肤嫩，与成人相比需要更多的水分，容易出现口干舌燥、便秘等一系列"阴虚内热"的征象。幼儿园为做好秋季幼儿保健工作，熬制冰糖柚皮洋葱大枣保健营养汤水，每天让幼儿饮用，提高幼儿抗病能力。现将保健汤水的制作方法与家长分享，请您在家和孩子一起制作吧！

营养保健汤水——冰糖柚皮洋葱大枣汤

原料：柚皮100克，洋葱50克，大红枣50克，冰糖适量。

制作方法：

①将柚皮、大红枣洗净，洋葱洗净切片。

②在开水锅中放入柚皮、大红枣、洋葱，一并煮至汁浓，滤除柚皮、大红枣、和洋葱残渣，放入冰糖即可。

口味特点：

香味独特，略带甜涩。

三色文化与小蜗牛

【案例描述】

任园长初期,我更多关注的是幼儿园的制度建设。2004年,十六届四中全会提出文化建设的概念后,我也开始研究幼儿园的文化管理,并日渐形成了文化建设的意识。通过与教工们的几次集中研讨,我们在确立了办园理念、园训、园风后,又逐步确定了幼儿园的园徽、园歌。2011年9月,我到长春的某所幼儿园参观时,该园随处可见的小蜜蜂形象和幼儿园整体环境创设的主色调让我眼前一亮。我发现我园对文化建设的理解还不够全面,除了园徽、园歌外,还缺一种能够代表我们幼儿园教育理念、教师队伍风格特色的园色以及一个能够将幼儿园文化进行提炼缩影的吉祥物形象。

【思考与行动】

一、分析与思考

幼儿园文化在一定程度上决定着幼儿园的精神面貌,是凝聚和激励全体教工进行教育教学改革的精神力量,是幼儿园得以可持续发展的内驱力。在不断的实践与反思中我们发现,良好的幼儿园形象设计会令人时刻感受到它的存在以及由它透射出来的那种独特的幼儿园感染力、凝聚力和震撼力。并且在日常的点滴中潜移默化地发挥着育人作用。但在以往的教育教学和管理工作中,我们很少会提到幼儿园的形象设计,缺少幼儿园品牌意识。

二、行动与策略

(一)制定方案,提出"三色"文化

我首先带领幼儿园领导班子开会,制定了幼儿园形象设计方案,并和教师们从大量的教育文献和优秀先人教育理念出发,重新梳理了我园的教育理念和文化理念,形成了绿色教育、紫色情怀、蓝色梦想的"三色"文化教育体系。

1. 绿色教育

"绿色教育"是一种隐喻,是倡导回归教育本真的教育,是营造绿色生态的教育,是使幼儿自然、和谐、富有生命力的教育。依据我园环境特点,因地制宜,在"绿色教育"理念的指导下,我们又提出"打造绿色生活第一站",大到户外的芳草园、种植园,小到班级和走廊的种植角、观察区,我们以"绿色环保"为基调,以大连"本土特色"为元素,挖掘自然资源,努力践行"让每一寸空间发挥最大教育作用"的生态环境创设理念,在城市中为孩子们构建了一座大花园,逐步形成了从幼儿生活出发的,体现绿色生态的"绿色教育园本课程体系"。

2. 紫色情怀

我们又面向全体教工,就代表教师的颜色进行了广泛的意见征集。老师们对这项工作抱有非常大的热情,在激烈的讨论中我们发现,好多老师都对紫色情有独钟。最终我们确定了将紫色作为最能够代表我们幼儿教师情怀的颜色。我们还

将园服的颜色定为紫色。我们也对紫色进行了一番诗意的解读，认为它：虽不如蓝色沉静通透，却更加温暖慈祥；虽不似红色奔放炙烈，却更加厚重包容。它代表着尊贵和高雅，魅力与慈爱，读懂紫色就能懂得如何有爱、如何爱人。

3. 蓝色梦想

在"绿色教育"和"紫色情怀"的基础上，经过研究讨论，我们又想到了用"蓝色梦想"来代表幼儿园全体幼儿、教师甚至是家长的共同的愿景和梦想，让蓝色来体现幼儿园的整体规划蓝图。

至此，我们形成了以"绿色教育"、"紫色情怀"和"蓝色梦想"为代表的幼儿园"三色文化"，它就像幼儿园的一张名片，无论人们走在幼儿园的哪个角落，看到幼儿园的哪件物品，都能感受到"三色文化"的影响效果。

（二）确定吉祥物，提炼蜗牛精神

台湾作家张文亮的一首散文诗《牵一只蜗牛去散步》，让我十分感动，我发现其中的教育理念与我们幼儿园不谋而合。于是我与领导班子征求教工意见，决定将小蜗牛作为幼儿园的吉祥物。有三层寓意：

第一层寓意：蜗牛喜欢绿色自然的生活环境，而我园致力于创设生态、健康的户外绿色教育环境，与蜗牛的自然属性契合，且在幼儿园的植物园里随处可见。

第二层寓意：不要看它长得小，其貌不扬的蜗牛，它总是锲而不舍，步步为营。传说中只有两种动物可以到达金字塔的顶端，那就是蜗牛和展翅翱翔的雄鹰，因此我们将蜗牛精神提炼为"坚持不懈，脚踏实地，只要向前走，哪怕再慢也是一种进步"。

第三层寓意：不要看它走得慢，它象征着尊重幼儿自身成长规律的"慢养育"理念。正如台湾作家张文亮的教育名篇《牵一只蜗牛去散步》，它提醒教师、家长要时刻牢记教育对象的特殊性，要用爱心、耐心和细心去陪伴孩子慢慢成长。

❀【成长心语】

> 幼儿园的形象设计，是运用现代教育理念和管理理念决策、规划幼儿园的发展，进行了刻意的设计和创造，使之形成鲜明的特色，并借助媒体宣传向外界充分展示的过程。它能够以高度浓缩的具体形象传递出一所幼儿园的办园理念和文化，传递出幼儿园的价值追求和精神愿景。成功的形象设计，会给幼儿园带来无限生机。
>
> （大连市甘井子区教育局幼儿园 王秋霞）

附件:
牵一只蜗牛去散步
                                张文亮

上帝给我一个任务,叫我牵一只蜗牛去散步。
我不能走得太快,蜗牛已经尽力爬,每次总是挪那么一点点。
我催它,我唬它,我责备它,
蜗牛用抱歉的眼光看着我,仿佛说:"人家已经尽了全力!"
我拉它,我扯它,我甚至想踢它,
蜗牛受了伤,它流着汗,
喘着气,往前爬……
真奇怪,
为什么上帝要我牵一只蜗牛去散步?
"上帝啊!为什么?"天上一片安静。
"唉!也许上帝去抓蜗牛了!"
好吧!松手吧!
反正上帝不管了,我还管什么?
任蜗牛往前爬,我在后面生闷气。
咦?我闻到花香,原来这边有个花园。
我感到微风吹来,原来夜里的风这么温柔。
慢着!我听到鸟声,我听到虫鸣,
我看到满天的星斗多亮丽。咦?
以前怎么没有这些体会?我忽然想起来,
莫非是我弄错了!原来上帝是叫蜗牛牵我去散步。

大连市甘井子区教育局幼儿园的吉祥物:

第二编 营造育人文化

园旗

园徽

园徽的含义：

幼儿园采用"爱心鸟"作为园徽。

它是一束花蕾，象征孩子是祖国的花朵。

它是三只飞翔的鸟，象征幼儿园尊重孩子的个性，因材施教。

它是三颗爱心，象征幼儿园一个充满爱的空间，全面推行"爱的教育"让爱心伴随孩子成长。

让三个"爱心鸟"组成一片充满活力的树叶，分别代表教师、幼儿和家长，并寓意幼儿园是三者共同成长的地方。

大连市甘井子区教育局幼儿园园歌：

拉着你的手

安玉亮 词曲

1=#C 4/4
2f

(5·5 3 5 5 - | 1·1 5 6 6 - | 6·5 5·6 5 3 3·2 | 2·3 5̇ - 2·1 | 1 - - -) |

3 - 2 - | 1 6̇5 5̇ - | 1 2 3 5 · | 2 - - 0 2 | 3 5 6 5 | 1 6̇ 3 3 - |
拉　着　　你的手，　拉着我的　手，　　让 青春伴着　童年走，
拉　着　　你的手，　拉着我的　手，　　让 天真跟着　智慧走，

6 5 1 3 2 | 2 - - - | 3 - 2 - | 1 6̇5 5̇ - | 1 2 3 5 · | 6 - - 0 6 |
我们多富　有，　　　　拍　　拍　　你的手，　拍拍我的　手，　　让
我们多富　有，　　　　拍　　拍　　你的手，　拍拍我的　手，　　让

1·1 6̇·1 | 6 3̇5 5 - | 5 3 6̇ 2 · | 1 - - 1 6 6 6 - | 1 6 6 6 0 6 |
青 春伴　着笑脸走，　我 们乐悠　　悠。　　拍拍手，　　拍拍手　　为
童 年跟　着老师走，　我 们乐悠　　悠。　　6 4 4 4 - | 6 4 4 4 0 4 |

1 1 3 5 · | 6 - - - | 1 6 6 6 - | 1 6 6 6 0 6 | 1 1 6 3 | 5 - - - |
青春拍拍　手，　　　　拍拍手，　　拍拍手，　为童年拍拍　手，
3 3 1 3 | 4 - - - | 6 4 4 4 - | 6 4 4 4 0 4 | 6 6 6 1 · | 7 - - - |

3 - 5 - | 5 6 · 3 | 3 2 2 1 · | 6̇ - 0 6̇ | 5 1 3 6̇ | 5 3 5 5 - |
拉　着　　你的　手，　拉着我的　手，　　让 青春伴着　笑脸　走，
拉　着　　你的　手，　拉着我的　手，　　让 童年跟着　老师　走，
拉　着　　你的　手，　拉着我的　手，　　让 祖国的明天　更锦　绣，

5 3 6̇ 2 · | 1 - - - | 5 5 5 6 · | 1 - - - | 1 - - - | 1 0 0 0 |
我们乐悠　悠。　　　　明天更锦　绣。　　　　　　　　　拍拍手！
我们乐悠　悠。
明天更锦　绣。

关注幼儿初入园

【案例描述】

每年八月份是我园新小班的入园季。为了让小班新生能尽快适应幼儿园，幼儿园上上下下从环境创设、人员配备到家长工作着手开始工作，我们自认为做足了准备。但是，当新小班的孩子们走进幼儿园后，我们发现，除了少部分孩子比较适应以外，大部分孩子都会出现以下两种情况：

表现一：哭闹。哭闹可以分为四种状况——持续型哭闹，不停地说"我要妈妈"，不参加任何活动；间歇性哭闹，玩玩具时不哭，一停下来就哭，或者随心所欲的时候不哭，需遵守规则时就哭；感染型哭闹，看到其他幼儿哭，便跟着哭，或者是看到其他家长来了就哭；分离型哭闹，来园时哭，家长离开就好。很多家长表示，听着宝宝的哭声走出幼儿园大门是一件痛苦的事，有的孩子在室内哭，妈妈在室外哭。

表现二：生病。3岁以前，孩子是在全家人的"包围"中长大的。他们被精心呵护，很少生病，即使生病也只是轻微的上呼吸道感染，与进入幼儿园后的情况大相径庭。孩子为何会频繁生病呢？究其根本原因，一是孩子平时受到"很好"的照顾，身体的抗寒抗疲劳能力较差。二是孩子没有集体生活的经历，平时较少受到病原体的侵袭，身体的抗病原体能力较差。三是生活饮食习惯的变化。

大部分家长与幼儿园之间也会存在信任问题。因为陌生，爸爸妈妈特别担心孩子，回家后问长问短。如：老师对你好不好？老师喜欢你吗？老师批评你了吗？有没有和小朋友发生矛盾？有没有小朋友抢你玩具？这些问题都会给孩子带来心理暗示，孩子会更不喜欢幼儿园。

【思考与行动】

一、分析与思考

综观有关心理压力的研究，大多数研究者都比较关注成年人所承受的心理压力，很少关注刚刚迈进幼儿园的孩子们，我们根据观察到的幼儿初入园的行为表现，从分析其入园心理压力产生的原因入手，寻求科学的调试策略，以帮助幼儿更好地适应幼儿园生活。

宝宝3岁入园，从家庭生活进入集体生活，在心理和行为上不适应是一种正常现象，这时的孩子内心是胆怯的，缺乏安全感的，家长也是无助的、焦虑的。但这时孩子的注意力也很容易转移，有趣的活动、好玩的玩具都会吸引他们，使哭闹现象有所好转。孩子思维的另一个特点是直觉形象性，看到家长，甚至看到别人的爸爸妈妈，也会哭闹。所以丰富、有趣的活动是转移幼儿注意力最好的方法。

根据相关资料的学习，我们把幼儿入园适应期划分为四个阶段：

困难期（第一周）：幼儿突破对新环境的恐惧心理，减少哭闹现象。建议教师尽量延续和顺应幼儿在家的习惯，多给幼儿自由的空间、时间，在环境的创设

中帮助幼儿建立秩序感。

适应期(第二周、第三周):开始了解幼儿园的基本作息时间,熟悉教师和同伴。建议教师根据不同幼儿的个性表现,帮助幼儿调节情绪。

接受期(第四周、第五周):幼儿情绪逐渐稳定,能够在教师的帮助下参加活动。建议教师组织形式多样的活动,吸引幼儿的兴趣。

发现期:幼儿逐渐喜爱班级和老师,在活动中体验到集体活动的乐趣。建议教师开始帮助幼儿建立生活常规。

《指南》健康领域的教育建议提出:营造温暖、轻松的心理环境,让幼儿形成安全感和信赖感。

基于以上的思考,我们调整了原有整齐划一的入园方式,遵循以下原则:

1. 增加家庭与幼儿园的交流

报名:报名时间定在每年的3月1日,已持续15年,报名的过程即成为幼儿园与家庭的第一次交流。同时,家长可以获得一份《幼儿家庭资讯问卷》和一本《入园手册》。

电脑派位:5月中旬的电脑派位会邀请60名左右的家长代表参加现场派位。幼儿园精心设计、组织派位流程,我们为每一个来到现场的家庭赠送一本绘本《好饿的毛毛虫》,即使不能派中的家庭也会感受到幼儿园的文化与关怀。

幼儿园与家庭见面会:6月是幼儿园与家庭的见面会,见面会是爱的了解,在专业的层面赢得家长对幼儿园的尊重与信任,让家长了解幼儿园的教育理念,了解孩子的发展状况,了解家庭成员之间的关系及家长的教育价值观和教养方式,建立孩子对幼儿园的熟悉感,帮助教师建立专业观察,协助本年度小班教师开始入园工作。

新小班家长会:介绍幼儿园的理念、课程、家长工作,还会邀请毕业班的家长和新小班家长交流,多角度熟悉幼儿园,增加了解。

亲子适应日:从两个小时的亲子陪伴开始,家长全程参与孩子的入园过程,即近距离地观察孩子的游戏活动,也可以全面了解幼儿园的管理。园长每天会在门口,随时和家长进行交谈,解答家长的困惑。

2. 在室外组织活动

新小班在8月初入园,这时是最适合户外活动的季节。幼儿园与家庭的见面会、亲子适应日都会安排在幼儿园的花园里。孩子们来到幼儿园,可以在爸爸妈妈的陪伴下在花园里玩沙、玩水。沙、水是最贴近自然的材料,也是孩子们最喜欢的游戏材料,孩子们瞬间就会建立起对幼儿园的喜爱,减少陌生感。即使是正式入园的第一天,老师们在花园里创设出娃娃家、阅读区、玩具区,孩子们也可以尽情地在户外玩2~3个小时,当然,要做好遮阳和饮水的准备。待孩子们对幼儿园不再排斥,对老师开始建立亲近感,爸爸妈妈才与孩子分离,降低孩子的分

离焦虑。

3. 逐渐延长在园时间

从最初的1小时到2小时的游戏，3小时加午餐，4小时加早点，6小时加午睡，直至全天在园。逐渐延长在园时间，保证幼儿对幼儿园安全感的建立是一点一点发生的，符合幼儿年龄特点和心理发展的需要。

4. 关注个别幼儿的需要

幼儿表达入园分离焦虑的方式和时间不同，因此不能整齐划一。有的幼儿需要一周，有的幼儿需要两周，最长的甚至需要两个月的时间才能在幼儿园午睡。我们要做好与家长的沟通，赢得家长的配合，虽然会给家庭和幼儿园带来一些"麻烦"，但对于幼儿来说，一切"麻烦"都是值得的。

二、行动与策略

（一）申请入园报名

1. 请家长填写《幼儿家庭资讯问卷》，帮助幼儿园获得家庭的教育方式与家长的教育观念。（见附表）

幼儿家庭资讯问卷

填表时间：_____ 年 _____ 月 _____ 日

一、幼儿基本情况

幼儿姓名_____　昵称_____

性别____　民族_____

出生年、月、日_____

身体健康状况_____

☆请简单介绍一下您可爱的宝宝：

（1）您的孩子是否有过集体生活的经历：
A. 没有　B. 托儿所　C. 幼儿园
（2）您的孩子是否接受除家人以外的人：
A. 接受　B. 拒绝　C. 随情绪变化
（3）孩子有攻击性行为时您怎样做：
A. 不理他　B. 讲道理
C. 及时制止，并用温和的方式惩罚
（4）您对孩子表达爱的方式：
A. 送礼物　B. 拥抱　C. 用赞赏的语言
D. 经常和孩子一起阅读、游戏
（5）您的孩子在家里能做哪些事情：
A. 自己吃饭　B. 脱衣服　C. 穿衣服　D. 穿鞋　E. 上厕所小便　F. 独自入睡
（6）让幼儿形成独立、自制、专注、遵守秩序、懂得与人合作等品质和获得知识同样重要：
A. 是　B. 否
（7）孩子们应该伴随着这样一种感觉长大，就是觉得他们被人欣赏和喜爱是因为他们整体的人格和品性，而不仅仅是因为他们的头脑、容貌或是他们在音乐方面的才能等：
A. 是　B. 否

二、幼儿的家庭情况

	父亲姓名	母亲姓名
年龄		
文化程度		
工作单位		
办公电话		
移动电话		
与孩子一起生活的其他人		
家庭住址		
住宅电话		
户口所在地		

三、您对孩子早期（3~6岁）发展的期望是什么？

四、为孩子选择早期教育机构，您关注哪些方面？

2. 送给家长一篇阅读文章《我的父母，我的家》，让家长了解父母永远是孩子的老师。

我的父母，我的家

亲爱的家长朋友：

你们好！

如果问您："我们的孩子需要什么，我们又能够给予他们什么？"您能回答吗？

我们坚信儿童是重要的，给儿童一个美好的未来是我们的责任。杰奎琳·肯尼迪曾说："假如你连抚养孩子这件事都做不好，我认为你所做的其他任何一件事都不再重要了。"我们每个人，不管是否为人父母，都应该谨记这句话。

陶乐丝说过："没有一个地方比得上家……"

我们希望幼儿园永远是孩子的快乐家园，在孩子的生活中，真的没有一个地方比得上家。科学家对脑部的研究发现告诉我们，"安全与被保护"的感觉对神经的健全发育极为重要。家应该同时是情感与肉体的避风港，小孩子具有能够洞察出大人无力感的超能力，一旦他们察觉我们不一定能保护他们时，心里的不安全感便油然而生——家是安全的堡垒。

在与子女的日常互动中，父母可扮演老师的角色，家是孩子的第一个，也是最重要的一个教室。事实上在大部分的人类历史里，家一直都是唯一一个教育子女有关生存技能、谋生训练、生儿育女和成为社会一分子的地方。虽然灌输知识与技能的崇高工作委托给了学校的正规教育系统，不过父母仍然扮演着重要的角色。

我们非常希望与每个家庭保持最近的距离，就像美国康登的一所家庭学校的校长安妮·鲁宾所说的："每一个身陷危险的孩子的背后，都有一个处于危险的家庭。""我们没有任何神奇的秘方，我们只是关心而已，如果我们能够感动一些家庭，他们就会做得好一点儿。"

亲爱的家长朋友，这同样也是我们要对您说的。如果我们想改变一个环境、社区甚至我们的国家，我们一定得先改变我们的家，我们不在乎这个家是华丽富有，还是贫穷普通，我们只知道，我们的孩子被忽略了，而一个国家是全部家庭的总和。

我们为每个孩子与家庭做的事情还远远不够，更不足以表达我们对孩子的爱与对每个家庭的关注，真心希望家长成为我们的教育合作伙伴，让我们多一些轻松愉快的相聚机会，多一些沟通与交流，一同倾听儿童的声音！一同记住亚伯拉罕·林肯的话："唯有同心协力才能成功，不问'谁能有更好的想象？'而要问'我们都能做得更好吗？'"

让我们竭尽全力吧！

沈阳市皇姑区实验幼儿园园长及全体教师

第二编 营造育人文化

（二）安排幼儿园、家庭见面会

1. 见面会是爱的了解，请家长填写《父母问卷》。（附问卷）

父母问卷

1. 请依据您对孩子发展的期望做一个排序：
A. 知识　B. 能力　C. 情感　D. 技能　E. 态度 _____

2. 请您选出和孩子在一起最经常做的三种事情和最不经常做的三种事情：
A. 玩娃娃家或表演游戏　B. 阅读、讲故事　C. 唱歌、跳舞　D. 画画、做手工
E. 看电视、玩电脑　F. 聊天、散步、体育锻炼　G. 认字、学数
H. 玩积木、拼图　I. 照顾、观察动植物　J. 上各类兴趣班
经常做的事：（　　）、（　　）、（　　）
不经常做的事：（　　）、（　　）、（　　）

3. 与孩子相处的时间：
爸爸：经常在一起 _____　偶尔在一起 _____　不在一起 _____
妈妈：经常在一起 _____　偶尔在一起 _____　不在一起 _____
祖辈：经常在一起 _____　偶尔在一起 _____　不在一起 _____
其他与孩子经常在一起的人：_____

4. 孩子喜欢的：
（1）孩子喜欢看的书：_____，每天谁会陪孩子一起读书：_____，
每天孩子会看多长时间的书：_____；
（2）孩子喜欢的电视节目：_____，每天看多长时间电视：_____；
（3）孩子喜欢的游戏或玩具：_____。

5. 孩子入园后，每天谁会来接送宝宝：
A. 爸爸　B. 妈妈　C. 祖辈　D. 其他人

6. 您能为您的孩子和他的同伴做哪些事情：
（　）参加家长活动
（　）参加家长会议
（　）搜集艺术活动和其他活动的相关材料
（　）发起 / 陪伴孩子去旅行
（　）捐献孩子用过的图书和玩具
（　）为孩子示范活动（如：你的才能、爱好或特殊的兴趣）
（　）安排孩子参观您工作的地方
（　）给孩子讲故事
（　）与孩子一起自制玩具或作品
（　）和孩子一起参与园艺和自然活动

---

2. 设计儿童观察表,作为分班的依据。

幼儿情况

1. 交往

1.1 一直需要家长陪同（　　）

1.2 喜欢一个人玩（　　）

1.3 喜欢与同伴玩（　　）

1.4 善于交往,在游戏中常常当小领袖（　　）

1.5 在游戏中常常抢别人的玩具（　　）

1.6 有明显的攻击性行为（　　）

2. 情绪、情感

2.1 性子急,坐不住,常动来动去（　　）

2.2 遇到不高兴的事情偷偷找妈妈哭（　　）

2.3 情绪不外露,较安静（　　）

2.4 不易受他人影响（　　）

2.5 在教师示意下能克制自己（　　）

2.6 自制力较强（　　）

2.7 情绪不稳定易受影响,并且影响整个活动（　　）

3. 语言

3.1 不喜欢说话（　　）

3.2 对老师提出的问题没听清就急于回答,常常答非所问（　　）

3.3 不主动说话,但能回答提问（　　）

3.4 喜欢说话、理解力强（　　）

3.5 喜欢阅读（　　）

3.6 拒绝说话（　　）

3.7 说话吐字不清楚（　　）

4. 专注性和秩序感

4.1 反应快,易冲动（　　）

4.2 对感兴趣的活动能较长时间注意（　　）

4.3 有很强的坚持性,注意力集中（　　）

4.4 在提示下能将玩具放回原处（　　）

4.5 随便乱扔玩具（　　）

5. 小肌肉动作

5.1 能较熟练地穿珠（　　）

5.2 能将一块积木平稳地搭到另一块积木上（　　）
5.3 能协调地使用玩沙工具或其他材料、辅助材料等（　　）
5.4 喜欢画画，运笔熟练（　　）
5.5 动作无序，不协调，很难完成精细动作（　　）
6. 大肌肉动作
6.1 上、下大型玩具动作迟缓，需要成人协助、保护（　　）
6.2 上、下大型玩具动作较灵活，不需要成人帮助（　　）
6.3 走、跑动作协调（　　）
6.4 胆小，不敢独自在大型玩具上活动（　　）
6.5 常常摔倒或常与同伴发生碰撞（　　）

亲子互动情况

1.1 对孩子较严厉，常常控制、支配孩子的行为（　　）
1.2 对孩子宽松、自由，无任何要求与提示（　　）
1.3 表现出对孩子的尊重、接纳，并对孩子的行为有一定的引导（　　）
1.4 放任、溺爱孩子（　　）
记录：＿＿＿＿＿＿＿＿＿＿＿＿＿＿＿＿＿＿＿＿＿
2.1 当孩子与同伴发生冲突时，家长能适时介入，并能劝慰、引导（　　）
2.2 当孩子与同伴发生冲突时，家长明显偏袒自己的孩子（　　）
2.3 当孩子与同伴发生冲突时，家长无任何干预，让孩子自己解决（　　）
记录：＿＿＿＿＿＿＿＿＿＿＿＿＿＿＿＿＿＿＿＿＿
3.1 家长传递给孩子的信息是鼓励的、信任的（　　）
3.2 家长传递的信息是对孩子的行为表现出焦虑、无奈（　　）
记录：＿＿＿＿＿＿＿＿＿＿＿＿＿＿＿＿＿＿＿＿＿
4.1 在游戏中家长是孩子的伙伴并有支持、引导的意识（　　）
4.2 家长一直处于旁观、看护的状态（　　）
4.3 家长的介入对孩子的活动形成干扰（　　）
记录：＿＿＿＿＿＿＿＿＿＿＿＿＿＿＿＿＿＿＿＿＿
家庭成员的关系：不和谐0（　　），基本和谐1（　　），和谐2（　　）

（三）安排亲子适应日

以 2016 年入园时间为例

8月8日—8月10日	8:00—9:30　未上过幼儿园的幼儿（户外游戏） 10:00—11:30 上过幼儿园的幼儿（户外游戏）
8月11日—8月12日	8:00—9:30　未上过幼儿园的幼儿（根据幼儿适应情况可以升组） 10:00—12:00 上过幼儿园的幼儿（户外游戏+午餐）
8月15日—8月17日	9:00—12:00 上过幼儿园的幼儿（早点+户外游戏+午餐） 9:30—11:00 未上过幼儿园的幼儿（户外游戏）
8月19日—8月26日	9:00—15:00 上过幼儿园的幼儿（开始午睡） 9:30—11:30 未上过幼儿园的幼儿（开始午餐）
8月29日—9月2日	7:50—15:00 上过幼儿园的幼儿（开始早餐） 9:00—11:50 未上过幼儿园的幼儿（开始早点）
9月5日	7:50—16:00

经过上述调整后，新小班幼儿入园哭闹现象明显减少，家园互动更为和谐，幼儿园教师告别了"不可开交"的忙乱，入园季工作变得井然有序了。

【成长心语】

> 幼儿心理发展的状况直接影响到心理的健康。对于新入园的幼儿来说，在成人的关爱下获得安全感和信任感，对促进幼儿情绪安定和愉快，帮助幼儿建立起与他人之间的良好关系尤为重要。新小班幼儿入园工作的调整、改变，让我再一次感受到：只有尊重幼儿身心发展的规律和特点，才能为幼儿提供适宜的教育，这是教育工作者的责任和使命，也是我们不断为之奋斗的目标。
>
> （沈阳市皇姑区实验幼儿园　黄光翔）

民俗教育的魅力

【案例描述】

匆忙之中，端午来到，为了让幼儿了解端午节的风俗习惯，感受中国传统民俗文化的魅力，幼儿园临时设计了"迎端午、庆佳节"民俗教育系列活动。

第二编 营造育人文化

场景一：话端午由来

活动前，老师、孩子和家长们一起搜集、整理有关端午节的资料，了解各地庆祝端午节的风俗文化和端午节的来历。孩子、家长参与的热情空前高涨，还没到端午节，孩子们已经对端午节有了详细的了解，知道了屈原投江的故事，带来了艾蒿、五彩葫芦挂在班级门口。幼儿园已经有了翻天覆地的变化，艾蒿、灯笼、五彩绳、五彩香囊、粽子叶等，一应俱全。孩子们对端午的了解不限于这些显性的内容，一些民俗习惯根本就不需老师讲，孩子已经了解得很全面了，他们互相讨论、比拼，看谁知道得多。

场景二：动手包粽子

当老师还不清楚如何准备包粽子活动时，班内的奶奶家长已经准备好包粽子的材料，自己肩背手扛地拿到幼儿园来，主动做起志愿者，带着孩子们和老师动手包粽子。孩子们兴奋不已，以前只吃粽子，今天动手包粽子，还有奶奶来做老师，那高兴劲儿，从未有过。在奶奶老师的引领下，折粽叶、填糯米、裹叶子、扎线……孩子们用芦叶、糯米、红枣等一板一眼地包起"真家伙"来，那股认真投入的劲头难能可贵。尽管包出来的粽子形状各异、丑俊不一，但孩子们热情不减，看着自己的成果自信满满。

场景三：做龙舟、赛龙舟

经过孩子们讨论，他们想在端午期间赛龙舟，可是没有水，没有舟怎么办？孩子们想出了办法——赛旱龙舟。大家又讨论旱龙舟的制作方法。第一天讨论没有明确结果，孩子们带着疑问离园了。第二天一大早，家长们带来了很多材料，有废旧的、有新买的，原来是孩子们回家与家长讨论怎么才能做出旱龙舟，家长、孩子和老师齐动手，用废旧纸箱做龙头，用彩纸、餐盘做龙鳞，用废旧光碟装饰龙身……一条华丽的龙舟诞生了，孩子们玩得别提多开心了！

通过这次生成活动，我们感触最深的是家长的高度支持和积极配合。当我与家长交流时听到家长这样讲："这些中国的民俗、节日是我们小时候的记忆，我们非常希望幼儿园能多开展这样的教育活动，将我们传统的、专属的民俗民风传承下去，让我们的下一代能够感受、体验。千万不要种了西方的田，荒了中国自己的地，让我们的孩子忘本。"听了家长的话，我的内心久久不能平静，作为教育工作者的我们确实该反思，该调整一下教育的风向标了。

❀【思考与行动】

一、分析与思考

（一）国家层面对传统文化的重视

民俗文化是中华民族传统文化的组成部分。不同地域、不同民族、不同时期的民俗文化各不相同。我国有浓厚的民俗文化底蕴，民俗文化丰富多彩，如喜气洋洋过春节、张灯结彩过元宵、怀乡祭祖过清明、纪念屈原过端午等各种节日纪

念活动。每个地方又有自己特色的民俗活动，粤港地区的舞狮、舞龙灯、逛花市，关中耍社火，陕北扭秧歌，彝族的火把节、跳虎节等，都是我国珍贵的文化遗产和资源。

2014年3月，教育部颁布了《完善中华优秀传统文化教育指导纲要》；2017年1月，国务院办公厅发布了《关于实施中华优秀传统文化传承发展工程的意见》；2017年3月，两会再次提到弘扬传统文化。我国教育部部长陈宝生在人民大会堂北大厅"部长通道"受访时表示，要探索中华优秀传统文化进校园之路。全国政协委员冯骥才赞成把传统文化编入教材，让孩子们学习，获得一些知识，更重要的是把他们带到传统生活里去，文化学习的最好方式是体验，希望教育要注重体验。多位教育工作者表示，保持"底色"不变，传统文化教育应"变重要为必要"。孩子成长的每一个阶段，传统文化教育都不应"缺席"。幼儿园阶段，对于传统文化的感知、体验离不开我们历史悠久的民俗、民风、节日、节气，在这些传统中，涵盖着太多的科学常识、道理、礼仪、美德……

（二）中、西节日民俗存在差异

近年来，随着改革开放，外国的很多传统节日慢慢融入我们的生活，如万圣节、圣诞节、愚人节等。

1. 从传统节日的起源看中、西差异

我国的主要传统节日都是由岁时节令转换而来的，具有浓厚的农业色彩，而西方的传统节日的起源都带有浓厚的宗教色彩。

2. 从传统节日习俗看中、西差异

节日习俗则是在节日里出现的风俗习惯和庆祝方式。我国和西方国家在节日习俗上有着一个很明显的差异，那就是我国传统节日的习俗主要以吃喝饮食为主题，并以家庭为单位，中国讲究饮食，体现了"民以食为天"的文化传统。而西方国家传统节日的习俗主要以玩乐为主题。

（三）中国传统节日具有重要的现实意义

从2008年开始，我国把清明节、端午节和中秋节三大传统节日列为国家法定节日，从法规法制的层面上确定了传统节日的地位。传统节日的现实价值值得我们从各方面进行深入的发掘与整理。

1. 中国传统节日传承中华民族的传统文化

中国传统节日的起源、发展及历史传承中蕴含了丰富的人文精神，有着丰富的文化底蕴及形式各样的风俗习惯，是中华民族传统文化的瑰宝。对于提升中华民族的文化素质、满足人们的文化需求有着重要的传承作用。比如春节阖家团圆、清明扫墓踏青、端午节纪念屈原的赛龙舟比赛等传统节日内容所表现出的孝道、敬重、爱国等情怀，很容易让人唤起对传统文化的记忆、对传统精神的敬重，也

有利于激励一个国家和一个民族不断前进。

2. 中国传统节日是进行思想政治教育的良好契机

传统节日文化的丰富内涵自然也蕴含着丰富的情感教育、思想政治教育内容。我们都知道，越是好的思想政治教育，就越应该超越教条主义，起着一种入夜细无声的影响作用。所以，我们如果以传统节日为契机，在传统节日文化中予以思想政治教育，可以有效地避免传统的课堂或者学校的教条主义式的思想政治教育，而这种教育往往空洞乏味，很难引起青少年的注意，从而缺乏实效性。

3. 中国传统节日是人们对美的追求与向往

中国传统节日中的风俗和行为习惯都是人们对美的一种向往与追求，不论是清明踏青、端午赛舟这种与大自然亲密接触的节日风俗，还是春节回家、中秋团圆、重阳敬老这种与亲人团圆的行为习惯都表现出人们对美好意愿的追求。这种美好应该指的是生命、生活的美。人们通过中国传统节日的风俗自发地去亲近自然，去亲近家人，这无疑是对生命和生活的热爱，这些行为、这些愿望来自于人的内心的渴望，因此它是美的。

《纲要》中明确指出：要充分利用资源，引导幼儿实际感受祖国文化的丰富与优秀，激发幼儿爱祖国、爱家乡的情感。让家长也一起来了解和关心我们的社会，改革当今教育现状，继承与发展中华民族传统美德，促进社会主义精神文明建设，更好地推进幼儿道德素质启蒙教育。我们作为幼教工作者，有责任、有义务将中国传统民俗文化传承下去。

二、行动与策略

（一）系统开展传统民俗节日、节气教育活动

根据孩子们对中国传统文化、节日、节庆的兴趣，关注每个传统节日的形成过程，制定出适合幼儿园孩子的民俗活动及教育目标。

1. 初步了解和认知我国传统节日、节气的由来和传说，通过参加活动亲身感受节日的传统习俗。

2. 在参加节日、节气实践活动以及一日生活中，学习中国传统的优良美德，培养孩子们讲礼貌、讲文明的好习惯，感受和理解亲情、友情，尊老爱幼，从小知道百善孝为先。

3. 培养孩子热爱祖国、热爱家庭、热爱传统文化的情感，初步萌发民族自豪感。

在目标的引领下，我们从幼儿熟悉的"节日""节气"入手，引领幼儿重新认识、探索身边的传统节日和节气，针对幼儿年龄特点，结合本地风俗，制定出有效的实施方案和活动计划。

附件1：
2017年诺贝尔幼教民俗节气教育活动一览表

时间	二十四节气	主题活动
2017/2/3	立春	立春之日，百草回芽——"立春"节气养生保健活动
2017/2/18	雨水	随风潜入夜，润物细无声——"雨水"节气教育活动
2017/3/5	惊蛰	微雨众卉新，一雷惊蛰始——"惊蛰"节气教育活动
2017/3/20	春分	仲春之月，春分之时——"春分时节找春天"民俗活动
2017/4/4	清明	清明时节，草青树绿，传承民俗，缅怀先烈——"清明节"主题活动
2017/4/20	谷雨	雨生百谷，植百谷以养世人——"谷雨"民俗节气教育活动
2017/5/5	立夏	欢乐立夏情，快乐蛋蛋乐——"立夏"节气民俗活动
2017/5/21	小满	时在小满，收获在即——"小满"时节活动
2017/6/5	芒种	风吹麦香传万里，芒种时节又来到——"走进芒种"民俗主题活动
2017/6/21	夏至	走进传统，快乐夏至，开心吃面——"夏至"民俗主题活动
2017/7/7	小暑	小暑金将伏，微凉麦正秋——"小暑"节气教育活动
2017/7/22	大暑	大暑时节，赏荷采莲——"大暑"节气教育活动
2017/8/7	立秋	立秋雨滴，谷把头低——"秋天的秘密"节气主题教育活动
2017/8/23	处暑	热熟谷，粒实鼓——"处暑"节气主题活动
2017/9/7	白露	秋风何冽冽，白露为朝霜——"白露"节气习俗主题活动
2017/9/23	秋分	白露早，寒露迟，秋分种植正当时——"播撒希望的种子"主题教育活动
2017/10/8	寒露	空庭得秋长漫漫，寒露入暮愁衣单——"寒露"节气教育活动
2017/10/23	霜降	一年补透透，不如补霜降——"霜降"节气教育活动

（续表）

时间	二十四节气	主题活动
2017/11/7	立冬	快乐立冬，传承民俗——"立冬"节气主题教育活动
2017/11/22	小雪	满城楼观玉阑干，小雪晴时不共寒——"小雪"节气主题活动
2017/12/7	大雪	千里黄云百日曛，北风吹雁雪纷纷——"大雪"节气主题活动
2017/12/22	冬至	文化需要传承，情怀需要塑造——"情暖冬至"传统主题活动
2018/1/5	小寒	东风吹雨小寒生，杨柳飞花乱晚晴——"小寒"节气主题教育活动
2018/1/20	大寒	大寒雪未消，闭户不能出——"大寒"节气教育活动

附件2：

2017年诺贝尔幼教民俗节日教育活动一览表

时间	民俗节日	主题活动
2017/1/27	除夕	爆竹声中一岁除，春风送暖入屠苏——"除夕"民俗主题活动
2017/1/28	春节	欢天喜地过新年——"喜迎新春"民俗主题活动
2017/2/11	元宵节	欢欢喜喜闹元宵，兴高采烈猜灯谜——"元宵节"民俗主题活动
2017/5/30	端午节	浓情端午节，粽香飘满园——"迎端午、庆佳节"民俗教育活动
2017/10/4	中秋节	迎中秋，爱心团圆溢满园——"花好月圆中秋月"民俗教育活动
2017/10/28	重阳节	浓情十月，温暖重阳——"重阳节"敬老系列活动
2018/1/24	腊八节	温情腊八，年味渐浓——"腊八节"民俗节日主题活动
2018/2/8	灶节（小年）	开心吃饺子，快乐过小年——"灶节"民俗节日教育活动

（二）将传统民俗节日、节气教育融入一日生活

我们利用幼儿日常生活的各种途径，抓住一切可利用的机会开展传统文化教育和民俗教育，做到全方位渗透。

1. 营造民俗氛围

美好的环境会吸引孩子驻足，会引发孩子想象，会激起孩子创新。所以，在幼儿园文化墙上，我们采用剪纸方式，绘制了孩子们一个个嬉戏的场面，如舞龙、抖空竹、推铁圈、玩沙包、跳竹竿、放风筝等，孩子们不仅在此感受了游戏的快乐，而且对其学习剪纸起到了熏陶的作用，让孩子们领略到民间艺术的美。

各具特色的走廊吊饰再现民俗文化的整体美。在制作走廊吊饰的材料选择上，我们充分挖掘家长资源，搜集了大量的麻绳、草帽、竹帘等废旧材料。教师们根据本班的文化特色精心设计与巧妙制作，将这些废旧材料变成了一件件富有童趣的工艺品，并赋予它们浓郁的民族气息。如，整幢楼的走廊分别以不同民间艺术为特色进行装饰。底楼是剪纸和草编，主题式剪纸与曼纱的绝妙结合使孩子们流连忘返；竹帘与幼儿的草编作品组合带来了浓浓的田园气息。二、三楼是国粹脸谱、彩灯、印染与伞艺。以大折扇为背景展示脸谱，麻绳悬挂展示各种宫灯……创意与民间艺术的巧妙结合，使孩子们身临其境地感受到民间文化的魅力，从中获得有关民间艺术的审美经验。

2. 礼仪、道德规范融入生活

在一日活动中，教师可以引导幼儿从生活中的小事做起，养成有序、守规、合作、谦让、礼貌、礼仪、节约等良好品质与行为，把幼儿和教师礼貌、礼仪教育放在首位。如在生活中要求幼儿主动向老师鞠躬问好，刚开始的时候孩子们很不习惯，感觉很尴尬，也不理解，家长也觉得多此一举，我们就让教师用自己的礼貌行为去感染孩子和家长。孩子早上入园时，教师先鞠躬问好，时间久了，孩子们养成了主动鞠躬问好的习惯，这种习惯也影响着家长。在日常生活中通过民俗教育让幼儿爱清洁、尊重自然规律、爱护环境、爱惜粮食、健康生活、健康饮食、懂得合作和谦让等，让幼儿知道人与自然的和谐、人与内心的和谐等精神层面的价值。

3. 将民间游戏融入幼儿生活

幼儿民间游戏使用的玩具结构简单、价格低廉，一般都是来自日常生活和自然的材料及半成品，甚至可以使用替代物。如用几块小石头或几颗玉米粒，便可以玩"抓棋子"；把几粒木珠、几颗废旧纽扣或瓶盖穿起来，便可以玩"跳格格"等。这些石头、沙子、废旧物品等材料物美价廉，并且没有固定的形式，不表现某一具体的物品，幼儿在游戏中可以根据自己的兴趣和想象，随意将材料进行加工和改造。有的游戏甚至只用幼儿的手、脚或身体的某些部位、某个动作就可以进行。如：课间律动时加入传统民俗文化赛龙舟舞蹈；课间活动时，玩摸瞎子、

蹴鞠、放风筝等传统游戏。在潜移默化中树立幼儿爱民俗、传承民俗的良好美德。

4. 家园通力合作

民俗教育不是幼儿园单方面进行的教育，应当由家长与幼儿园共同完成。传统节日、节气是幼儿园和家庭同步开展亲子活动的有效抓手，如在中秋节、重阳节、元宵节以及冬至、立夏等节日、节气活动时开展亲子活动，因为这些内容是家长经历过的，所以他们更愿意参与，还能帮老师出谋划策，购置材料，使活动达到最佳效果，家长在重温浓浓传统文化气息的同时，也增进了亲子感情。

通过一段时间的活动开展，民俗节日、节庆活动受到家长的高度认可和大力支持，我们感受到孩子参与活动时的高涨情绪，教育目标在潜移默化中完成。家长的参与热情与高度认可令我们始料未及，更有家长激动地说："现在中国二十四节气已经申遗成功，我们的孩子必须关注和学习民俗文化知识，守护精神家园，并且要将其发扬光大。"家长的口口相传，使我们的民俗教育成为办园特色，更使我园在招生时具有强大的吸引力。

❀【成长心语】

> 中国传统节日、节气是我国民族文化的精髓，其中蕴含着丰富的文化内涵，可以有效促进中华民族精神的凝聚，同时也是人们生活的一部分，有其深刻的现实意义和群众基础。因此我们一定要对中国传统节日、节气加以保护，并努力发扬光大。幼儿的传统文化教育博大精深，民俗节日、节气是重要组成部分，是充满诱惑力的教育工程。而家长们由于自己曾经的经历和回忆非常愿意参与，家长的高度认可并积极参与是幼儿园可遇不可求的契机，也充分说明传统文化在国人心中是有魅力的、是有深厚基础的。这次以传统民俗为切入点，以节日、节气活动等形式为载体，用实践体验、民俗游戏等方式让孩子们亲身体验其中的传统文化，使传统文化教育取得了可喜的成果，也是我们利用家长资源的一次成功尝试。用"心"体验，用"意"创造，用"情"耕耘，让民俗文化走进幼儿园，让民俗文化在孩子们身上得到更好的传承和发展，让孩子们了解中国民俗文化的巨大魅力。
>
> （沈阳市诺贝尔幼教集团 李艳艳）

基于幼儿核心经验的幼小衔接课程

【案例描述】

从幼儿园进入小学是一个重要的转折点,是幼儿主体对变化的外界环境重新适应的时期。很多幼儿上学后往往会出现入学适应困难,现实中我们会观察到好多类似的孩子:刚入学就厌学,自控能力差,不会听讲,不遵守课堂纪律,不会与同学相处,经常哭闹……这些都是由于孩子没有做好入学前的衔接,没有达到入学成熟水平的结果。如:听。有些孩子的眼睛从来不正视老师,他的心思并不在教室里。又如:看。有些孩子眼睛不去看或看了没懂,这些孩子的专注力比较差。还有些孩子抗干扰能力差,学习过程中在认知上不会关注细节。

【思考与行动】

一、分析与思考

基于上述问题分析原因:由轻松快乐的"玩"转换到不付出努力不可能成功的"学习"。

1. 学习环境发生变化。在幼儿园,老师顺应孩子;在小学,学生适应老师。

2. 学习方式发生变化。幼儿园的学习是自由自主、模仿、操作、具体形象的;小学必须是抽象记忆、反复练习、多读多写。

3. 学习内容发生变化。幼儿园以游戏活动为主;小学则转换成听、说、读、写、算、拼的知识技能学习。

4. 师生关系发生变化。幼儿园老师像妈妈,哄着孩子;小学老师就是老师,用纪律要求孩子。

5. 社会要求与家庭期望的变化。幼儿园时看的是长得多高多壮;小学看的则是分数的高低。

6. 生活规律发生转变。在幼儿园可以睡午觉;在小学白天上课,晚上回家写作业。

幼儿园教育与小学教育是一个既有连续性又分阶段性的整体。连续性是指幼儿园教育要与小学教育密切衔接,幼儿园教育为小学教育做好充分准备。面对不断变化的社会需要,早期教育工作者们必须实事求是地回答这样的问题:

(1)早期教育将为日后的教育奠定什么样的基础,做好怎样的衔接和准备?

(2)什么样的早期学习方式能最有效地促进儿童的语言、数学、科学、艺术等方面的发展?

教什么——教育的内容,怎么教——教育的方法策略,都已成为早期教育工作者必须思考的问题和实践的中心。

二、行动与策略

我们认为,发展适应性教育,即重视教师根据幼儿的学习准备程度来引导幼儿的发展。所谓幼儿的学习准备程度,即他们的发展阶段以及先前经验的准备。

因此，教师根据幼儿的原有水平和已有经验来开展教育，可以有效地促进其学习和发展，为下一个发展阶段奠定坚实的基础。清楚地了解发展目标会使教师的教学更有目的性，从而在帮助幼儿体验和学习方面更具体和有效。为了让幼儿更好地达到学习标准所规定的各项水平，幼儿教师需要理解每个领域的基础知识，并将这些知识整合于幼儿的日常生活和学习中。谈到领域知识，有一个概念必须提及，即核心经验。我园幼小衔接课程即入学适应性课程，就是基于幼儿核心经验的幼小衔接课程。

在幼小衔接课程中，重要的内容不仅是培养幼儿良好的学习习惯和生活习惯，以及运动能力和心理适应能力的问题，还要进行一些有关前阅读、前书写的简单练习。这些习惯的培养一直以来都是我们教育的主要内容。因此，在大班阶段，教师应通过一些具体的方法对幼儿进行强化教育，并随着幼儿的年龄增长提出一些更高的要求，同时为幼儿适应小学生活做好准备。（附：大班下学期教育教学计划）

大班下学期教育教学计划

幼小衔接，入学适应性课程是本学期的工作重点，幼儿的课程重在习惯的培养、各种适应能力的提高和知识的学习上；家长工作重在为家长提供具体的入学准备方法，从心理上解除家长的焦虑和担忧，与家庭合作共同完成孩子的入学准备。

● **大班幼儿发展阶段目标**

入学前社会性适应能力

（一）培养规则意识与执行规则的能力

1. 认识、理解教育环境中的有关规则

（1）日常生活中的行为规范及生活规则

＊能保持室内、走廊安静，不打扰他人。能安静进餐。

＊能整理好自己的学习、活动、生活用品，东西用过后要放回原位。

＊按时午睡，保持正确的睡姿，学习整理床铺。

＊在公共场所遵守秩序，不大声喊叫、奔跑，爱护公物。

＊上幼儿园不迟到，有事或生病不能上幼儿园时要请假。

（2）遵守集体教学活动的规则

＊能主动参加各项活动，有好奇心和探究解决问题的积极性。

＊能安静倾听别人的发言，不插嘴；回答问题时要举手，上课时坐姿端正，取拿物品时不影响他人。

（3）遵守自选游戏活动规则（含各活动区的活动规则）

＊幼儿按人数进入活动区，学习等待。

＊活动结束后能自己整理还原材料、物品。不小心弄坏的东西要告诉老师，及时修补。

2.养成按规则进行活动的行为、习惯

（1）做事前先听清楚教师的要求，不懂的地方能进行询问。

（2）学会听指令做相应的事情，如排队、收拾东西、准备活动等。

（3）学会按规则进行相应的活动。

（4）在活动中掌握执行规则的技能（如整理材料及物品的方法），形成相应的能力。

（5）逐步养成自觉遵守不同场合的规则的习惯。

3.学习制定与活动有关的规则，形成规则意识

（1）知道任何集体（两人以上）活动都要有规则。

（2）知道参加活动的人都要遵守规则，活动才能公平而有秩序地进行。

（3）学会商定活动规则，并按规则开展活动。

（二）培养任务意识与完成任务的能力

1.能主动完成教师（成人）布置的任务

（1）了解并认真完成每日值日生工作。

（2）清楚地记住各个活动中教师（成人）布置的任务，并按要求完成。

（3）养成按时完成任务的习惯，形成责任感。

2.养成认真专注做事的习惯

（1）做事情的时候要一心一意，不边做边玩。

（2）把一件事情做完了，再做另一件事或去玩。

（3）在教师要求的时间内把事情做完，不拖拉。

3.学习一些执行任务的技能

（1）学会计划或安排做事的程序。

（2）学习简单的劳动技能。

4.学会正确看待自己的能力，做事有信心，有毅力

（1）做事遇到困难会请教别人（成人或同伴），并努力把事情做好。

（2）坚持把一件事情做完，不半途而废。

（3）不怕挫折，相信自己能把事情做完做好，形成成就动机。

（三）培养独立性与生活自理能力

1.养成自己的事情自己做的习惯

（1）自己独立地完成教师交代的任务，遇到困难可以请教他人。

（2）自己独立地准备入园、上课需要的物品。

2.学会管理好自己的物品、用具

（1）保持自己的物品、用具摆放整齐，不乱扔。

（2）会自己收拾、整理自己的物品，用完后放回原处。

（3）爱惜自己的物品，不弄坏、弄丢。

3. 学会自己照顾好自己

（1）养成按时起床、睡觉的习惯。

（2）学会自己穿衣、穿鞋、洗漱、如厕。

（3）学会计划或控制自己的活动或需要（如在适当的场所和时间如厕）。

（4）学会根据气候变化或自己的需要穿脱衣服。

（四）培养人际交往的能力

1. 学会与他人友好和睦地相处

（1）懂得用礼貌用语向人请教，见面打招呼、告别。

（2）懂得尊重别人，与人谈话时不打断别人的话，不用手或身体碰人。

（3）能耐心听完别人对自己的意见，能说服别人。

（4）一起玩时，拿别人的东西要得到同伴的同意。

2. 学会关心集体并能参与集体活动

（1）学会与人商量，敢于说出自己的想法，共同决定大家要做的事情。

（2）能认真负责任地做完集体分给自己的事。

（3）在集体活动中学会与别人合作，共同分享成果。

（4）在别人需要时，乐意帮助别人，同情和关心伙伴。

3. 学会主动接近老师

（1）学会用恰当的方式向老师表达自己的需要、想法。

（2）遇到困难或感觉身体不适时能向老师说明，并请求帮助。

（3）学习中遇到不懂的事情能向老师请教。

（4）能接受老师的批评，如有误会可以向老师解释清楚。

（五）培养入学意识

1. 了解和熟悉小学的学习活动。

2. 了解和熟悉小学生的生活作息制度。

3. 认识小学生的学习用具，知道它们的使用方法。

4. 有向往小学、当小学生的情感。

入学前学习性适应能力

● **以语言学习与发展核心经验为课程开展的依据**

一、早期口头语言

1. 谈话经验：谈话的发起、谈话中的应答与交流、谈话主题的深入与转换、谈话的总结与结束。

2. 辩论经验：恰当交流表达自己的想法，运用语言解释己见，坚持个人想法，运用策略说服对方，用不同的方式证明自己的观点。

3. 叙事性讲述：有条理地组织讲述内容，交代清楚角色事件背景或前因后果，使用丰富多样的词句讲述，考虑听者的注意力与感受。

4.说明性讲述：使用规范准确、简洁明了的说明性词句，理解说明性讲述的内容组织方式。

二、早期书面语言

1.前阅读：建立热爱阅读的行为习惯，学习观察理解图画书内容，形成一定的阅读策略，感知图画和文字、口头语言和书面语言的关系。

2.前识字：对符号和文字感兴趣，获得符号和文字功能，形成规则意识。

3.前书写：通过涂鸦、图画、像字而非字的符号、接近正确的字的形式进行书写，建立书写行为习惯，感知理解汉字的结构，形成创意书写与表达。

三、早期文学语言

1.文学语汇：拓展词汇，理解掌握作品中出现的新词汇以及描述人物或事件发展的关键性词汇，尝试在仿编和讲述中运用文学词汇。

2.文学形式：感受诗歌的不同节奏韵律，了解散文语言形式，理解故事的情节发展过程，尝试按照其基本结构特征进行仿编。

3.文学想象：通过口头语言或图画画面想象、理解文学作品，想象儿童诗歌或散文的画面意境，调动个人生活经验想象、理解故事的情节发展与主要人物特征，用自己的经验想象、编构故事、仿编诗歌。

● **以数学学习与发展核心经验为课程开展的依据**

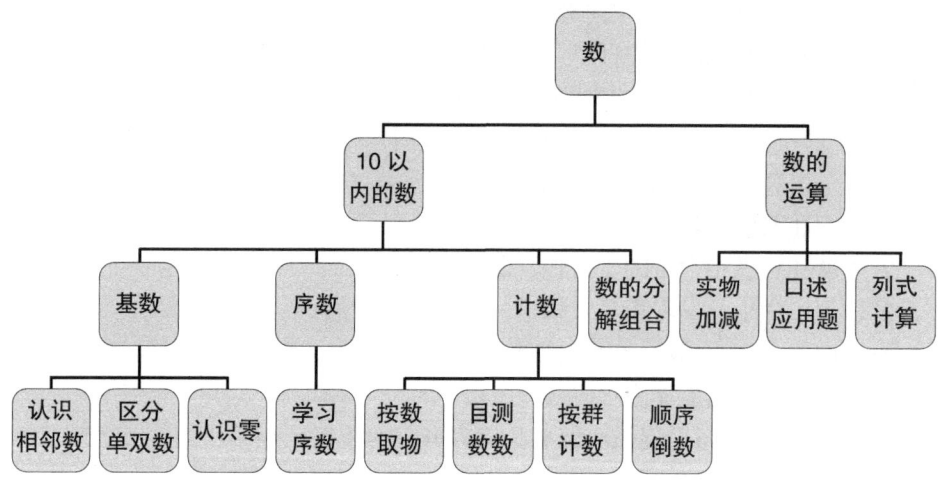

1. 熟练10以内加减运算。
2. 加强数量关系的认识。（等量、可逆、包含、互补、传递）
3. 认识几何图形，理解面与体的关系。
4. 区分左右，认识货币、时钟、日历，有时间意识。
5. 能发现事物简单的排列规律，并能创造新的排列规律。
6. 能用简单的记录表、统计图等表示简单的数量关系。

主题方案

- **三、四月份：汉字（语言）**

大班幼儿即将上小学，我们和家长对幼儿的前阅读和前书写技能十分关注，《纲要》中也明确提出"要培养幼儿对生活中常见的简单标记和文字符号的兴趣；利用图书、绘画和其他形式，引导幼儿对书籍、阅读和书写的兴趣，培养前阅读和前书写的技能"。因此，"汉字"主题为幼儿营造了一种更好的语言文字环境，通过"汉字的起源与演变""有趣的象形字""美丽的汉字""汉字变变变""我的计划书""同音字报告""我办的报纸"等系列活动来引发幼儿对认读汉字、使用汉字的兴趣；更重要的是，希望通过这一主题活动提高幼儿对汉字特征的敏感性，了解文字的作用，了解汉字构成的独特规律，对汉字产生兴趣和探究愿望。

- **五月份：美丽家园（地理）**

"地球是什么样的？""世界有多少个国家？""怎样保护我们的家园——地球？"都是大班幼儿关心的话题。我们通过"美丽家园"这一主题活动，激发孩子对有关地球知识的探索热情与兴趣。在小组合作搜集资料、制作的过程中接触其他国家的文化、艺术，开阔视野，帮助幼儿建立热爱和保护地球资源、环境的基本意识。

- **六、七月份：我的小书包（毕业式）**

再过一个月，孩子们就要毕业了，我们希望通过本主题活动帮助幼儿以正确的心态对待入学后即将面临的变化，为适应小学生活做好心理准备，喜欢并向往成为小学生，感受成长带来的快乐，体会所有爱他的人所给予的期望和祝福。"体验成长的快乐，回顾幼儿园的生活""感受自己长大了，留下成长的纪念""为成长祝贺，为未来祝福"，我们围绕这三个系列主题活动，开展成长纪实影展，具体包括自制毕业画册、玩具赠送活动、留书仪式、学习毕业诗、合唱练习、学习集体舞、礼仪练习等活动。孩子们将通过一个庄重的、饱含爱与不舍的仪式结束幼儿园的生活。

【成长心语】

幼儿园与小学在教育目标、教育任务、教育内容、教育形式和教育方法等很多方面都有着明显的差异。因此，大班幼儿教师必须针对当前教育、教学上的种种现象，有针对性地对大班幼儿开展一系列适宜的活动，让幼儿在幼儿园和小学之间有良好的过渡。同时也让家长积极参与活动，了解活动的目的和意义，真正通过家园配合，帮助孩子度过人生中关键的过程。

（沈阳市皇姑区实验幼儿园 杨 斌）

童年的秘密——富有智慧的爱

❀【案例描述】

明明（化名）是一位4岁的小男孩。在他入园两个多月后的一日中午，当班的陈老师请我到班级去看一下明明的情况。我进班时，其他幼儿都已午睡，而明明在活动室里随意走动着，手里一会儿拿着玩具，一会儿拿着图书，不时地大声喊叫或大笑。这时陈老师告诉我，其实她早已发现孩子行为表现异常，但因对孩子的观察了解时间短，不能过早地给孩子的行为做出评价。经过这段时间的观察，她发现明明与人交谈时目光游离，衣着邋遢，交流语言单一，通常用"啊""呀"或是大笑与哭闹来表达自己的情绪。当老师组织集体活动时，明明有时对小朋友有攻击行为。更让老师头疼的是，明明在午睡时会对安静的环境极具抗拒，经常以哭闹、惊叫的方式逃出寝室。

明明的行为举止让老师既心疼又无措，同时这种情况对其他幼儿也造成了一定的影响，老师担忧自己无效的教育策略会贻误孩子。

❀【思考与行动】

一、分析与思考

身为园长，我们都会有这样的愿望：来到园里的宝贝们都是健康的、快乐的，创造适合孩子们健康、科学成长的环境。但是，从上面事件中能看出当孩子出现特殊状况时，很多家长、教师会不知所措，也找不到适合这类孩子的教育策略。

在陈老师的眼中，明明的情况已经非常严重，达到了我们必须"拯救"的地步，而在我看来，明明更需要的是爱与欣赏。在玛利亚·蒙台梭利创作的《童年的秘密》一书中也指出成人应该处于观察者的地位，不要压抑孩子的发展，要学会富有智慧地爱孩子。园长要培养教师的不仅仅是对幼儿表达"爱"，更重要的是让教师走进幼儿，了解幼儿的成长历程，理解与欣赏幼儿的特有表达方式，成为一名真正拥有"富有智慧的爱"的专业人士。

（一）掌握幼儿的身心发展特点，是给予"有智慧的爱"的前提

作为幼儿教育工作者，专业知识的储备水平往往决定了教育质量和发展高度，只有对幼儿的身心发展特点做充分了解，才能在面对特殊情况时从容应对，作为园长，帮助教师专业成长是必然要求。通过分析，我认为陈老师对于明明的焦虑主要集中在他"不能顺畅地表达"和"伴有轻微的攻击性行为"。我建议陈老师读三本书：澳大利亚著名家庭问题专家史蒂夫·比达尔夫的《养育男孩》、蒙台梭利的《童年的秘密》、沈阳师范大学但菲教授的《儿童发展》。通过阅读，这三本书中关于"儿童"乃至"男孩"身心发展的特点给她带来了启示：男孩的语言发展要比同龄女孩慢，轻微攻击性行为是为了宣泄孩子内心深处的不安定感。

（二）了解幼儿的成长环境与教育，是给予"有智慧的爱"的保障

环境对于儿童的发展起着关键作用，不当的成长环境给幼儿带来的负面影响

往往是令人扼腕的。了解明明的成长环境成了我的当务之急。我主动与家长沟通交流,得知明明的父母把他完全托付给农村的老人照顾,有段时间老人曾把明明关进农村野外的小木屋里进行看管,从此,他便很少说话。明明小时候便缺少依恋感和安全感,他的语言发展环境本就不好,而被关进小木屋的经历更让他脆弱的心灵不堪重负。结合明明的行为特点,我参考了《早期教育指导师》等专业书籍,发现明明与轻微的自闭症患儿症状很相像,为下一步开展针对明明的帮助行动确定基本方向。

(三)提供适当引导与教养策略,是给予"有智慧的爱"的关键

基于对特殊儿童进行必要的情况了解和分析,通过一定的引导和家园教养策略对其进行干预,使其尽快走上成长正轨,是幼教工作者的职责所在。在此过程中,对特殊儿童的判断可以动态完善,得出真正适合幼儿的发展、矫正路径,使其真正被外部环境欣赏与接纳。

二、行动与策略

基于以上思考,并以《指南》中提出的"营造温暖、轻松的心理环境,让幼儿形成安全感和信赖感""以欣赏的态度对待幼儿""允许幼儿表达自己的情绪,并给予适当的引导"为指导,结合幼儿身心发展特点,我们采取如下措施帮助明明:

(一)园长重点"关照",带动教师理解幼儿行为语言

明明的情况让班级的陈老师有些疲于应付,我主动请缨,希望可以重点照顾这位不一般的小男孩。

场景一:在进餐时,我发现陈老师费力地劝阻明明不要乱扔物品而影响其他幼儿进餐,保育老师就一直跟着孩子收拾"残局"。看到这样的场面,我将明明抱到我的办公室,抚摸着他的后背,手一放开,明明就往门外跑,接着我抱起他并贴着他的脸说:"宝宝,我喜欢你,你别怕!我这里有好吃的,有小玩偶。你看一看,喜欢什么你就告诉我,好吗?"明明歪着小脑袋开始观察周围的环境,他渐渐地安静下来,不一会儿就离开了我的怀抱自己玩起来。他把吃的、玩的、用的都搬到了沙发上,一开心就会哈哈大笑,并举起让他开心的东西示意给我看,从他的眼神中可以感受到他愿意和我在一起交流。此后,他会时常"溜进"办公室来找我。

班级教师对明明和我产生情感依托的过程很感兴趣。我告诉班级教师明明扔物品想表达的意思是:"嘿,你看我有比你们现在看着别人吃饭更有趣的事情。"教师要变换角色思考孩子的行为特点,真正走进孩子的世界,分析孩子最想表达的语言是什么,理解孩子所表达的"爱"。

场景二:户外活动时,我正在观察孩子们游戏,明明跑到我身边,拉起我的手,像小猴子一样攀爬到我怀里,接着抠了抠鼻子,再把手放在我手背上蹭了蹭,然后用小脸贴了贴我的脸……

我和班级教师聊起这个"亲昵"的动作来："不要介意明明把自己身上的一部分'分享'给你们。他的这种试探，在得到别人友善的认可后，才会更进一步卸下防备，表达自己的情感。"因为我完全接纳了明明，并理解了他的需求，读懂了他的行为，能与他进行适当的沟通，使他有一种安全感，并能逐步按照我的引导语言进行活动。

（二）引导教师运用"学习故事"进一步观察与分析幼儿

首先，我们成立个案小组。然后，通过讨论研究，我们决定尝试用"学习故事"的评价方式来记录明明的成长过程。通过对其"哇时刻"的捕捉，教师对明明的关注增多了，师幼之间的情感增进了，也让教师感受到明明是可以表达自己的情感的。如：张老师记录了一篇《来自星星的你》，是关于明明突然一日会说"谢谢"的事情；陈老师记录了一篇《寝室里的秘密》，是关于明明接受小朋友对他关心的事情。我们把故事读给明明听，虽然他不言语，但是会感受到老师爱的目光，在活动时，他渐渐地会保持安静或是要求坐在自己喜欢的地方听课。

（三）引导家长正确面对幼儿状况，取得家长的信任与配合

解铃还须系铃人。明明的自闭倾向很大程度上是在家庭教育中产生的，但明明的家长坚持认为孩子没有任何问题，拒绝与教师沟通。可是我没有放弃，进行多次约谈，甚至登门拜访表达诚意，终于有所突破。在与明明爸爸的交流中得知：明明和他在一起时，他不知道要和明明说什么话，要是明明不主动与他说话，他就一直看手机不理明明。我给的建议是：家长在和孩子交流时，即使明明不回应对话，家长也要继续说下去，因为明明是听得懂的。家长也不要着急，因为之前明明受到冷漠的管制，缺失了语言交流的能力，所以我们和明明沟通时，先从眼神的交流开始，逐渐才能达到与明明进行单字或词语的交流。同时，我也向家长推荐阅读《养育男孩》这本书。此后明明家长遇到教育困惑都会询问我和班级教师，家园互动越来越多，最后我们达成共识：让明明接受更专业的医学治疗。

（四）联合保健医共同寻求专业治疗辅助

自闭症倾向的治疗是幼教的难题。我首先请保健医与班级教师共同观察明明的行为特点，并进行经验分析与交流，同时邀请家长共同参与到案例交流中，最终推荐家长到大连市妇产医院儿童专家倪波主任处接受沙盘游戏治疗。孩子在接受游戏治疗后，明显能控制自己的情绪，他更加爱笑了，对认识的教师会主动伸手以示喜欢。

❀【成长心语】

在陪伴明明成长的这段时间，我常常会为他的点滴进步而眼圈湿润。生命是多么美好，每一个孩子都值得珍视，蕴藏着无限的能量。同时，

我也感受到,作为一名园长,应该用专业和敬业的态度和精神面对自己的教育对象,正如《园长标准》专业理解与认识中的第一条提到的"充分认识学前教育对幼儿身心健康、习惯养成、智力发展具有重要的意义",才能对得起时代赋予我们的使命。

教育家詹姆士说过:"没有一个人能看到一个物体的全貌,我们只能看到物体的某一部分。"通过对明明的教育,我还感受到要学会站在孩子的角度看待"问题",理解孩子的行为举动下蕴含的独有的心灵语言。正如《童年的秘密》所言:"不是孩子走进我们的心里,而是我们要发现孩子内心的秘密,走进孩子的心里。"让我们用科学的爱、富有智慧的爱与孩子共成长!

(大连市甘井子区教育局幼儿园 王秋霞)

我喜欢书——阅读之旅

【案例描述】

一、经常听到家庭之间的对话:

"读书是为了什么?""那还用说,读书当然是为了获得好成绩!"

"获得好成绩又为了什么?""为了进好学校呀!"

"进好学校以后呢?""毕业以后就可以找到一份好工作呀!"

"找到好工作,又能怎么样呢?""当然要拥有安定的生活和良好的社会地位了。"

"拥有安定生活和社会地位后呢?"……

多数家长对于读书有很强的功利心,而忽视了阅读兴趣的培养。

二、关于家庭阅读的问卷调查

我们在全园家庭中开展了"家庭阅读问询"活动,在了解亲子阅读情况的同时,引导家长思考如何培养孩子的阅读兴趣。

与孩子选书情况中:52%的家长尊重孩子的意愿和喜好;38%的家长与孩子商量;10%的家长按照自己的标准和喜好选书。

给孩子讲述情况中:72%的家长按原文有情感地朗读;14%的家长一边读一边讲解;8%的家长一边读一边向孩子提问;3%的家长按原文点读;3%的家长用自己的话讲。

适合孩子读的书的情况中:86%的家长认为开发智力、丰富知识重要;86%的家长认为具有想象力、有趣、有美感重要;82%的家长认为起到情感教育功能重要;78%的家长认为符合孩子心理需要及生活习惯重要;56%的家长认为符合生活经验重要;40%的家长认为语言鲜活、结构严密重要;32%的家长认为帮助孩子识字重要;31%的家长认为立意独特重要;27%的家长认为语言简单重要。

🌸【思考与行动】

一、分析与思考

生活的意义到底是什么？幸福到底是什么？阅读能带给我们什么？这是我们做教育的人绕不开的哲学命题，只有对这些既"无用"又"无解"的问题进行思考，我们才能以哲学的眼光思考教育的意义。幼儿教育要培养幼儿未来幸福生活要有的基本习惯和态度，培植幼儿真善美的品行，阅读是带领孩子们进入精神世界的最好途径。一个人的精神发育史就是一个人的阅读史，思想高度很大程度上取决于阅读水平。因为书籍的陪伴，我们的精神不会孤单；因为自由而高质量的阅读，我们享受知识和智慧带来的欢愉。

二、行动与策略

（一）家庭阅读问询，了解亲子阅读状况

2017年"阅读周"家庭阅读问询

"读一切好的书，就是和许多高尚的人说话。"

——笛卡儿

期待通过每年的"阅读问询"帮助我们发现和了解有关阅读方面的内容。

1. 孩子喜欢读的两本书：＿＿＿＿＿＿＿＿＿＿
2. 爸爸喜欢读的两本书：＿＿＿＿＿＿＿＿＿＿
3. 妈妈喜欢读的两本书：＿＿＿＿＿＿＿＿＿＿
4. 宝宝喜欢看的两部影片：＿＿＿＿＿＿＿＿＿＿
5. 爸爸、妈妈喜欢看的两部影片：＿＿＿＿＿＿＿＿＿＿
6. 您会把书作为礼物送给孩子吗？

经常（　　）有时（　　）从没有（　　）

7. 您经常和孩子一起去书店吗？（　　）

您和孩子一起去过图书馆吗？（　　）

您常去的图书馆是（　　），您常去的书店是（　　）

8. 在与孩子一起选书时,您是: A.尊重孩子的意愿和喜好（　） B.按照您的标准和喜好选择（　） C.与孩子商量，最终达成一致（　）

9. 您给孩子读书时的方式：A.按原文有感情地朗读（　） B.按原文点读（　） C.一边读一边讲解（　） D.用自己的话讲（　）
E.一边读一边向孩子提问（　）

（二）以书为媒介，建立学习共同体

1. 新小班入园，家长心怀忐忑，如何增进幼儿园与家庭之间的信任，减少磨合，送书成为我们的传统。在每年的新小班家长会上，我们会送给家长三本书——《点》《有一天》《孩子：挑战》。

《点》告诉老师和家长人人都有创造性，人人都可以爆发出自己的宇宙，从一个小小的点就可以开始。这本书并不只是为了鼓励孩子们，也是为了鼓励家长和老师，能有故事中那位老师那样的胸怀和睿智，能做一个点燃孩子小宇宙的人！这本绘本传递幼儿的教育理念，帮助家长了解我们是一所什么样的幼儿园。

《有一天》，感动亿万人的绘本，送给天下所有的孩子和父母，表达亲情。孩子从家庭来到幼儿园，家长所有的担心、不安都是一种焦虑的表现。通过绘本告诉家长，我们会像爱自己孩子一样爱所有的孩子，我们和父母的心是一样的。

《孩子：挑战》提出34条养育孩子的原则，很实用地教给家长一些面对孩子问题的方法。幼儿园的所有老师也读这本书，在和家长交流孩子的问题时，可以针对某些原则达成一致。之后，所有家庭进行阅读和实践分享，帮助家庭与家庭之间建立学习共同体。

2. 节日庆祝，绘本是送给孩子们最好的礼物。如："六一"送给孩子们《好饿的毛毛虫》，新年送给孩子们《我爸爸》《我妈妈》《安的种子》《尼古拉的三个问题》，毕业式送给孩子们《勇气》，这些曾经陪伴孩子的绘本或许可以成为他们长大后温柔心灵的滋养。

（三）以"我喜欢书"为主题，开展阅读周课程

以4月23日世界读书日为契机，幼儿园连续十五年开展阅读周活动。旨在关注孩子阅读兴趣，倡导家庭阅读。

（四）建立家长阅读漂流书角，幼儿园变成大书房

写给家长朋友的一封信

让我们一起分享"漂流书"

我们渐渐发现
你我都一样，
爱读书，
喜欢书。
我们都喜欢
把阅读作为生活方式，
或者用读书消磨时间。
我们
在书店看书，

在咖啡馆看书，
在地铁上看书，
……
我们很好奇，
你、我、他都在读什么书？
于是，
我们非常想邀约你来
我们的幼儿园，
分享你我的好书，好吗？

在4月17日那天，我们会发现在幼儿园的每层楼里有了新的漂流书架，我们还会发现那上面有了我们喜欢的、适合成人阅读的好书。是谁的书也许并不重要，我们更欣喜于看到了一本好书！如果你也喜欢看书，也希望你的好书被更多的人看到，那么请你来跟我们一起玩"漂流书"吧！

从4月17日那天开始，让我们每天都去漂流书架看看，有什么好书在那里可以读，你我又带去了哪本好书放在那里与更多的人分享，好吗？

【成长心语】

我们一直强调，一个人的精神发育史实质上就是一个人的阅读史，而一个民族的精神境界，在很大程度上取决于全民族的阅读水平。作为园长，倡导教师读书，鼓励家庭亲子阅读，自己首先要成为热爱读书的人。读书不仅是寻求教育思想的营养、教育智慧的源头，也是情感和意志的冲击与交流，读书可以让我们更加善于思考，更加远离浮躁，让我们成为学前教育领域的专家。

(沈阳市皇姑区实验幼儿园　黄光翔)

让我们一起爱上阅读

【案例描述】

《幼儿园教师专业标准（试行）》指出，幼儿教师需要具有终身学习的能力：要不断学习先进的教育理论，提高文化素养；具有终身学习与持续发展的意识和能力，做终身学习的典范。幼儿园教师读书学习的重要性不言而喻，但我们身边也有这样一些现象。

现象一：一学期一次的教师教育随笔评比（即儿童观察记录）又开始了，翻阅着老师们的记录本，映入眼帘的是一个个孩子持续一个月在幼儿园生活学习的各种状态。老师们记录的文字，有的生动活泼，语言丰富，把孩子们的表现叙述得全面、专业，让熟悉她班孩子的读者一下子就能够知道描述的是谁；而有些老师们的记录则层次不清，言而无物，评价语言不够专业而且很泛泛，几乎对每个孩子的评语都是那几句话：很棒，有进步，很开心……书面语运用得也很不规范，整个随笔看起来更像是流水账……

现象二：教师办公室一隅，幼儿园为教师们订阅的《幼儿教育》《幼教博览》等专业书籍，在书架上摆放得整整齐齐，册册洁净如新，几乎无人问津。而工作之余的教师们，有的在三三两两闲聊，有的在打电话，有的在忙着未完的案头工作，还有的在手机上翻阅、浏览着……

【思考与行动】

苏霍姆林斯基号召我们"读书，读书，再读书"！作为一名教师，读书对其人生发展和生命成长的意义不言而喻。而幼儿教师面对的是没有课业和成绩压力的学龄前儿童，这种职业的特殊性导致幼儿教师的入职门槛相对较低，对文化功底的考核远低于对才艺技能的考核，对于书本、理论学习的思考能力和书写能力明显弱于各项才艺的基本功。参加工作后，幼儿教师需要应对幼儿的吃喝拉撒睡，每天保育教育工作并重，压力比较大，读书学习的热情和时间日益匮乏。如何让老师们爱上阅读，共同为幼儿营造良好的阅读氛围和环境，进一步加快我园书香校园的建设步伐呢？

一、制定调查问卷，了解教师队伍读书现状及阅读需求等

（一）教师阅读情况调查问卷（见附件）

（二）教师读书状况分析

根据调查问卷的反馈分析，我园五十余名教师读书情况如下：93%的教师认为读书是一种必不可少的乐趣；65.4%的教师认为读书是为了开阔视野，增长知识；每月读书不到一本的教师占比最高，达到48.1%，每月读书1~3本的教师为44.2%，每月读书3~5本的教师占比为3.8%；平均每个月花在购书上的费用30元以下的教师占比为53.8%，基本没有花费的教师占比为19.2%。

教师们对读书评价情况如下：非常喜欢读书的教师占比为50%，一般、偶尔

看书的教师占比为44.2%，根本不看书的教师占比为3.8%；认为读书对自己有很大帮助的教师占比为88.7%，认为读书对自己帮助不大的教师占比为7.7%；关于读书的目的，46.1%的教师为了学习，44.2%的教师则为了兴趣；对自己阅读的情况总体上不满意的教师占比为38.4%，比较满意的教师占比为34.6%，比较不满意的教师占比为21.2%；对自己读书不多的主要原因，高达76.9%的教师认为是没时间看书，15.4%的教师认为缺少读书氛围，还有11.5%的教师认为没有钱买书。

教师们对阅读的需求情况如下：教师最喜欢的书籍中，文学、生活类占46.2%，影视、娱乐类占30.8%，专业类占28.8%，历史传记类占25%，新闻类占21.2%，图片、管理类占11.5%；而在教师喜欢的专业类书籍中，教育实践类占34%，教学指导类占25%，教育人文类占15%，教育理论类占10%；对是否容易得到自己想看的书，40.4%的教师认为比较容易，36.5%的教师认为一般，认为非常容易和非常不容易的教师占比均为9.6%；对于不容易得到自己想要的书的原因，42.7%的教师认为是书价过高，40.4%的教师认为是相关信息太少、太慢，还有17.3%的人认为是市面上没有；对于在读书方面遇到的主要困难，65.4%的教师认为是没时间看书，55.8%的教师认为工作、学习、生活压力大，19.2%的教师认为是书价过高，13.5%的教师则认为是缺少读书氛围。

教师们选出的最想读的四本书是：《幸福的方法》《儿童的一百种语言》《艺术地生活》《把最宝贵的东西给予儿童》。

通过对教师读书状况的分析，可以看出大家对读书的热切愿望及自我难以克服的困难，归纳总结教师们对读书的看法，主要有以下几点：

1. 个人提高论——读书成为我们生活中不可或缺的一部分，可以开阔视野，增长见识，提高修养，丰富人生。

2. 孩子榜样论——经常读书可以给孩子树立一个很好的榜样，创造良好读书氛围，培养孩子爱读书的好习惯。

3. 拒绝读书论——毕业之后，终于可以不用再看书、学习、考试了！工作中更多靠的是经验和人脉。

4. 挤时间论——时间就像海绵里的水，只要你肯挤，总会有时间看书。

纵观"四论"，关于阅读，很多人属于"思想上的巨人，行动上的矮子"，思想上是"个人提高论"和"孩子榜样论"，但行动上是"拒绝读书论"或"挤时间论"。读书，确实是一件非常有意义的事。但在工作、生活节奏加快和压力日益加大的今天，每个人都可以找出各种各样的借口不读书，而不读书的结果很可怕，会减缓整个社会文明的发展史，会拉低整个国民的文明素养。作为"人类灵魂工程师"的教师，我们应该学会有计划地生活，每天抽出一定时间多读书，

读好书。

二、出台读书学习活动计划，保障读书学习活动有序高效进行

幼儿园的教育至少要影响孩子15年甚至一生，阅读习惯是幼儿期需要着力培养的众多习惯之一，很难想象，不读书或不爱读书的教师能否承担起这份重任。为进一步推动学习型组织建设，树立"终身学习"的理念，不断提升教师的思想素质、专业素质和工作层次，结合前期的《教师阅读情况调查问卷》的结果，幼儿园本着四项原则，制定出切实可行的读书学习方案。

（一）读书学习活动原则

1. 理论联系实际原则。在读书学习活动中，教师所读书籍应该密切联系教育教学工作和实际生活，有效提升教学质量，提高生活品质。

2. 循序渐进原则。根据教师读书现状，此次活动选择的书籍应当遵循由易到难的原则，逐步深入到理论层面。

3. 统一与分散相结合原则。第一，学习的形式要统一与分散相结合；第二，学习的内容也要统一与分散相结合。充分相信教师的学习意愿，尊重教师的自觉选择，发挥教师的自主精神。

4. 过程与结果相统一原则。注意过程指导与监控，注意对方案执行情况的定期反馈、督导，最终与活动结果相吻合。

（二）读书学习活动方案

教师读书学习活动日程表

活动时间	9~10月	11~12月	3~4月	5~6月
学习主题	热爱工作	转变教育观念	阅读改变人生的长度和宽度	提升教育能力
推荐书目	《幸福的方法》等	《儿童的一百种语言》等	《艺术地生活》等	《把最宝贵的东西给予儿童》等
学习形式	每人每两月读一本书，每月集中学习一次，各组交流读书心得。平时每周以不定期学习为主，每个班组可细分成上下午班小组，每个小组分章节轮定中心发言人，以口头讨论的头脑风暴形式学习，最终深入领悟每一本书的内涵，结合自身实际，形成书面读书心得。			
评价方式	每人两月读一本书后，写一篇读后感，上传到网上，评比出主题"阅读明星"，最终评选出学期"阅读明星"予以奖励。			

（续表）

活动时间	9~10月	11~12月	3~4月	5~6月
预期学习成果	减轻教师的职业倦怠，减少抱怨和牢骚，增强对工作的热爱，增强对幼儿园的忠诚度和对幼教事业的幸福感。	更新教育理念，了解幼儿生理、心理发展特点，带着欣赏、鼓励的眼光充满智慧地教育每一个幼儿，让幼儿感受到幼儿园的温暖、自由和快乐，使幼儿园成为他们一辈子到过的最美好的地方之一。	结合4月份的"读书节"，让阅读真正成为教师的一种生活习惯和生活方式，成为教师自觉自愿的理念和行为，借助阅读提高自身的素养和生活品质。	转变教育行为，使日常教育更能体现《纲要》《指南》精神，更关注幼儿的习惯养成和自主学习，逐步提升教育能力，向研究型、专家型的教师方向努力。

三、营造书香氛围，全园开展阅读系列活动

（一）创办"读书节"

幼儿园以世界读书日为载体，自2008年以来，将每年的4月23日定为"读书节"，开展"书香润校园，经典润童心"等系列读书节活动，培养幼儿阅读的兴趣和良好的阅读习惯。

（二）创建"教工书屋"

以全体教师开展读书学习活动为契机，幼儿园在教工休闲区开设了"教工书屋"，增添教育、人文、心理、名人传记等各个品类的书籍数百册，为激励教师们好读书、读好书创造有利空间和条件。同时简化借阅手续，免费借阅，鼓励全体教工做一个爱读书的育才人，进一步营造书香氛围，深化幼儿园文化内涵建设。

（三）创立"育才家园读书会"

沐浴书香，携手成长。幼儿园以"园部家长委员会"为桥梁，成立"育才家园读书会"，会员为各个班级的园部家长委员会成员，并由他们带动全园家长一起阅读。幼儿园通过在"读书会"中组织"好书共读""好书推荐""好书漂流"等活动，引领家长融入幼儿园浓浓书香氛围中，家园携手，为孩子们打造书香校园、书香家庭的阅读环境，耳濡目染中，让我们一起爱上阅读。

（四）举办形式各异的"读书交流会"

每学期幼儿园都会举办一次全体教师的"读书交流会"，有集体分享、现场作文的"好书共读"，也有人人分享、个性化交流的"好书推荐"……每一次的"读书交流会"都备受期待。精彩的交流中，教师们汲取着好书的给养，激发着

读书的热情和积极向上的正能量。自2008年我园开展读书活动以来，坚持至今，我们已经共读了《幸福的方法》《艺术地生活》《儿童的一百种语言》等二十余本经典好书。本学期，我们共读的是阿尔弗雷德·阿德勒的著作《儿童的人格教育》。

❀【成长心语】

> 腹有诗书气自华，最是书香能致远。学习是生命的本质，对于真正的、有责任心的幼儿教育工作者来说，教育实质上是"一个充满热情的职业，一个可以挑战我们的内心和头脑的职业"。我们唯有通过切实的读书和学习、努力和领悟，才可能使孩子的生活发生真正的变化。
>
> 国际阅读协会基于多年的研究指出："阅读能力的高低直接影响一个国家和民族的未来。"我们的社会越来越重视阅读的作用，开始倡导营造书香社会。我园结合自身工作实际，制定了一系列读书学习活动，通过认真开展读书学习活动，进一步推动学习型组织建设，树立"终身学习"的理念，不断提升教师的思想素质、专业素质和工作层次，提高教育质量和效能，更好地为幼儿园的优质发展服务。
>
> 大多数喜欢读书的人都有热爱读书的父母和老师，让我们为孩子挤出时间，和孩子一起学习阅读。让我们一起爱上阅读！
>
> （东北育才幼儿园 王春芳）

附件：

教师阅读情况调查问卷

各位老师：

大家好！

在信息渠道日益多元化的今天，你是否还会静心品读一本佳作？为了对老师们的读书现状作以了解，也为了听取和收集老师们的良好建议，幼儿园特制以下问卷调查表，望老师们认真、细致、逐项地填好本调查表。谢谢合作！

个人情况

1. 你的年龄段是

A.20~25岁　B.26~30岁　C.31~35岁　D.36~40岁　E.40岁以上

2. 你的原始学历是

A.高中或中专　　B.大专　　C.本科

3. 你最后的进修学历是

A.大专　 B.本科　 C.本科以上　 D.未进修

阅读情况

1. 你认为读书是一种乐趣吗？

   A. 是一种必不可少的乐趣　　　　　B. 工作需要，不得不看

   C. 没什么意思，现在获取信息的方式很多　　D. 为了跟上潮流，需要看点书

2. 你阅读的主要原因是

   A. 工作需要　　B. 主动学习新知识、新技能　　C. 提高修养

   D. 开阔视野，增长见识　　E. 完成幼儿园的任务　　F. 休闲

3. 你在一天内大概花多长时间读书？

   A. 不读书　B.1 小时以内　C.1~2 小时　D.2~3 小时　E.3 小时以上

4. 周末你常逛书店或者图书馆吗？

   A. 经常去　　B. 偶尔去一次　　C. 从没去过

5. 你周末读书的时间占全部读书时间的比例为

   A.0　　B.1%~15%　　C.15%~40%　　D.40%~60%　　E.60% 以上

6. 你订阅报纸杂志了吗？

   A.3~5 份　　B.1~2 份　　C. 没有订

7. 你每月平均读多少本书？

   A. 不到 1 本　　B.1~3 本　　C.3~5 本　　D.5 本以上

8. 你认为自己多长时间能读完一本书？

   A. 一个月以内　B.1~2 个月　C.2~3 个月　D.3~4 个月　E. 半年以上

9. 你阅读图书的主要途径是

   A. 购买　B. 找亲戚朋友借阅　C. 在幼儿园借阅　D. 到图书馆借阅　E. 网上浏览　F. 在书店或报亭看

10. 你主要通过什么媒体进行阅读？

    A. 图书　　B. 杂志　　C. 报纸　　D. 网络

11. 你一般通过什么方式购买图书？

    A. 书店购买　　B. 网上订购　　C. 邮购　　D. 地摊购买

12. 你每个月在书籍上的花费是多少？

    A. 基本没有　B.30 元以下　C.30~100 元　D.100~150 元　E.150 元以上

13. 你每月购买书籍的花费在你的月收入中所占的比例是

    A. 基本没有　　B.1% 以下　　C.1%~5%　　D.5%~8%　　E.8% 以上

14. 你一般在什么地方看书？

    A. 家　　B. 办公室　　C. 图书馆　　D. 休闲场所　　E. 其他地方

15. 你读书过程中是否有计划？

    A. 都有计划　　B. 多数有计划　　C. 很少有计划　　D. 没有计划

阅读评价

1. 你喜欢读书吗?
   A. 非常喜欢   B. 一般，只是偶尔看看   C. 根本不读书

2. 对你读书影响最大的人是
   A. 父母/家人   B. 老师   C. 朋友   D. 领导

3. 你认为读书对你有帮助吗?
   A. 很有帮助   B. 帮助不大   C. 一点儿帮助也没有

4. 你读书的目的是
   A. 学习   B. 研究   C. 兴趣   D. 娱乐   E. 其他

5. 你认为自己读书的数量
   A. 很多   B. 比较多   C. 一般   D. 比较少   E. 很少

6. 如果你认为自己读书不多的话，主要原因是
   A. 没有钱买书   B. 没有时间看书   C. 找不到感兴趣的书   D. 不爱看书   E. 缺少读书氛围

7. 你对自己阅读的情况总体上是否满意?
   A. 非常满意   B. 比较满意   C. 不满意   D. 比较不满意   E. 很不满意

阅读需求

1. 你最喜欢的书籍是哪方面的?
   A. 生活类   B. 新闻类   C. 影视娱乐类   D. 文学类   E. 历史传记类
   F. 图片类   G. 专业类   H. 经济类   I. 管理类

2. 你是否容易得到自己想看的书?
   A. 非常容易   B. 比较容易   C. 一般   D. 不容易   E. 很不容易

3. 如果不容易得到你想要的书，是因为
   A. 市面上没有   B. 书价过高   C. 相关的信息太少、太慢

4. 你在读书方面遇到的主要困难是
   A. 书价过高   B. 工作、学习、生活压力大   C. 文化程度低   D. 缺少读书氛围
   E. 不爱看书   F. 不会选择书   G. 找不到感兴趣的书   H. 没有时间看书

阅读建议

1. 你最欣赏的有关阅读的名言：＿＿＿＿＿＿＿＿＿＿＿＿＿＿＿＿
2. 根据四个不同主题及书目，各选出一本你最想读的书。

学习主题	推荐书目	你最想读的书 （每四选一，画"√"）
热爱工作	1.《你在为谁工作》	
	2.《带着快乐去上班》	

（续表）

学习主题	推荐书目	你最想读的书（每四选一，画"√"）
热爱工作	3.《幸福的方法》	
	4.《假如给我三天光明》	
转变教育观念	1.《理解孩子的成长》	
	2.《重构多元智能》	
	3.《儿童的一百种语言》	
	4.《蚯蚓，影子和漩涡——幼儿班里的科学活动》	
阅读改变人生的长度和宽度	1.《少有人走的路》	
	2.《六顶思考帽》	
	3.《艺术地生活》	
	4.《女性的智慧》	
提升教育能力	1.《回到基本元素去》	
	2.《把最宝贵的东西给予儿童》	
	3.《建构儿童的科学》	
	4.《幼儿园教育活动设计与指导》	

3. 你对读书有什么看法，请畅所欲言。

让教育在仪式里发生意义

【案例描述】

案例一： 曾经一位在幼儿园已经毕业三年的孩子和妈妈回到幼儿园，妈妈向我们谈起，现在孩子学业重，游戏和生活的时间少，评定一个孩子的标准都以学习成绩为主，忽略了孩子的情感教育，孩子对身边的事物很漠然，即使是在节日中，也只是想到吃和玩，很少有孩子想到节日庆祝不只是吃和玩，还有很多有意义的事情可以做。这位妈妈曾经在日本生活和工作过，她说，日本的幼儿园会隆重地庆祝所有的节日，而且孩子们参与准备过程，这是孩子们很重要的学习契机。

案例二： 2016年1月份一个还很寒冷的日子，我在下班的路上遇到一位从

第二编　营造育人文化

幼儿园毕业多年，在辽宁省实验高中就读高一的女孩，她手里拿着一个裹着报纸的东西。她告诉我，今天期末考试，所以很早放学，她给自己买了一束花。我问她，是考得好要庆祝吗？她说，不是，是心情。我在想，是怎样的内心能让一个处于紧张学习中的高中生会用一束花来表达自己的心情。

✿【思考与行动】

一、分析与思考

根据以上两个案例，我们可以了解到，现在的人们对生活的体悟更加深刻，大家不只是看到了眼前的苟且，还有诗和远方。幼儿期，心智的要素，包括感觉、认知、语言、想象，如同刚破土的嫩苗，开始蓬勃生长，孩子们长大后可能记不住我们说的话或做的事，但一定会记得我们带给他们的感受。基于这样的思考，我们把幼儿园的仪式教育带到幼儿的课程中。

仪式究竟是什么？我们也在一次次的思考中清楚地领悟到：仪式是一种神圣庄严的氛围，一场内涵丰富的活动，一次意义深远的庆典，一个与众不同的日子，一段刻骨铭心的记忆……

模仿成人是幼儿最直接的学习方式，他们对于知识、品质的获得往往源于直观感受。有时候，在特殊时刻利用仪式给幼儿营造一种氛围，让他们直接感受到成人的认真，这时，他们也会被感染，对此加以重视，而这未必不是一种良好的教育契机。仪式教育有着其他教学活动不能代替的作用，且应该从小给予孩子。为此，在实验幼儿园，老师常会抓住开学礼、毕业礼、升国旗等仪式，将热爱、责任感、爱国、自信等品质融入其中，让幼儿在庄严的氛围中种下这些种子。

幼儿成长，需要关键事件，怎样才能让幼儿对生命中每一个重要的日子刻骨铭心？怎样才能使普通的事件成为幼儿不普通的经历？朱永新教授曾指出："仪式、节日和庆典……使有意义的事情或者伟大的事物能够拥有一种伟大的时刻，获得神圣、庄严与尊重。"这样的仪式，会启迪幼儿的心灵，让他们的生命与伟大事物交汇在一起，从而形成长久的动力。同时，仪式课程必须发挥每一个幼儿的积极主动性、创造性和个性，并让这种主体作用在仪式活动中体现它的价值。换句话说，既要让仪式保持隆重、热烈，又要让仪式涉及具体教育情境中的人、事、物，只有这样，才能触动孩子的灵魂，引起生命的共鸣。

二、行动与策略

毕业式是孩子们在幼儿园最后的课程，我们希望以这个仪式为幼儿的成长祝贺，为他们未来的发展祝福。幼儿园从 2001 年开始在辽宁大厦举办毕业式，至今已有 16 年，每年的毕业式对于参加者来说，都是一次心灵和情感的洗礼。以往的毕业式，在赠送毕业证书时只会请部分幼儿代表上台，其他小朋友只能坐在台下观看，伴随更多的是领导和老师程序式的讲话或是经过长期排练的节目，千篇一律。我们推翻原来毕业式的内容与流程，把每一个毕业生放到主体地位，请

每一个幼儿走到台上,和园长老师相互鞠躬,从园长老师手中接受毕业证书,再向全体来宾鞠躬。这个过程代表着孩子们的成长,同时也感谢所有人对他们的照顾与教导。

【成长心语】

"一朵具体的花胜过一万个真理。"仪式只有在运用和实践中才能真正"活"出来。社会在发展,仪式教育也要与时俱进,更需要创新形式,实践和提升仪式的精神和内涵,需要进一步因时、因地、因校制宜,做好长远规划。

仪式是一种文化和愿景,是幼儿园管理者的智慧和气度。如果一个孩子从小能在丰富的仪式里成长,将会具有怎样的精神风貌?如果一所幼儿园能在长期的实践中形成自己的仪式文化,将会拥有怎样的精神力量?让我们一起努力,擦亮仪式,点燃仪式,让孩子因为仪式而拥有一个美好的童年!

(沈阳市皇姑区实验幼儿园 黄光翱)

附件:毕业式流程、给家长的邀请函

毕业式流程:

给爱与童心一片飞翔的天空

灿烂时刻	·《拉德斯基进行曲》伴奏,毕业生入场 ·主持人宣布毕业式正式开始
庄重神圣	·唱国歌 ·园长致贺词 ·每位孩子从园长老师手中接过毕业证书
感受关爱	家长致辞
爱星满天	倾听孩子们童真的歌声,感受孩子们对幼年时光的眷恋与未来的希冀 1.《谢谢妈妈》 2.《祖国、祖国,我们爱你》 3.《童年是什么》 4.《永远记着你》 5. 大班教师致辞 6. 全体毕业生致《毕业歌》 7. 同唱《实验幼儿园欢乐颂》

亲情同舞	1.《手足情深》 2.《我真的很不错》 3. 亲子共舞《恰恰恰》
美好瞬间	小毕业生、教师、家长合影留念
亲切话别	全体毕业生、教师、家长相聚在"冷餐会"

给家长的邀请函：

邀请函

尊敬的各位家长：

深深感激您在孩子毕业系列课程中的参与和支持！

毕业式是孩子们在幼儿园最后的课程，我们希望以这个仪式为孩子的成长祝贺，为他们未来的发展祝福，这个课程是我们合作而成的。

在这样一个特定的时间与情感空间里，我们与孩子一起认真感受心灵的成长，一起谦虚虔敬地拥抱这段难以忘怀的时光，共同感受内心深处的快乐与幸福！

我们的孩子是一个受尊敬的个体，一个拥有自己个性以及自己未来的人。我们有责任跟孩子说

——"生活、成长是多么美好的事情"

——"拥有一个积极健康的心态，才能获得人生的乐趣"

——"你的付出才能帮助你发现自己"……

这些有意义的片刻其实是一长串看似平凡，却对孩子心智与情感的发展极为重要的相处时刻堆积而成的。

我们希望在这个仪式中：

孩子们能充分体验成长和感激的快乐——"长大是多么让人高兴的事"

——"会感激的人才有仁慈"……

家长们能充分体验自豪感——"我的孩子是百分之百"

教师们能充分体验爱与被爱的激动——"在爱的圈圈里跳舞"

三年的时间，一千多个日子，

我们对孩子生活上的呵护，精神上的引领，使他们成长，

但孩子也以天真、单纯、神圣的天性润泽了我们的生活。

这是孩子人生中的第一个毕业式，

我们希望以这个仪式为孩子的成长祝贺，

为他们未来的发展祝福。

我们期望孩子学会珍惜、感激、爱与被爱。

愿孩子们在幼儿园度过的快乐时光，

这个隆重、热烈又充满深情和期待的毕业式，

永远留在孩子们的心里。

创设适宜生活环境，助力快乐学习生活

❀【案例描述】

《指南》颁布以后，辽宁省申报首批落实指南试点园所，我园积极申报，经过甄选之后确定将幼儿一日生活活动作为幼儿园落实《指南》的重点环节。幼儿园成立落实《指南》工作小组，将实施方案进行解读，教师开始按部就班地进行落实。进行了一段时间后，突然发现家长的投诉逐渐增多：

投诉一：最近孩子不爱上幼儿园，说教师心情烦躁，孩子喝水、如厕、吃饭等时间段老师不断吼叫，孩子开始怕老师。

投诉二：老师最近不忙正事，天天从早到晚让孩子干活，老师反而闲下来了，每天总能听见老师高分贝的声音。

投诉三：园长，最近老师经常整顿孩子纪律，跟我们说是落实《指南》，和蔼的态度落实没了，孩子说老师变凶了，根本就不爱来幼儿园。

对于家长的投诉，幼儿园马上召集老师开会，查找问题和原因。老师们刚坐到会议室就开了锅："我的天啊，这段时间累死我了，不行了，再这么下去，我要崩溃了！"B教师马上接着说："看我这嗓子，生活环节的教育太累嗓子，还不到一周，我这嗓子就哑了。"小C马上接着说："不光累，还不出效果，家长都怨声载道的。""关键是生活活动中的学习没有什么抓手，既看不着也摸不着，只能靠嗓子干吼，告诉孩子什么该做、怎么做、怎么学，能出效果吗？最重要的是家长也看不到孩子的进步，很难得到家长的支持。"……大家在情绪上流露出完全要否定《指南》在生活活动中的落实这一选题。

❀【思考与行动】

一、分析与思考

《指南》中指出：珍视幼儿生活和游戏的独特价值，充分尊重和保护其好奇心和学习兴趣，创设丰富的教育环境，合理安排一日生活，最大限度地支持和满足幼儿通过直接感知、实际操作和亲身体验获取经验的需要。《指南》中的健康领域也明确指出：幼儿的生活习惯、生活能力与幼儿健康成长有密切关联，是幼儿阶段需要学习和发展的重要方面。良好的生活与卫生习惯是幼儿维护和促进自身健康的积极方式和重要途径。幼儿需要从学习生活开始，为今后的独立生活打下基础。

幼儿园生活活动，主要指幼儿入园、进餐、喝水、盥洗、如厕、睡眠、离园、生活实习场等活动，是幼儿一日活动的重要组成部分。为了有效地指导幼儿生活活动，使其逐步养成良好的生活、卫生和行为习惯，培养自理能力和掌握相应的生活技能，幼儿园应为幼儿创设适宜的生活环境，指导幼儿在日常生活活动中正

确地学习。

教育学家杜威说过:"要想改变一个人,必先改变他的环境,环境改变了,他就被改变了。"环境是重要的教育资源,既可以让幼儿在潜移默化中学习,又可以解放老师,还可以吸引家长参与,便于家长了解教育的内容。为了提高幼儿生活活动的兴趣,避免教师空洞的叫喊,避免孩子厌恶幼儿园,避免为家长平添烦恼,教师应该根据来园、进餐、盥洗、如厕、午睡、日常劳动等生活活动环节的需要巧妙地创设相应的生活活动环境,使生活活动环境形象、生活、直观,能暗示或提示幼儿生活。比如,在电器插座旁贴上幼儿自制的安全标志,在卫生间里贴上幼儿能够识别的文明如厕标志。又如,生活活动内容设立专门的"生活实习场",让幼儿通过操作真材实料逐步掌握生活活动技能和生活自理技能。

二、行动与策略

创设适宜的生活活动环境,让幼儿通过环境的渗透愿意参加活动,知道如何参加活动,感受活动的仪式感;通过环境的创设,让家长了解生活活动的内容以及孩子应该达成的目标。生活活动的环境创设主要运用图标法和创设实习场两种形式。

(一)图标法是生活活动环境创设的重要途径

所谓图标法就是将生活活动的某一具体目标、内容,设计成相应的图案、图标等,让幼儿明确做什么、怎么做。图标直观、形象、生动、有趣,符合幼儿的年龄特点和认识水平,容易引起幼儿注意,便于幼儿领会,利于幼儿记住,从而更好地落实生活活动目标。按照一日生活活动的流程对环境进行精心设计。

1. 幼儿园的早晨真热闹——入园环节的环境创设

入园环节包括晨间接待、晨间检查、晨间活动三个方面。晨间接待和检查是在门口一侧地面粘贴图示——教师礼仪台,教师礼仪台斜对角粘贴幼儿礼仪台的地贴,用图示法提示幼儿早上来园要与老师、小朋友问好,培养基本礼仪。

晨间活动时的生活活动也称为值日生活动,包括擦桌子、摆椅子、浇花、扫地、擦地、帮助小朋友整理衣物、接待小朋友来园、整理活动区等,小班、中班、大班各年龄段因年龄特点的不同劳动内容有所不同。

为了让幼儿积极参与生活活动,配备各种装备、工具尤为重要,如各种颜色的工作服、套袖、帽子等,亦称值日生服装,不同颜色代表不同的工作,如绿色衣服代表擦桌子的小朋友,红色衣服代表摆玩具的小朋友,蓝色衣服浇花……

工具是能够完成劳动的重要保证,学会使用各种劳动工具也是生活活动的重要内容,更是吸引幼儿喜欢参加活动的有力保证。

晨间活动的工具配备见下表:

幼儿园生活活动晨间活动工具配备一览表

工作名称	材料配备	备注
浇花	喷壶、瓶盖扎眼的矿泉水瓶（小班）、清洁布（擦花叶的灰）	
表面清洁	水盆、手套、清洁布（三种）、刷子（刷地垫）、百洁布	
盥洗室清洁	洗洁精、清洁布、水盆、刷锅球、百洁布、手套	
地面清洁	笤帚、拖布、撮子	
每项都配备	围裙、套袖、帽子	

教师将幼儿园晨间生活活动的工具和装备配置得丰富而有趣味，使得这一环节的活动将会像磁铁一样深深吸引孩子们兴奋地、早早地来到幼儿园，幸福、自豪、热情地参加晨间的生活活动。

2. 自己动手，丰衣足食——进餐环节的环境创设

幼儿园餐点设置分为早餐、午餐、晚餐和间点，进餐环节包括分餐、取餐、进餐、清理四个步骤。为了培养幼儿的自理能力、良好的卫生习惯和规则意识，教师要为幼儿创设与未来社会接轨的小社会，让幼儿在进餐环节学习规则、养成礼仪和文明的习惯，真正做到"幼儿园里小社会，练好本领走进大社会"。

3. 排队是一种美德——饮水环节的环境创设

饮水环节分为集中引水和随机饮水，无论是集中饮水还是随机饮水，提供的环境要一致。

（1）杯架定位置：在杯架左侧做标记，可以是圆贴纸，也可以是小红点等，幼儿摆放水杯时要做到杯柄与标记亲亲嘴，便于幼儿取水杯。

（2）设置等待线：为了防止幼儿拥挤，在离饮水机一米远处粘贴黄色等待线，幼儿排队等候时要站在等待线以外的位置。在水龙头附近粘贴脚印，提示幼儿此处为最佳接水位置。

（3）设置饮水区域：在离饮水机合适的位置设立饮水区，饮水区可以设置成一条线、一排小脚印或者一个方形。幼儿接完水后到此区域饮水，以免影响其他幼儿接水，也防止幼儿相互碰撞而洒水，同时让幼儿知道排队是一种美德。

4. 做个讲卫生的好孩子——盥洗环节的环境创设

盥洗环节包括洗手、漱口等内容。盥洗环节为幼儿提供图示标识，可以是单个图示，也可以是流程图示。如：单个图示——提醒幼儿洗手要排队；流程图示——

提醒幼儿正确的洗手方法。在盥洗室的水龙头上方，为幼儿准备洗手流程图，起到了环境暗示教育的作用，让幼儿了解正确的洗手方法。幼儿洗手时，洗手液、香皂、肥皂等要放置在合适的位置。

5. 自己的事情做得好——如厕环节的环境创设

如厕环节的环境创设以图示法为主，有单个图示，也有流程图示。在男、女坐便器上，分别贴有男孩、女孩的图片，提醒幼儿根据性别选择适合的坐便器。在小便池、蹲便池或坐便器合适的位置粘贴小脚印，让幼儿知道小脚踩在这个区域是如厕的最佳位置。同时，在厕所外面设立等待线，当人多时要学会在线外等待，而非走进来等待。在男孩小便池正中间粘贴"小靶心"或"小火苗"，提示幼儿不要将尿液洒在外面。在水箱的冲水处粘贴按钮的图示，提醒幼儿不要忘记用水冲干净。设立卫生纸取放区，粘贴卫生纸使用长度标识，教育幼儿节约用纸，不浪费。在厕所明显位置粘贴如厕流程图，提示幼儿正确的如厕流程。如，如厕：站好位置——脱好裤子——蹲下如厕——擦小屁屁（从前往后）——提上裤子（先里后外）——冲水——洗手。

6. 幸福的幼儿园午睡——睡眠环节的环境创设

睡眠是一日生活活动中重要的环节，也是培养幼儿自理能力和良好作息习惯的重要环节。

首先营造温馨的睡眠环境，寝室的墙壁可以手绘，也可以贴图片。如：小伙伴睡在温暖的小床上，正在做美梦；月亮姐姐、星星弟弟酣然入睡；小猫眼睛闭上了……无声地告诉幼儿该午睡了，从而保证幼儿的睡眠时间。小床边用即时贴贴上脚印，幼儿就知道鞋子应该怎样摆放。在墙壁贴叠被子、叠衣服和穿衣服的示意图，让幼儿看了就知道如何来叠衣服、穿衣和叠被，不但能提醒幼儿，而且还形成了温馨的睡眠环境，使幼儿逐步养成良好的就寝习惯。

其次，将床位贴上标识，幼儿按照标识找到自己的床位。对于推拉床，地面贴好标识线，让幼儿知道床拉在线处就到达标准位置。收床时每组床有统一图标，只有图标位置对齐才算收纳合格。

7. 再见啦，幼儿园——离园环节的环境创设

离园环节是幼儿园生活活动的最后一个环节，幼儿要按照要求摆放好桌椅，整理好自己的物品，收拾好玩具。为了体现环境的教育作用，教师将各种劳动的标准以图标的形式展现。如在活动室某一空间用即时贴规划出桌子和椅子的摆放位置，玩具收纳按照找相同的方法归位，即玩具筐（盒）上的图标和玩具摆放位置的图标一样，在玩具柜上贴出与玩具筐（盒）一样大小的位置线，提醒幼儿按照位置的大小、形状、标识来对位收放玩具。在活动室门口设立检查台，提醒幼儿在检查台整理书包内的物品，带上自己的物品离园。

（二）创设真实的生活实习场

生活实习场，又可称为生活区，这是生活教育活动的主体部分，引导幼儿在自然的或特定的生活环境中反复操作练习，充分进行实践活动，以获得相应的情感体验和行为方式，掌握一定的知识技能，为今后走进大社会奠定基础。

别看我小，我的本领高——生活实习场的环境创设

实习场是一种特殊的学习环境，它强调幼儿与环境的互动，给予幼儿参与实践的机会，在实习场中学习和使用已有的知识去解决实际问题。在幼儿园创设各种"实习场"，帮助幼儿从中获取多样的直接经验。实习场的创设符合幼儿的学习规律和年龄特点。幼儿园生活实习场的开展，为幼儿获得生活经验提供了平台，它注重教育的生活化，从生活实践中选取内容，使幼儿在操作体验中提高了生活实践能力。如何有效地开展幼儿生活实习场呢？

1. 依据幼儿兴趣创设生活实习场

生活实习场的设置，要以幼儿为中心，依据幼儿的年龄特点、主题实施目的及幼儿的发展需求，选择贴近幼儿生活，符合幼儿生活经验和兴趣体验的活动内容。生活实习场提供的材料要尽量真实，利于幼儿操作。这样真实的生活实习场才能够激发幼儿的探索兴趣，引发幼儿主动思考，与幼儿产生互动，充分发挥幼儿的主体作用，使实习场成为促进幼儿健康成长的乐园。小班幼儿是直觉行动思维，他们最典型、最熟悉的生活经验就是与自己密切相关的，为此，小班生活实习场创设了小小奶果屋。中班幼儿的动作、认知水平进一步发展，在班内设立迷你厨房，供幼儿进行简单的烹饪、加工、蒸制。大班幼儿的动作、认知程度较高，所以设立功能多样的美味餐厅，让幼儿通过自己动手设计，创意出味美色香的中外美味佳肴。生活实习场利用班级现有的活动空间，采用固定和灵活设置相结合，空中悬挂、墙面设置、桌面摆设和地面标记相结合的方式。让幼儿能相互交流、共同合作，又注意彼此之间互不干扰。

2. 有计划、有目的地投放材料

皮亚杰提出"儿童的智慧源于材料"。在生活活动中，材料的投放是一项重要的工作，既要具有教育性，又要具有安全性和可操作性。

生活实习场（餐饮）材料配备一览表

在美味厨房里，幼儿系上小围裙、戴上厨师帽、套袖，全副武装置身于一个真实的厨房里，个个都是小厨师。你煎蛋，我切水果，有分工、有合作、有分享，在亲身实践中激起幼儿操作的兴趣，感受劳动的不易与快乐，掌握生存的本领，学会独立。

通过创设系统、精细、富有创意的平面环境和物质环境，孩子们深深地爱上了幼儿园的生活活动。一段时间后，孩子们的好习惯养成了：会排队了；会合作、分工、组织活动了；有礼貌，懂礼仪了；讲卫生了……家长兴奋了，又来找我了，来找的都是表扬幼儿园环境变了、孩子变了，感谢幼儿园的教育……老师们也笑了，再也不用大喊大叫了，孩子们看到标识和材料，就知道自己该做什么，减轻了老师的负担。我园落实《指南》的工作取得丰硕成果，并在辽宁省五星级园长大会上进行交流。

年龄段	生活实习场	生活活动目标	材料配备
小班	奶果屋	1. 认知各种水果，了解各种水果的特征。 2. 练习切、分水果，锻炼幼儿动作的协调性与灵活性。	配备水果刀（牛排刀）、果盘、水果切板、围裙、套袖、帽子、卫生口罩。
中班	迷你厨房	1. 认识各种厨房用具，掌握简单的使用方法。 2. 认识生活中常见的食材。 3. 学习制作简单的菜肴。 4. 能够在活动中规避各种风险，掌握各种安全、生活常识。 5. 会合作，会分工，培养团队精神。	1. 搭建生活实习场操作台。 2. 投放水果刀、果盘、水果切板、围裙、套袖、帽子、卫生口罩、电磁炉、电炒锅、炒勺、菜盘、盆若干、食用油、各种食材、电烤箱等器具和材料。 3. 即时更新新鲜食材，如鸡蛋、面粉、蔬菜、水果等。 4. 在墙面张贴幼儿设计的每周食谱，便于提前准备食材。
大班	美味餐厅	1. 认识各种厨房用具，掌握简单的使用方法。 2. 认识生活中常见的食材。 3. 学习制作复合型的菜肴和复杂的糕点、西餐。 4. 能够在活动中规避各种风险，掌握各种安全、生活常识。 5. 会合作，会分工，培养团队精神，体验劳动的幸福。	1. 创建生活操作间，在操作间里有适合幼儿操作的操作台。 2. 配有各种真实的餐具：碗、勺子、筷子、盘子、铲子、刀叉、菜板、盆等；厨具：煎蛋锅、榨汁机、蛋糕机、烤箱。 3. 调料：盐、油、糖、蛋糕油、泡打粉等；食材：新鲜的水果、鸡蛋、蔬菜每天由幼儿自己准备。 4. 在墙面张贴幼儿设计的每周食谱，便于提前准备食材。

【成长心语】

《指南》中认为，幼儿生活活动的教育内容是最自然、最本真、最真实的，也是最贴近幼儿成长需要的教育活动。任何教育都离不开环境潜移默化的影响，环境是重要的教育资源。幼儿的发展是在与周围环境的相互作用中实现的，良好的教育环境对幼儿的身心发展具有积极的促进作用。幼儿是一个独立的个体，其个性品质各不相同，发现问题、分析问题、解决问题的能力也各不相同。实习场的创设又是一种真实环境的建立，就是要满足各层次幼儿的心理需求，让他们在实习场中可以按照自己的方式去探索、学习和发展。生活实习场为幼儿提供更多的自由交往、积极探索和自我实践的机会，有效激发了幼儿活动的积极性，调动了幼儿活动的主动性，使每位幼儿的潜力得到充分发挥，幼儿的情感、行为和认知在活动中得到一定发展。丰富的环境资源让幼儿在潜移默化中学习，教师在有效的教育环境中成为孩子的支持者、合作者和引导者，通过孩子与环境的互动，家长看到孩子养成良好习惯、掌握生活技能，进而对幼儿园教育高度认可。

（沈阳市诺贝尔幼教集团 李艳艳）

亲子活动，让陪伴看得见

【案例描述】

深入班级巡查是我每天必做的工作。一日，我走进小五班，孩子们三五成群地聚在自己喜欢的活动区玩得不亦乐乎。唯有涵涵小朋友独自一人坐在小椅子上，一会儿抠抠小手，一会儿小屁股在椅子上蹭来蹭去，一会儿又坐在椅子上发呆……见到我后，他马上转过头背对着我，并将小脸藏得很低很低，满脸惶恐、十分不安，生怕我把他带走似的。见状，班级教师向我说明了孩子的情况：

涵涵是一个胆子比较小、性格执拗又相对内向的男孩子。刚入园时，他很少主动和老师、小朋友进行交流。如今在小班生活已近一年的他，虽在这方面有很大进步，但表现时好时坏。只要涵涵的父母接送他时，他就表现得非常积极主动，一天的心情都特别好；若父母没时间接送他，他就像变了个人似的，整天无精打采、心事重重，与他的年龄极为不符。

涵涵的父母都是白领阶层，工作十分繁忙，平日里陪伴孩子的时间少之又少，涵涵一直由爷爷奶奶照看。这几天，涵爸涵妈又出差了，孩子很失落，情绪一直不好，来到幼儿园虽不哭不闹，但就是不和小朋友一起玩耍，喜欢独处，看着很让人心疼。老师们只要一有时间就陪他聊天，安抚他、开导他，可收效甚微。据爷爷奶奶反馈，孩子这几天回家后也是这样，总是一个人在客厅里玩。

老师跟涵涵妈妈已通过电话，告知了孩子现在的状况，希望家长能够引起足够重视，多陪伴孩子，避免给孩子带来更大的伤害。涵妈十分担忧，既愧疚又苦恼。不过，家长已充分认识到这个问题的严重性，并表示今后一定会增加陪伴孩子的时间，全力配合老师的工作，让孩子开心快乐地度过每一天。

❀【思考与行动】

一、分析与思考

随着城市生活节奏的加快，人们工作压力也随之增大。很多父母因忙于工作，陪伴孩子的时间可谓越来越少。据最新调查"父母每周陪伴孩子的时间"数据表明：全职陪伴占7.98%；工作日下班及周末占30.32%；只有周末有时间占38.56%；一天以下占23.14%。也就是说有近七成父母没有足够的时间陪伴孩子，结果令人咂舌。

幼儿时期，是孩子成长的关键时期，如果此时父母缺乏对孩子足够的陪伴，很容易导致孩子缺乏安全感、责任感，交往和社会适应能力差，形成自卑胆小、性情孤僻、执拗任性等性格，极不利于孩子良好人格的形成与完善。同时，可能造成孩子将来的叛逆性格，使孩子对身边的任何人、任何事都满不在乎，表现出消极、冷漠，甚至遭受到一点儿忽略或遇到一点儿挫折就会大发脾气，严重的还会做出残暴的举动。可见，父母对子女的爱和陪伴至关重要，是任何人不能替代的。作为幼儿园，我们有责任也有义务向家长宣传正确、科学的教育观，帮助家长认识到陪伴在孩子成长中的重要性。并通过开展各种活动，为家长提供更多陪伴孩子的机会，密切亲子关系，促进幼儿健康发展。

《纲要》中指出："家庭是幼儿园重要的合作伙伴。应本着尊重、平等、合作的原则，争取家长的理解、支持和主动参与，并积极支持、帮助家长提高教育能力。"因此，在幼儿园中开展多元丰富的亲子活动是提高家长教育能力、增加陪伴孩子的时间与机会、改善亲子关系、培养幼儿良好个性品质、促进幼儿身心全面和谐发展的有效途径之一。基于此，我园根据幼儿的年龄特点，从实际情况出发，精心设计和筹划了许多适合幼儿的系列亲子活动，让家长的陪伴真正看得见。

二、行动与策略

（一）亲子踏青游

活动主题：我和春天有个约会

参与年段：小班

活动时间：5月

亲子踏青游活动方案

活动目标：

1. 积极参加亲子游戏活动，增强亲子间的情感交流，感受亲子活动的乐趣。
2. 亲近自然，开阔视野，培养幼儿热爱大自然的思想感情。

3. 促进家园同步教育，让家长进一步了解孩子，了解幼儿园教育。

活动地点：长白岛公园/莫子山公园

参加人员：领导、年级主任、小班组教师、幼儿及家长、保健医生、保安、电教老师。

活动准备：

1. 通知家长春游时间，确定参加人数。（无特殊原因，要求家长都要参与）

2. 安排乘坐车辆及幼儿食品。

3. 制定活动方案及活动安全预案，并向班级教师进行详细布置。

4. 准备活动相关用品。如：游戏项目所需材料、号码牌、彩旗、条幅、拔河绳、风筝、音响设备、对讲机、奖品、垃圾袋等。

5. 提前带领班级教师熟悉公园环境（上下车、卫生间、垃圾桶等位置），并确定本班活动场地。

6. 活动当天，工作人员提前到公园布置场地。

活动流程：

时间	内容	备注
7:40	副班教师及相关工作人员携带活动所需物品前往活动地点，进行场地布置。	
8:20	早餐后保育员到食堂领取并携带间点。	
8:30	主班教师及保育员带领家长、幼儿从幼儿园准时出发。（保育员携带垃圾袋、间点、卫生纸、湿巾等用品）	
8:30—9:00	乘车前往公园。	
9:00—9:10	到达目的地后，组织队伍到指定地点。	
9:10—9:20	领导讲话、家长代表讲话、集体操《世界真美好》。	
9:20—10:10	以班级为单位进行亲子游戏（游戏项目见附件）。	
10:10—10:20	班级游戏结束，幼儿吃间点。	
10:20—10:50	家长拔河比赛，每班10名家长进行比赛。	
10:50—11:30	以班级为单位进行亲子游园活动或亲子绘制风筝、放飞风筝活动。（游园或放风筝前清理本班活动场地，待检查场地合格后方可进行）	
11:30	清点幼儿人数，组织队伍到停车场乘车返园。	

活动要求：

1. 各班教师按规定提前上报参加人数。

2. 各班教师于活动前告知家长集合时间、集合地点及活动安排与安全注意事项，要求具体明确，细致周到，强调纪律性和组织性。

3. 班级三位教师分工明确、各司其职，确保活动顺利进行。

4. 整个活动可由各班家委协助老师完成。家委会成员配合老师分工协作，包括组织幼儿、监控安全、游戏材料及场地布置、摄像、摄影等。

5. 加强管理和监督：对各个环节安全防范措施做到层层落实、责任到人。（主班教师为班级安全工作第一责任人，全面负责幼儿出游安全；副班教师负责配合主班教师组织好幼儿活动，维持好活动纪律；保育教师负责当好班级安全员）

6. 活动前，班级教师要加强对幼儿进行亲子游活动安全教育，增强幼儿安全防范意识和自我保护能力。活动中，保安人员做好保护工作。

7. 保健医生携带好急救用品，当日同行，以防幼儿出现突发状况。

8. 活动期间一切行动听指挥，准时出发，准时回园，随时清点人数。

附件：亲子游戏项目

名称：袋鼠跳

准备：大袋子若干。

玩法：幼儿及家长一起站在大袋子里。游戏开始后，从起点跳到终点。第一名为获胜者。

名称：穿大鞋

准备：爸爸妈妈的鞋子。

玩法：幼儿站在起点，父母站在终点。游戏开始后，幼儿穿上父母的鞋子快速跑到终点，帮助父母穿上鞋子，再将自己的鞋子穿上，然后父母抱起孩子返回终点。第一名为获胜者。

名称：吹泡泡

准备：泡泡液若干。

玩法：以家庭为单位，比赛吹泡泡。看谁家的泡泡吹得最多、最大。

（二）亲子运动会

活动主题：我运动 我健康 我快乐

参与年段：中班

活动时间：6月

亲子运动活动方案

活动目标：

1. 在亲子互动中感受快乐、体验成长、增进感情。

2. 密切家园联系，提高家长对亲子教育的重视。

3. 体验运动与竞争的快乐,培养规则意识和团结协作精神。

活动地点:体育馆/幼儿园操场

参加人员:领导、年级主任、中班组教师、幼儿及家长、保健医生、保安、电教老师。

活动准备:

1. 邀请中班幼儿家长来园参加亲子运动会,确定人数(无特殊原因,要求家长都要参与),以便安排各游戏项目参赛家庭。

2. 制定活动方案及安全活动预案,并向班级教师进行详细布置。

3. 确定主持人,准备主持稿。

4. 准备活动相关用品。如:比赛项目所需材料、彩旗、条幅、音响设备、对讲机、奖品、垃圾袋等。

5. 提前带领各班教师熟悉班级座位、家长入场及参赛时入退场行走路线,并说明检录处、比赛场、领奖处等位置,以便通知家长,确保有序。

6. 提前告知各班教师班级入场式及入场后站位,教师提前组织幼儿进行入场式排练。

7. 活动前一天,相关工作人员到活动地点布置场地,并调试好音响设备。

活动流程:

时间	内容	备注
9:00—9:10	入场式:各班级运动员入场。	
9:10—9:15	升旗仪式、介绍到会领导、园长致辞。	
9:15—9:25	集体操《世界真美好》。	
9:25—9:30	介绍裁判员队伍;运动员退场。	
9:30—10:30	比赛正式开始(后附比赛项目),赛时公布成绩、领取奖品。	
10:30—11:00	以班级为单位,进行亲子游戏。	
11:00	亲子运动会结束。	

活动要求:

1. 各班教师提前通知家长积极参加亲子运动会,确定人数,安排好各比赛项目参赛家庭。

2. 各班主班教师每人负责一个比赛项目,制定好游戏规则,准备好游戏材料,保障当天比赛顺利进行;副班教师与保育员在场内座位处组织好本班家长与幼儿队伍,确保秩序井然。

3. 班级自制班牌，入场式时由举牌幼儿带领班级小运动员们入场。

4. 班级服装统一，准备入场口号，幼儿手中可拿物品（花环、纸花等）。

5. 教师提醒家长：入场及参赛时入退场要按规定路线行走，避免拥堵、发生踩踏现象；比赛时，非参赛家庭要远离赛场，以免发生冲撞。

6. 提前召开裁判员会议，明确各比赛项目规则，做到公平、公正裁决。

7. 班级三位教师及各岗位工作人员要明确分工、各司其职，以确保亲子运动会顺利进行。

8. 班级教师要加强对幼儿及家长进行活动前的安全教育，增强安全防范意识，做好安全防护措施，以免发生意外。

9. 保健医生携带好急救用品，以防幼儿出现突发状况。

10. 运动会结束后，下午班教师留下清理会场，将相关物品运回园内。上午班教师、保育教师带领家长和幼儿退场，并组织幼儿回园吃午餐。

附件：亲子游戏项目

名称：小猴子运粮食

要求：每个班级5组家庭参赛（红色号牌）。

材料：海洋球若干、小塑料桶14个、塑料筐7个、玩具盒7个。

玩法：家长和孩子拿着小桶到球筐处，每个小桶各装一个海洋球，孩子双手抱紧成人的脖子，双脚勾住成人的身体；成人左右手各拎一个小塑料桶（内装一个海洋球）做侧平举的动作向前行走。向前行走中成人和孩子相互配合，成人不能用手扶孩子，孩子从成人身上落下即为失败。到达终点处家长蹲下，孩子下来，从小桶里拿出球放到筐里，拿着小桶，家长领着孩子跑回起点，将小桶交给下一组家庭，以最先完成的一组为胜。

名称：小青蛙运西瓜

要求：每个班级5组家庭参赛（橙色号牌）。

材料：每组3块地垫、西瓜球7个。

玩法：家长与孩子两人一组，三块地垫，每人踩一块，另一块由家长移到前面。幼儿手捧西瓜球踩上去，然后向前移动一步，家长继续向前移动地垫，如此铺路向前。到了中线，家长拿着三块地垫，和孩子背靠背夹球到终点（如中间球掉了，在掉的位置重新夹好继续前行），家长抱着孩子返回起点处，把球和地垫交给下一组家庭，以最先完成的一组为胜。

名称：你来抛我来接

要求：每个班级5组家庭参赛（黄色号牌）。

材料：沙包若干、玩具盒7个、小车7辆、障碍物7个。

玩法：幼儿与家长分站两端，幼儿从起点拿两个沙包放到小车里，推小车到障碍物前，放下小车，拿着沙包钻过障碍物，到达投掷点后向对面3米处的家长

投去，家长手持盒子接沙包，把盒子交给下一个家长，跑到孩子面前，孩子坐到车里，家长把车推回去，交给下一个小朋友，最后以接的口袋最多、速度最快的一组为胜。注意：家长不能越线，不能用其他方法辅助接沙包（如用手接），否则视为失败。

（三）亲子共实践

活动主题：大手牵小手　亲子乐悠悠

参与年段：大班

活动时间：10 月

亲子共实践活动方案

活动目标：

1. 亲近社会、感受生活，开阔视野、增长知识。

2. 促进家园合作、增进亲子感情，感受亲子共同参与社会实践活动的喜悦。

3. 培养幼儿热爱生活、热爱劳动的情感。

活动形式：

充分挖掘和利用幼儿园周边的社区资源，以班级为单位，开展丰富多彩的亲子社会实践活动。如：走进动物园，了解小动物；走进采摘园，体验劳动的快乐；走进消防队，增强消防安全意识；走进军营，体验军队严明的纪律……为幼儿提供充分接触社会的机会，拓宽视野、增长见识，使亲子社会实践活动更具操作性、实践性和实效性。

活动案例：走进消防队

时间：2016 年 10 月 14 日（周五）

地点：沈阳市公安消防支队东陵大队奥体中队（紧邻浑南麦德龙超市南侧）

人数：师幼及家长 60 人左右（每名幼儿至少有 1 位家长陪同）

目的：通过观察、互动等形式帮助幼儿了解各种消防器具、消防常识及消防员叔叔的训练、生活等情况，增强消防安全意识，产生对消防员叔叔的敬佩、热爱之情。

准备：

1. 同消防队取得联系，前期探讨制定活动内容及流程。

2. 向幼儿及家长明确参观活动的内容和要求。

过程：

1. 全体师幼及家长对消防武警官兵进行慰问。

2. 参观消防队营房，了解消防队员的内务设置，消防员叔叔进行叠被展示。

3. 在消防队车库活动环节：

①安全知识讲解，包括灭火器的使用、防灭火知识等。

②消防设备讲解，包括消防车、灭火器材、救援设备等。

③消防战斗服着装演示。

④互动环节:幼儿试穿消防衣,了解一些消防用具,近距离了解消防车,坐在消防车驾驶室拍照等。

4.消防队后操场活动环节:观看操塔科目,攀爬二节拉梯。

5.消防队前操场活动环节:

①消防队员表演一人三盘水带连接。

②消防队员进行破拆器材演示。

③组织师幼及家长分组进行甩水带比赛。

6.颁奖仪式,和消防员叔叔合影、道别。

备注:

1.老师和家长带领孩子 13:30 准时从幼儿园出发,预计 14:00 到达消防队。

2.家委会成员制作条幅,购买慰问果篮、小奖品等。

3.在观看表演和参观消防车、器械时,注意安全,请家长一定要照看好孩子。

4.家长可自愿携带灭火器,在消防队员演示灭火器使用环节时帮助和指导孩子。

(四)亲子大联欢

活动主题:欢歌笑语迎新年

参与年段:全园幼儿

活动时间:12月末

亲子大联欢活动方案

活动目标:

1.感受与父母一起过新年、一同联欢的快乐,增进亲子互动与情感交流。

2.勇于表现自己、大方表演,家长与教师积极参与演出,为幼儿做好表率,增强自信。

3.与家长、教师共同包饺子、吃饺子,加深亲子情、师幼情和家园情。

活动形式:

活动当天,充分营造浓浓的节日氛围,通过开展丰富多彩的亲子活动,如:科学小知识有奖竞猜,亲子共赏英语童话剧,包饺子、煮饺子、吃饺子等活动,共同度过幸福、祥和、美好、难忘的亲子时光。

活动流程:

时间	内容	备注
7:40—8:30	早入园时,家长与幼儿可在本班级所在楼层寻找由教师扮演的玩偶优优、童童(育才幼儿园的品牌形象),进行科学小知识有奖竞猜活动。	

（续表）

时间	内容	备注
8:30—9:30 9:40—11:10	A组班级幼儿、家长与教师前往小剧场观赏英语童话剧《白雪公主与七个小矮人》；9:30观赏后返回班级举行亲子大联欢，进行包饺子、煮饺子、吃饺子活动。	每年不同，备赏剧目：《丑小鸭》《三只小猪》《灰姑娘》等。
8:30—10:00 10:00—11:00	B组幼儿、家长与教师在班级举行亲子大联欢、包饺子活动；10:00前往小剧场观赏英语童话剧《白雪公主与七个小矮人》，观赏后返回班级煮饺子、吃饺子。	
10:30—11:10	各班保育员将本班饺子拿到食堂交给炊事员蒸煮。	
11:30	亲子大联欢活动结束。	

活动准备：

1. 提前2~3周告知家长进行亲子大联欢活动，节目、形式不限（儿歌朗诵、唱歌、跳舞、讲故事、相声、三句半等），鼓励家长与幼儿积极踊跃报名。
2. 安排个别幼儿与教师或家长共同担任主持，准备主持稿，提前排练。
3. 活动前一天下午，幼儿、教师与班级家委共同布置班级环境。
4. 专业组教师与个别幼儿提前排练英语童话剧。
5. 请食堂为各班提供足够的面、饺子馅和勺等，请家长自带擀面杖。
6. 与食堂管理员提前协调各班煮饺子时间，以免蒸煮时间冲突。

【成长心语】

陪伴是父母给予孩子最好的爱。美国某研究中心统计数据显示：家长陪伴孩子的底线时间是每周21.2个小时。然而，这对于现代绝大多数父母来说，是很难做到的。作为家庭重要合作伙伴关系的幼儿园，就是要帮助家长提升育儿理念，为幼儿创设更多亲子互动的条件，提供更多亲子交流的机会，精心策划、组织多元丰富的亲子活动，增加父母陪伴孩子的时间，家园密切配合、互相支持、积极沟通、形成合力，以产生"1+1>2、2+2>4"的教育效果，让孩子在爱的教育中健康成长，让陪伴真正看得见。

（东北育才幼儿园 石月）

第二编 营造育人文化

资源链接

学前教育类型与"温和程度""情感强度"的关系

传统上,幼教工作者一直强调幼儿需要温和而慈爱的成人来支持他们发展健康的社会情绪。但是,幼儿与成人之间的关系存在两个独立的维度:温和程度(warmth)及情感强度(intensity)。"温和程度"是指幼儿感觉成人对他友善、支持、接纳、关心、正向的程度;而"情感强度"是指幼儿感觉某位特殊成人对他的在意程度。

我们可以以幼儿行为的改变为例来说明"温和程度"与"情感强度"的不同。如果幼儿改变行为(如使用各种吸引人的花招)的目的是为了让某个他依恋的老师能留在自己的身边,我们可以说,幼儿与该老师间的情感关系是既"温和"又"强烈"的。但是,如果某位幼儿是为了避免或减少与某位老师接触而改变行为方式时,则这位幼儿与老师的情感关系虽然并不"温和",但是仍然"强烈"。幼儿知道自己的行为——做与否、改变与否,都会影响对方。这位幼儿并不是对老师没有感觉,只是这份感觉并不温和。

如果以"情感强度"与"温和程度"作为检验幼儿教育类型的两种维度标准,则幼儿教育可以分为四种类型:

1. "高温和低强度"的"传统型"
2. "低温和低强度"的"国小先修型"
3. "低温和高强度"的"军事院校型"
4. "高温和高强度"的"理想型"

传统型的幼教课程对幼儿的智慧发展影响相当小,而国小先修型虽然可能对儿童的学业成绩有正面效果(至少有短期成效),但是不太能激发或增进幼儿智慧的发展。军事院校型幼教课程的幼儿应该会有令人满意的学习成绩(至少短期内),但是严格的训练对儿童的智慧成长不能起长期有效的作用,而且会影响幼儿情感的发展。只有"高温和高强度"的"理想型"可以提供理想的学前教育环境,最适合幼儿智慧与人格的发展。

表:学前教育类型与"温和程度""情感强度"的关系

情感强度		温和程度	
		高	低
	高	理想型 (Optimum Preschool Environment)	军事院校型 (Military Academy model)
	低	传统型 (Traditional Preschool Programs)	国小先修型 (Preacademic Preschool Programs)

阅读书目推荐

1. 罗伯特·福尔格姆. 那些人生中最重要的道理我在幼儿园里都学过了[M]. 钱清等，译. 中信出版社，2003.

关于如何生活、如何行事、如何做人，我们所需要知道的一切早在幼儿园里就学过了。智慧并不在研究生院那高不可攀的山峰上，而是在儿童玩耍的沙堆里。

2. 丽莲·凯兹. 与幼儿教师对话[M]. 廖凤瑞，译. 南京：南京师范大学出版社，2004.

这本书渗透着幼教问题的理性审视与对幼儿发展和幼教事业高度关注的气质和精神。

3. 雷夫·艾斯奎斯. 第56号教室的奇迹[M]. 朱衣，译. 北京：中国城市出版社，2004.

像莎士比亚写诗那样去做老师。　　——如米开朗基罗在画画，
假如你是老师，　　　　　　　　——如莎士比亚在写诗，
就该做得有模有样，　　　　　　——如贝多芬在作曲。

4. 夸美纽斯. 大教学论[M]. 傅任敢，译. 北京：教育科学出版社，1999.

《大教学论》就是一种把一切事物教给一切人们的全部艺术。它不会使教员感到烦恼，或使学生感到厌恶，它能使教员和学生全都得到最大的快乐。它又是一种教得彻底、不肤浅、不铺张，却能使人获得真实的知识、高尚的行为和最深刻的艺术。

5. 侯赛因·卢卡斯. 夏山学校毕业生[M]. 王靓，译. 上海：华东师范大学出版社，2015.

这些从夏山学校走出的孩子，平和稳重、体贴周到，最重要的是诚实。他们知道，无论自己赞同与否，其他人的观点是重要的。另外，他们对世界无所畏惧，敢于面对，进退有度。他们不怕失败，不怕尝试。

6. 罗德. 早期教育中的领导力（第3版）[M]. 郭良菁，刘蓉慧，庄淑幸，译. 上海：华东师范大学出版社，2007.

此书谈到早期教育中领导者与管理者的区别及早期教育领导者的人格特质，透过字里行间，我们仿佛看见了一个鲜活的专业早期教育领导者的形象，是园长必读之书。

第三编　领导保育教育

专业解读

当前我国学前教育事业发展迅速，各级各类幼儿园数量不断增加，一定程度上解决了"入园难"的问题。站在时代的节点，政府开始将目光聚焦于提高学前教育的保育和教育质量方面。园长的专业水平直接影响着幼儿园的发展，关系到学前教育质量的提升。一个好园长，不仅是幼儿园的领头羊，还应是整个幼儿园办园质量向前推进的专业教育者。

园长虽然不直接进行教育教学活动，但是其教育领导者的角色要求其具备丰富的专业知识。《园长标准》强调了园长应具备领导保育教育的能力。

首先，教育者是园长的核心角色，因为教育性是幼儿教育的根本属性，所以园长要精通幼儿园保教工作的各个方面，并以教育家的身份引领幼儿园教育改革，促进幼儿的身心发展。园长具有什么样的教育知识结构，将直接影响其教育领导职责的履行，从而影响幼儿园的教育目标和教育质量。

其次，园长作为领导者，就是要将科学的幼儿教育理念转化为幼儿园的发展目标和战略规划，创建幼儿园特有的教育价值观，并使其成为全体教职工共同的组织文化，即在科学的教育观的指导下，制定切实可行的幼儿园发展愿景，并根据幼儿园的发展目标确定幼儿园的教育教学计划，合理配置幼儿园的教育资源，不断提高幼儿园的保教质量。

一、领导保育教育的核心内涵

马萨·斯佩克（Marsha Speck）认为校长有三种职业角色——教育者、领导者（战略性思考）和管理者，每一种角色都有与之相对应的任务和职责。通过调查研究并与园长、教师等人群进行访谈得出，当前，园长的专业知识与其他能力（领导能力、管理能力、决策能力等）相比，处于弱势。而能够成功地领导保育教育活动的前提就是园长需要具备充足的专业知识，例如教育教学知识、国内外教育理论、儿童发展理论、教育技术等知识，才能在指导教师、指导活动时游刃有余。下面就"领导保育教育"这一领域，对园长工作的核心思想与内容作简要的阐释。

（一）回归"教育者本色"

教育性是幼儿教育的根本属性，所以，教育者是园长的核心角色。专业的教育者要以科学的专业知识结构引导幼儿园的教育发展方向，并不断学习、更新自己的专业知识；要熟知幼儿园的保育、教育工作，并能在幼儿园的教育改革与课

程选择方面给予正确引导，将幼儿园的发展目标与教学计划有力结合，优化教育教学质量。

作为专业的教育者，园长的主要工作内容为指导教师教学活动与教育研究，引导幼儿园进行课程选择与建设，亲身实际参与幼儿园的教研活动，最终促进幼儿的身心健康发展。可以说，《园长标准》的出台，在一定程度上纠正了"社会化"和"市场化"的倾向。当前，随着幼儿园纳入到资本市场、社会经济中，园长的角色定位也一度出现偏向，会经营、会赚钱成为衡量园长能力的潜在尺度，却忽略了园长最本质的教育领导的内容。

幼儿园园长应"回归教育者本色"，提升自身的专业精神、专业知识和专业能力，引领幼儿的健康成长和幼儿园长远发展。这里，专业精神主要包括：正确的价值观和办园理念，全心全意为幼儿园和教师、幼儿谋求发展的道德感，不断提升自我发展水平等；专业知识主要包括：以理论性知识和实践性知识为主的专业知识，如与幼儿教育相关的心理学知识、自然与社会的科学知识，幼儿园环境创设与利用的科学知识；专业能力主要包括：以促进教师与幼儿发展为主要内容的专业能力，如能够重视幼儿的兴趣、情感、态度和能力的培养，并能科学地引导教师进行保育与教育活动，促进幼儿和谐发展。

总之，倡导"回归教育者本色"是遵循教育规律的客观需要，也是教育纵深发展的必然选择。"回归教育者本色"应把教育视为一种神圣事业和社会责任，有自己独到的教育思想和见解，创造性地从事教育工作。"回归教育者本色"代表着在教育、社会转型时期，能够运用自己过硬的专业能力和专业精神，引领教育事业发展的一种新愿景。"回归教育者本色"应该懂得教育规律，创造性地将教育规律运用到幼儿园的管理中去，而不是随波逐流，一味求新求变。教育行政部门应通过培训、继续教育，帮助园长实现这一目标，为其提供自由的空间，同时优化园长的管理制度，摆脱不必要的束缚，为园长实现办园自主提供支持和保障。

（二）教育者要具有引领专业发展的能力

《教育部2014年工作要点》第16条明确指出："着力提高教师综合素质。全面构建教师队伍建设标准体系，出台幼儿园园长、普通高中校长、中等职业学校校长专业标准，研究制订高校教师、特殊教育学校教师专业标准。"其中，幼儿教师专业标准已经出台，认可了幼儿教师的专业地位。幼儿园园长作为教师队伍的一分子，同时由于行政职位的特殊性，其专业标准应有不同的内涵。2014年12月，教育部公开了《园长标准》的征求意见稿，请社会各方提出意见。2015年2月，《园长标准》的出台，标志着幼儿园园长专业发展基本准则的出现，说明当前对幼儿园领导队伍建设的重视程度。

幼儿园承担着幼儿的保育和教育职能。园长首先要把保障幼儿的安全放在工作的最重要位置；其次，要对幼儿开展教育和教学活动，幼儿期的学习有别于其他阶段的学习活动，这个时期并不是以学习文化知识为主，而是以培养幼儿好奇心、养成良好习惯为主要内容。因此，在日常的园内生活中可以通过做游戏以及其他幼儿喜欢的活动培养幼儿良好的学习品质和与人交往的能力。园长需要在平日的工作中深入到保教一线，及时发现问题、解决问题，经常总结本园的保教经验与教训；积极关注外界最新保教信息，学习先进的保教知识与理念；调动园内教师的积极性，开展幼儿园的教育实验和改革，不断改进保育教育方法，确保幼儿在园内能受到完善健康的保教。

（三）领导保育教育是园长工作的重心所在

教学领导力指园长对保育教育的领导和教师成长的引领。园长的职业角色是多元的，但教学领导者应该是园长的核心角色，教学领导力是园长的核心领导力。园长首先应该是一位优秀的教师，应对幼儿园的保育教育有着深刻的理解与把握，园长应该坚持保教结合的基本原则，珍视游戏与生活的独特价值，熟悉环境创设、一日生活、游戏活动和教育活动组织与实施的知识及方法，科学指导遵循幼儿身心发展规律与幼儿教育规律的保教活动，积极推进幼儿园教科研活动的有效开展，不断深化幼儿园的教育改革，以促进幼儿身心健康和谐发展。

二、提升保育教育领导力的对策建议

园长首先必须将自己定位为教学领导者，通过各种途径提高自身教育保育水平，才能真正参与到幼儿园的教科研工作中去，以带领教师实现专业化的发展。

（一）聚焦需求，层层培训

明晰了幼儿园园长在"领导保育教育"方面的核心内涵与重要作用后，我们亟须关注不同发展阶段园长的不同需求，并制定针对性强的培训方案，有的放矢地提升全体园长的专业水平。幼儿园园长的培训重点应围绕园长的专业职责与实际需求，确定培训层次、目标、具体内容模块与实施途径。园长培训的有效形式也是多种多样的，可以通过专题讲座、管理案例现场教研、主题沙龙、工作坊、影子培训、管理经验分享、管理叙事研究等诸多途径来实施。

为了满足不同层次园长的不同提升需求，可以将园长培训分为四个层次：任职资格培训、在职提高培训、骨干园长培训和专家型园长培训。不同层次的培训在对象、目标、方式、课程安排等方面均应有所不同，以增强培训的针对性和实效性。

任职资格培训的对象是幼儿园的新任园长或拟任园长，其目标是帮助园长树立正确、科学的办园思想，具有履行职责必备的思想政治素质、品德修养、知识结构和管理能力。

在职提高培训的对象是在园长岗位工作3年以上，具有一定实践和管理经验的园长，其目标是扩展园长的知识面，引导园长反思与总结自己的办园理念与管理实践，帮助园长解决在管理中遇到的新情况和新问题，提高园长的管理水平、管理技巧与管理效益。

骨干园长培训的对象是在园长工作岗位上积累了较丰富的管理经验，并具有一定管理理论水平的园长，其目标是引导园长形成独特的管理风格，把一批骨干园长培养成具有先进的办园理念、娴熟的幼儿园管理技巧、一定创新精神与创新能力的幼儿园高级管理者，促进幼儿园教育改革的深化。

专家型园长培训的对象是具有较高的理论修养和研究能力，形成了独特的管理风格，在当地起着引领示范作用的园长，其目标是通过导师制的培训方式，培养一批具有很高的现代管理水平和很强的教育科研能力的专家型园长，使他们成为学前教育领域实施素质教育的优秀带头人，积极推动地区学前教育改革事业的发展和素质教育的全面实施。

（二）自主学习，提升素养

1. 园长要树立"终身学习"的观念，通过不断学习来优化自身的专业知识结构，更新专业理念，从而提高自身的专业水平。

首先，园长要深入领会党和国家的教育路线、方针、政策，从战略高度认识、把握我国学前教育改革与发展的方向；掌握教育教学理论和教育管理的最新发展成果，优化知识结构，提高领导与管理水平，增强教育改革创新能力；在继承我国传统教育思想精华的同时，学习借鉴发达国家学前教育改革和发展的经验，能够"古为今用""洋为中用"地改进本园的保育教育和管理工作；深刻反思教育与管理实践，认真总结办园思想和管理经验，将其上升到理论高度，有效促进幼儿园的发展。

其次，园长要深入学习与幼儿教育相关的学前教育学、心理学、卫生学等基础知识，这样才能深入理解幼儿学习的特点和成长规律，从而树立更好的教育观、儿童观。这里，将园长学习的核心内容做一个整体的梳理与架构，主要应关注以下方面的学习与提升：（1）依法办园与幼儿法律保护；（2）《规程》解读；（3）《纲要》解读；（4）《指南》解读；（5）幼儿园课程资源的开发与管理；（6）儿童游戏活动的价值与组织指导；（7）幼儿园一日活动的优化；（8）有效教学的基本理念与策略；（9）幼儿园的环境创设；（10）幼儿园教科研管理。

最后，园长还要坚持自我反思与评价，成熟的反思不仅能使自己认识到自身工作的不足，而且能分析出隐藏在自身内部的观念问题。通过不断反思，客观认识自己，通过评价重塑自己，这样能使园长时刻保持对自身工作的敏感性，不断提升自己的专业性。

2. 园长要坚持和同行进行交流与分享,以此弥补自身的不足。通过分享各自的工作经验,提高自身的教育水平与管理水平;通过与各种专业团体的交流,使自己了解关于幼儿教育方面的趋势,提高自身及园长队伍的认识与专业水平。现实中,由于各类历史原因,部分园长是非学前教育专业毕业的,这些园长更应该加强学习。园长还应加强自我管理,通过有效地调动主体能动性来实现个人目标,园长对自身进行规划和控制,逐步实现园长自我的专业发展。

(三)积极实践,深入一线

作为保育教育的主要管理者,园长深入各个班级指导保育和教育是一项重要的工作。园长只有经常深入一线,才能有效了解和处理日常工作的一些问题,不断提高教育保育质量。

首先,指导保教工作需要园长正确地认识和指导活动;其次,要建立相应的评价流程与评价标准,在此基础上进行科学指导。具体可以参照以下步骤:

1. 园长要摆正进入班级指导保教活动的动机。园长应带着欣赏和发现的眼光,体察具体情况,善于听取教师的意见和建议,激励员工好的教育行为。与教师平等交流,认真倾听教师陈述保教思想和教学感受,与教师一起对活动开展评析。

2. 园长应组织建立相应的保教质量指标体系,让保教人员知道质量的标准是什么,进而让质量的要求清晰易懂。除了有参照系统,对保教工作的内容也应该进行分类,比如可按如下板块分类:一日生活组织、教育教学活动组织、环境创设与资源利用、家园合作等。

3. 在教师明确各板块职责与要求的基础上,园长要深入班级对教师工作进行检查与督导,保障保教活动的质量。在检查与督导的过程中,园长一定要做到四多,即多看:多进班观察,指导教师行为及师幼互动;多听:多听教师好的做法和问题;多思:养成随时反思的好习惯;多沟通:发现问题时,及时与保教经验丰富的专家等进行沟通,集众人智慧,促进保教质量的提升。

 **保教护航——喝水之我"建"**

⬤【案例描述】

最近在走班的过程中,我发现班级幼儿饮水时有一些"奇怪"的现象。

现象一:和往常一样,我走进班级,正赶上小四班的小朋友在分组喝水,我发现大部分男孩在喝水时,有两名男孩仍然坐在椅子上,我走过去问:"宝贝,你喝水了吗?"旁边一个小朋友马上告诉我:"园长阿姨,他不爱喝水,水没喝

光就倒掉了！多浪费呀！"

现象二：在进班检查饮水环节中，有个宝贝跑过来跟我说："园长阿姨，我今天吃药了，妈妈说让我多喝水，我已经喝了三杯水了，这是第四杯啦！"可是我弯腰一看，水杯里只有一点儿水，怎么能算是一杯水呢？还有的宝贝凑过来说："园长阿姨，我今天喝了八杯水，我棒吗？"

现象三：这天，我和往常一样走进班级，孩子们看到我后，马上围过来问我："园长阿姨，我们正在喝水呢，但我们班老师总不喝水，你是不是也不喝水啊？"孩子们的问题引发了我的思考，是啊，我的确是很少喝水的。当我对所有班级都进行完走班观察了解后，我发现了一个几乎所有班级教师都有的现状问题——忘记喝水。

【思考与行动】

一、分析与思考

针对饮水的现象我进行了思考，之后与老师们进行了深入研讨。在一日生活中，饮水环节尤为重要，体现在幼儿每日在园的饮水量，每次饮水的质量，包括情绪、主动性等，幼儿在口渴时可以自己主动饮水，并且知道一杯水、半杯水的概念，以及日常生活中教师们对于自身健康的重视程度等方面。作为园长，我不断地反思，在一日生活饮水环节中，是否要要求得更细致一些，这样不仅能保证幼儿每日的饮水量，也保证了教师的饮水量。总结饮水问题，我们通过几个问题进行反思：

反思一：为什么有不爱喝水、倒水的幼儿？

针对不爱喝水的幼儿，我了解到，有的幼儿因为不想在幼儿园小便，所以不想喝太多的水；还有的幼儿因为在家经常喝饮料，觉得水没有味道，所以不喜欢喝水；有的则把倒水当成游戏玩，而忽略了饮水。教师经常引导幼儿要多喝水，并且除正常饮水外有饮水需求时应该主动饮水，但是没有成效。

反思二：幼儿对一杯、半杯的水量不清楚吗？

教师在日常教学中，经常提到"量"这个词，幼儿对整个和半个有量的概念，大部分幼儿可以理解"一杯"的概念。但是幼儿对"半杯"的概念可能没能掌握，因为水的流动性大，并且水杯没有标识，幼儿可能控制不好水量。

反思三：为什么教师总是忘记饮水？

一日生活中，环环紧扣，教师身上的责任格外重大，所以教师经常忘记喝水，甚至没有饮水的意识。

（一）将幼儿安全健康饮水放在第一位

幼儿园时期是培养幼儿良好饮水习惯的最佳时期。通过对饮水每个细小环节的认真剖析，我们深刻认识到饮水环节的重要性，每个细小环节都需要班本化，并开展了以下活动：

1. 通过园本教研活动，细化饮水环节流程并明确每一细小环节中教师的站位分工。比如：上午，在幼儿饮水环节，助教应该站在既能看见幼儿洗手又能看到幼儿拿水杯的位置；下午，助教则主要照看饮水的幼儿，这样能提高整个班级幼儿饮水的质量。

2. 对幼儿提出饮水的要求，一定要让其明白饮水的原因，并用各种小游戏或者班级环境、主题活动、儿歌等一系列活动形式贯穿整个饮水环节。

3. 让教师明白，以身作则的榜样力量更为重要，这样不仅督促教师保护嗓子、注意身体健康，也可以教育幼儿，一举两得，并让幼儿明白饮水对身体有益处。

《指南》在健康领域教育建议中指出：要鼓励幼儿多喝白开水，少喝饮料。鼓励幼儿做力所能及的事情，不论幼儿做得怎样，教师都要给予适当的肯定，不能因幼儿做不好或者做得慢而包办代替，以免剥夺培养幼儿自理能力的机会。所以，培养幼儿生活自理能力是一日生活中的重要内容，特别是水的摄入量显得尤为重要。孩子在幼儿园不能喝足够多的水，向来也是家长们非常关心的问题，为了培养幼儿良好的饮水习惯，使其懂得安全健康饮水的重要性，教师们进行了详细的研讨和经验分享。

（二）保教护航，共建幼儿安全健康饮水的习惯

在幼儿园，保证幼儿的健康安全，是我们每一个教育者的职责和义务，因此幼儿园必须首先在安全方面制定严格的安全管理制度，其中关于饮水安全与健康按照以下规定予以实施：

1. 班级内的纯净水由后勤部负责，幼儿园指定送货单位，保健医负责验收，禁止三无食品，必须有卫生许可证，让无毒无害的纯净水进入到幼儿园各个班级。

2. 饮水设备也必须有卫生许可证，保健医负责监督，定期做好饮水机内部消毒和清洗工作。

3. 各班级加强幼儿饮水环节常规习惯的培养，以保证幼儿饮水安全。如运用趣味性儿歌"排好队，去喝水，先他人，后自己，取到杯，再接水，喝多少，接多少，慢慢喝，别呛到，安全饮水很重要"引导幼儿，强化幼儿的记忆，使其安全健康饮水。

（三）家园共育，创设良好的饮水环境

每次离园时，我们发现家长总是急切地询问幼儿渴不渴，然后拿起杯子接水让幼儿喝……特别是组织幼儿外出活动时，家长更是认为孩子饿点儿不要紧，但不能缺水。在家里，有的家长将幼儿园"今天你喝水了吗？"小板块运用到亲子教育中，有显著效果。水是生命的基础，我们通过晨间谈话调查发现，大多数幼儿的饮水习惯能够满足个体需求。可见，幼儿饮水需求存在个体差异。

二、行动与策略

（一）组织园本教研，分析解决问题

中一班孙老师提出针对饮水环节，将环境融入饮水教育中。研讨中，孙老师分享了她的经验，在综合活动"蒜苗长高了"中培养幼儿主动喝水的意识，让幼儿认识到喝水的重要性，喜欢喝白开水，遵守饮水规则，能够喝足量的水，做到主动喝水，自己接水，养成良好的饮水习惯。

综合活动"蒜苗长高了"是在幼儿观察自然角的时候生成的，教师提供两组新蒜苗让幼儿观察，一组蒜苗由老师随时为其浇水，另一组一周只浇一次水，并在蒜盆里插入了刻度尺，便于幼儿记录蒜苗的高度。老师每天请幼儿观察两组蒜苗，并请幼儿画下蒜苗的样子，一周后，两组蒜苗的高度差距明显，浇水少的蒜苗长得又矮又黄，而浇水多的蒜苗长得又高又绿。幼儿通过不断的观察和讨论，认识到长得高的蒜苗是因为每天都浇水，适当给蒜苗浇水，蒜苗才能又高又绿。通过活动，幼儿知道了多喝水的重要性，增强了幼儿主动喝水的意识。

也有老师提出在科学活动"小便的颜色"中，让幼儿在小便时认真观察自己小便的颜色，早晨起来第一次小便是什么颜色的，喝水以后小便是什么颜色的，让幼儿对自己的身体变化产生兴趣，知道如果自己小便的颜色是黄的，就说明身体缺水了，该喝水了，从而让幼儿主动喝水。喝完水后，再让幼儿观察自己小便的颜色，看看颜色是不是发生了变化，让幼儿知道不能等到口渴了才喝水，要随时喝水。有的老师提出为了培养幼儿喝水的习惯，并让幼儿了解一杯水究竟是多少的概念，在小水杯上贴上高度标记，方便幼儿了解半杯水有多少。

老师们经过研讨，懂得了让环境和幼儿互动的教育意义。在各班级环境创设中，每个班级都针对本班实际情况制作了"今天你喝水了吗？"的环创板块。在此板块中，请幼儿将每天上午、下午的喝水情况进行趣味记录，同时也鼓励幼儿多饮水，看谁的"小水滴"插得多，当然也不能过量。在"今天你喝水了吗？"这个板块中，教师建议还需增添老师饮水的标志，做到和幼儿一致，教育幼儿的同时也保证自己的饮水量，一举两得，使整个幼儿园都拥有良好的饮水习惯。

利用一些小儿歌来贯穿整个饮水环节，如"小杯子，手中拿，水儿清清接满了，多喝水，不生病，小手端平水不洒"。通过儿歌，幼儿不仅明确了饮水的要求，还懂得了多多喝水身体棒。

针对幼儿不明白水量的多少这一问题，我们用了一个小方法，就是让幼儿在心里默数10个数，接凉水时默数5个数，接稍热一点儿的水时再默数5个数，大部分幼儿默数10个数后基本上都可以看到半杯的水量。

两个星期后，我再次走班，发现孩子们能够主动饮水，并且提醒老师喝水，有时候也能够主动去自然角照顾小植物，帮助老师给植物浇水，整个幼儿园幼儿喝水的主动性比原来有所提高。老师也向我反映，班级里孩子的生病情况明显减

少。诸多的改变，让这次关于幼儿饮水习惯的培养有了很大改善。

（二）通过持续教研，实现自我调整，科学饮水

幼儿在园是否具有喝水的意识，是否能够喝足量的水，不仅意味着幼儿的基本生理需求是否得到满足，更从深层次反映出班级的心理氛围及师幼的关系质量。结合幼儿园喝水活动的具体实践情况和幼儿的年龄特点，我们总结提炼出喝水环节对幼儿的常规要求和对教师的指导要求。

对幼儿饮水的常规要求：

1. 知道自己水杯的位置，用后能放回原处。
2. 会用饮水机接水，知道天冷时接温水。
3. 能主动饮水。
4. 接水后，站到一旁喝水，不边走边喝。
5. 能排队喝水，不在盥洗室打闹，不拥挤。
6. 喝水后做好喝水记录。

这些饮水常规都能使幼儿逐步养成良好的饮水习惯，能安静有序地喝水、及时喝水。

对教师的指导建议：教师若经常把"喝水"挂在嘴上，反而会使孩子感到喝水是一种负担。建议教师先了解关于幼儿喝水需要讲究的问题，然后再科学地引导幼儿养成良好的喝水习惯。

1. 别等口渴才喝水。因为口渴时表示身体已经缺水了。
2. 极度干渴时别过多喝水。幼儿渴得厉害时，要让幼儿缓缓饮水，若拿起水瓶喝个不停，会出现胃部不适的现象。
3. 午睡前不宜多喝水。午睡前喝太多水，会影响幼儿午睡的睡眠质量，还有不少幼儿会因此而遗尿。
4. 用餐前和用餐时不宜喝水。不少脾胃阴湿的幼儿，特别爱在饭前和吃饭时喝水。进餐前和进餐时喝水会冲淡消化液，不利于食物的消化和吸收，长期如此对身体不利。
5. 与幼儿达成共识："小朋友要茁壮成长，也要及时喝水哟。"

幼儿之所以不爱喝水，是因为不知道喝水的重要性。教师可以利用一些有趣的故事或讲解，让幼儿明白小朋友为什么要喝水。如与幼儿一起观察植物角，告诉孩子植物生长需要阳光、水分做养料，小朋友也是一样，要想茁壮成长，也要及时喝水。所以教师要注意激起幼儿主动饮水的兴趣，要和幼儿一起饮水，做好榜样。同时，教师在每次引导幼儿喝完水后，注意说"宝贝真棒""喝水真是一件很幸福的事情"这类积极的话来激励幼儿，从而巩固幼儿的饮水行为。

针对饮水环节中幼儿出现一些比较集中又不容易解决的问题，教师都通过园本教研，分析出其深层次原因，并能针对性地采取具体策略与措施来应对，使突

出的问题得到有效解决，从而使幼儿了解饮水对身体健康的重要性，养成良好的饮水习惯。

【成长心语】

　　幼儿园是幼儿成长和发展的重要环境，我们将持之以恒，播种希望与快乐，只为孩子们能够快乐茁壮地成长。在园本讨论活动中，老师们集思广益，如何培养幼儿良好的饮水习惯这一问题得到顺利解决，在实施中效果明显。孩子们逐渐养成了良好的饮水习惯，我们也坚持保教结合的基本原则，把幼儿的安全与健康放在首位，对幼儿发展有合理期望。

　　"授人以鱼，不如授人以渔"这句话一直流传至今。这个简单的道理中所蕴含的教育理念也不断地被人们解读。我觉得，这其中不仅折射出对教育目标的追求，还有对教育策略、方法的思考，对幼儿园一日常规的培养都有很多的启迪。

（南宁幼儿园鹿特丹分园　季秀）

龋齿？肥胖？小信号，大问题！

【案例描述】

　　每年三四月份幼儿园都要进行一年一度的幼儿体检，也是保健室一年当中最忙碌的时候。首先是下发家长通知单，需要家长了解幼儿的必检项目和自选项目，如选择自选项目，需要家长签字。其次，各班要根据幼儿体检项目收取费用，统一上交保健室，保健室再根据上报的体检项目下发化验单、检查记录单，安排场地、安排幼儿早餐等。最后，组织小、中、大班幼儿进行体检工作：早晨，幼儿园为幼儿准备清淡的粥和小菜，吃完早饭做好准备工作（如幼儿如厕、喝水、整理衣物，教师带好手纸、整理好教室物品、分发化验单等）后体检工作正式拉开帷幕。大班幼儿随着年龄的增长和在幼儿园已有两年的体检经历，我们幼儿园的验血检查便从大班幼儿开始。他们也会非常自豪地为弟弟妹妹们做出表率，使得体检工作能够顺利地进行。验完血的小朋友要到其他房间进行视力、牙齿和自选等项目的检查。大、中、小班轮流进行，大约需要三天时间（幼儿园体检人数比较多）。后续工作，如数据整理、统计分析和下发体检通知单更是繁重。前前后后大约需要两个月。接下来，班级教师和保育员收到保健室下发的体检报告单后，会认真地向家长反馈：

　　1.这次体检发现，宝宝的视力水平下降，去医院再复查一下，看看是什么原

因造成的。

2. 宝宝长高了，体重也增加了许多，有些胖了。以后要少吃油炸食品，需要多锻炼了！

3. 宝宝有龋齿了，而且吃水果的时候直喊牙疼，去医院看看如何治疗。

家长的回答往往是"好的，谢谢老师！""我们家某某就胖，像他了""行，如果再疼就上医院给拔了，等换牙就好了"等。

从幼儿园体检整体数据汇总情况来看，幼儿历年患龋齿比例呈上升趋势。从沈阳市总体状况来看形势更为严重，幼儿患龋齿率在80%以上。幼儿体重呈现出超重现象，而且患轻度肥胖、中度肥胖和重度肥胖的幼儿也呈上升趋势。

❁【思考与行动】

一、分析与思考

随着社会经济的飞速发展，人们的物质生活水平不断提高，生活富裕起来的同时育儿方式和儿童膳食结构等的改变，营养物质的丰富，加之独生子女的特殊地位及不科学的喂养，儿童肥胖、龋齿发生率正在逐渐增加。现代社会人们已经普遍认识到儿童肥胖、龋齿并非可爱的标志，反之担心在健康方面有较大的危害。阅读有关研究可知，肥胖可能增加如冠心病、高血压、糖尿病等心血管疾病的患病率，损害心肺功能。同时，在智力发展上产生障碍以及在生活上的诸多不便会影响儿童性格的形成，往往会使儿童形成自卑、慵懒、自暴自弃等性格特点。因此，拥有一口整齐、健康、漂亮的牙齿，对孩子的身心健康、语言发展、性格形成和社会交往都会有一定影响。《指南》指出：健康是指人身体、心理和社会适应方面的良好状态。在健康领域身心状况中第一个目标就是具有健康的体态。儿童是祖国的未来，强国必先强民。幼儿园不仅仅是让孩子吃得好、睡得香、穿得暖，还要让其身心和谐健康成长。因此，我们应当未雨绸缪，为逐渐改善肥胖儿童及龋齿儿童的现状采取必要的干预措施。幼儿园是儿童生活和生长的重要环境，做好幼儿肥胖及龋齿的管理和干预工作也是我们每个幼教工作者义不容辞的职责。

对幼儿肥胖、龋齿的干预要有科学的依据，遵循循序渐进和防微杜渐的原则。应由教师和保育员以及保健医共同进行指导和管理。但从幼儿园的实际情况来看，教师的教育教学及各项活动的工作量已经很大，若由保健医进行干预则许多工作的具体操作会无法实现。综合考虑后，我们决定由保育员来承担此项工作。虽然保育员在幼儿的一日生活中负责配合教师的工作，但也有其相对独立的工作，如保洁、负责幼儿三餐两点、对幼儿进行生活照顾等，保育员都能够很好地参与、观察及指导幼儿的各项生活和活动。并且保育员在长期的业务培训中进行过专业技能和保育理论知识的学习，完全有能力承担此项工作任务。由保健医提供每位肥胖及龋齿幼儿的数据统计分析，教师配合，保教主任主抓，建立三位一体的有效的干预环境。

根据相关资料的学习，对有关幼儿肥胖、龋齿要有明确的认识，教师和保育员需掌握应知应会的相关知识点：

（一）肥胖

1. 什么是肥胖？

人体因各种原因引起的脂肪成分过多，显著超过正常人的一般平均量时称为肥胖。

2. 病因分类

（1）单纯性肥胖症

无明显内分泌、代谢病病因可寻者。

（2）继发性肥胖症

有明显内分泌、代谢病病因可寻者。

3. 中国儿童单纯肥胖症的危机原因累计

（1）家长动机因素：显福、错爱、过度保护、过度喂养。

（2）西方饮食模式：高脂快餐、软饮料、甜食、冷饮、巧克力等。

（3）传统饮食中的陋习：暴饮暴食、大吃大喝、逼迫式劝饮、重肉、嗜腻厚。

（4）体育运动少：运动量小，运动方式少，运动设施少。

（5）静坐生活方式：活动空间小、懒、学习负担重、进食习惯不良。

（6）活动行为方式：营养知识欠缺，食物选择不科学，喂养不当，进食习惯不良。

4. 单纯性肥胖症防治对策

儿童期不使用"减肥"或"减重"的观念，只是把控制增重作为指导思想。

5. 肥胖应该如何预防？

（1）注意饮食，多吃蔬菜、水果。

（2）加强锻炼，多做体育运动。

（3）养成良好的生活习惯。

6. 如何培养良好的饮食习惯和生活习惯？

（1）早餐吃饱，午餐吃好，晚餐吃少，有利于幼儿正常生长发育，少食多餐有利于胖儿减肥。

（2）避免过快进食，养成细嚼慢咽的进食习惯，用餐时间为20~30分钟，以控制进食量。最好每口饭菜咀嚼20次左右。

（3）尽量少喝饮料，儿童每日所需水分以白开水或茶水补充为上选。可以让孩子喝一些容量相对小一点儿的饮料，减少孩子饮料的摄入量。

（4）勿贪食、偏食糖类及高脂肪、高热量食品，尤其是"洋"快餐。

（5）限制零食。有的儿童正餐时吃得不多，但零食不断，致摄入总热能超过人体需要，从而转化为脂肪。

（6）培养儿童参加体力活动和劳动的习惯，每天安排一定时间的户外有氧体育活动，心律 160~180 次 / 分。

（7）每天看电视的时间控制在 1 个小时之内。

（8）用餐后忌立即入睡，可安排散步和站立活动。

7. 肥胖儿童的运动处方

（1）设计原则：安全、有趣味性、价格适中，便于长期坚持，能有效减少脂肪。

（2）设计要素：应注重体重移动的运动，在这些运动中距离比速度更重要。

（3）运动形式：有氧运动、有氧运动与无氧运动交替以及技巧运动。

（4）处方内容：包括运动强度、运动频率（3~5次/周）、运动时间（1~2小时）、运动期限（一年）。

（5）训练方案：每次训练必须先做准备活动，在每个训练活动之间要有小幅度恢复运动（冷身运动）。身体不适或受伤时立刻停止训练。必须教会儿童自我保护技术。

8. 防治与食疗方法

什么是红、黄、绿灯食物？

禁选红灯食品：土豆、白薯、糖、巧克力、甜饮料、快餐、油炸食品、膨化食品、果仁、肥肉、油脂类。

慎选黄灯食品：米饭、面条、馒头、大饼、玉米、豆类、香蕉、葡萄、橘子、西瓜。

多选绿灯食品：瘦肉、鱼、虾、蛋、奶、豆腐、白菜、油菜、芹菜等粗纤维食品。

（二）龋齿

1. 儿童龋齿的危害

儿童处于生长发育阶段，龋齿可影响牙颌系统的发育，造成后天畸形。因龋齿导致的疼痛感会影响儿童的进食。

龋齿如果没有得到及时治疗，还会进一步引起牙髓的炎症和牙根尖周围的炎症，造成难以忍受的疼痛。此外，因为疼痛，儿童长期用单侧牙齿吃东西会影响其颌面部的生长发育，因此，儿童出现龋齿后要及时进行治疗。

不论乳牙还是恒牙都可能发生龋齿，病变的发生一般都很缓慢，龋齿初期，患者不感疼痛，当龋洞发展到牙本质，遇到冷、热、酸、咸、甜的食物时才发生疼痛（一般是酸痛）。如果龋洞较深，与牙髓接近或蛀穿到牙髓，上述性质的刺激可引起难以忍受的酸痛。龋洞内会有食物嵌入，不及时清理会发出腐败难闻的气味。如不及时治疗，最后只会留下残余牙根。

2. 乳牙的作用

很多家长认为，孩子长大了会重新换牙，因此不注重早期牙齿的保健，这种

观点是不对的。乳牙除了承担婴幼儿期的咀嚼任务外，更重要的是诱导恒牙的萌出。乳牙过早缺失或损坏将导致孩子颌骨发育不良，牙齿排列不齐，甚至恒牙发育异常、畸形。所以，一定要做好乳牙的保护工作。

3. 从什么时候开始刷牙比较合适？

婴儿在出生6个月后就开始长乳牙。只要口腔内有牙齿，变形链球菌就存在并附着在牙面上。所以，只要长了牙就应该清洁牙齿，去除牙菌斑。可是，婴幼儿的口腔黏膜和牙齿比较娇嫩，在2岁前，父母可以把纱布缠在手指上，蘸上清水，轻轻擦洗孩子的牙齿表面，每天清洁一次。有一种用硅胶制成的指套牙刷也适用于清洁婴幼儿的牙齿。孩子长到2岁后，父母可以买一套孩子专用的牙具。

4. 避免早期龋齿的一个有效而简易的方法是什么？

多晒太阳，增加钙质的摄入。

5. 哪些食物有利于牙齿健康？

钙： 钙是组成牙齿的主要成分，虾仁、骨头、海带、紫菜、鱼松、蛋黄粉和奶制品都含有丰富的钙。

磷： 磷能让小乳牙身体硬朗、坚不可摧。磷在食物中分布很广，可以让宝宝多吃肉、鱼、奶、豆类、谷类以及蔬菜等。

蛋白质： 蛋白质对牙齿的形成、发育、钙化、萌出起着重要的作用。在各种动物性食物（如肉类、鱼类、蛋类等）、奶制品中所含的蛋白质属优质蛋白质。植物性食物中以豆类（尤其黄豆）所含的蛋白质较多。

维生素A： 维生素A是保护牙龈组织健康的小卫士。在鱼肝油制剂和新鲜蔬菜里都能获取到丰富的维生素A。

维生素C： 牙齿能否有光洁的表面，维生素C可以来帮忙，因为维生素C可以促进形成牙釉质。新鲜的水果，如橘子、柚子、猕猴桃、大枣中都含有大量的维生素C。

维生素D： 除了给宝宝补充鱼肝油制剂外，经常带宝宝进行"日光浴"，是给宝宝补充维生素D的最经济有效的办法。

6. 哪些食物危害牙齿健康？

牙齿作为人体重要的器官，对人们的健康起着重要的作用。口腔专家指出，有些食物会对我们的口腔产生危害，一般含有脂肪、糖、盐的食物，我们应尽量少吃，比如冰棒、巧克力、面包、蛋糕、奶糖、饼干等。碳酸饮料中的酸性物质会腐蚀青少年牙齿表面的牙釉质，常喝碳酸饮料会增加青少年患牙齿疾病的概率。含糖高的食物只应选择在吃饭的时候进食，吃完后及时刷牙、漱口。患龋齿的概率与摄取糖分的多少有直接的关系。

二、行动与策略

（一）根据工作计划制订幼儿肥胖龋齿干预与防控实施方案时间推进表（附表）

幼儿肥胖干预与防控实施方案时间推进表

日期	具体内容及实施	家长工作
×年×月	对教师和保育员进行肥胖知识培训。 根据体检结果，统计超重、轻度、中度、重度肥胖幼儿并建立档案。 制订肥胖儿运动计划。 设计观察记录表。 公布幼儿园肥胖儿干预与预防工作方案。	致幼儿家长的一封信。
×年×月至×月	跟踪观察、指导肥胖幼儿饮食、运动情况。 填写肥胖儿每日饮食、运动跟踪记录表。 班级肥胖干预和防控阶段性总结。 肥胖儿阶段性身高、体重的测量。	下发《适合肥胖儿的运动及游戏》。
×年×月	根据阶段性体检结果调整中、重度肥胖儿档案并重新整理。 根据季节调整运动计划。 跟踪观察、指导肥胖幼儿饮食、运动情况。 请肥胖幼儿家长向幼儿专家进行咨询。	幼儿预防肥胖知识问答活动。
×年×月至×月	跟踪观察、指导肥胖幼儿饮食、运动情况。 填写肥胖儿每日饮食、运动跟踪记录表。	下发家长问卷。
×年×月至×月	跟踪观察、指导中度和重度肥胖幼儿饮食及运动情况。 班级肥胖干预和防控工作总结。 保健医对肥胖幼儿的健康进行检查、数据统计和对比分析，搜集资料、统计问卷，撰写总结。	1. 让幼儿家长及时了解幼儿的健康状况，下发幼儿健康体检单，及时对症干预与防治。 2. 家长会：《肥胖儿干预与预防》工作汇报。

幼儿龋齿干预与防控方案时间推进表

日期	具体内容及实施	家长工作
×年×月	对教师和保育员进行幼儿龋齿专题培训。 根据体检结果，统计龋齿幼儿并建立档案。 设置生活能力课程。 创设保护牙齿小专栏，以积分和兑换小粘贴的形式鼓励幼儿养成良好的生活卫生习惯。 设计龋齿幼儿观察记录表。 公布幼儿园龋齿干预与预防工作方案。	致幼儿家长的一封信。
×年×月至×月	实施幼儿生活能力课程。 跟踪观察、指导龋齿幼儿餐点后漱口和刷牙情况并记录。	
×年×月	继续实施幼儿生活课程并对龋齿幼儿进行生活观察记录。 制作宣传手册，开展爱牙宣传咨询日活动。	请家长参与幼儿园活动。 发放预防幼儿龋齿的小知识手册。
×年×月至×月	继续实施幼儿生活课程并对龋齿幼儿进行生活观察记录。 请市儿保口腔医生到幼儿园检查幼儿口腔，根据家长的需求进行涂氟和窝沟封闭的治疗。	重点让患龋幼儿家长提高防控意识，进行必要的治疗。
×年×月	进行一年一度的体检。对患龋幼儿进行检查并对已经治疗的幼儿解除干预。重新整理档案。 班级龋齿幼儿干预和防控工作总结。	下发体检通知单。

（二）统计肥胖、龋齿幼儿，建立档案

单纯性肥胖儿统计表

序号	班级	姓名	性别	身高、体重评价及肥胖度	诊断
1					
2					
3					
4					
5					

幼儿龋齿统计表

序号	班级	姓名	性别	龋齿数量及位置	诊断
1					
2					
3					
4					
5					

（三）设计观察记录表

肥胖儿运动记录表

班级：　　　　姓名：　　　　肥胖程度：

日期	运动时间	运动内容	运动后记录：										运动后心率
			面色			出汗			精神		呼吸		次/分
			稍红	相当红	惨白	微汗	中汗	大汗	愉快	略疲倦	疲倦	较快	加快	急促	

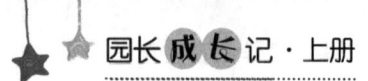

肥胖儿饮食记录表

班级：　　　　姓名：　　　　肥胖程度：

	主食				副食		进餐速度			进食方法		评价		其他
	米饭	面点	面条	包子	先蔬菜	后肉类	25～30分钟	20～25分钟	15～20分钟	先喝汤	细嚼慢咽	正常	较多	
早														
中														
晚														
点														
早														
中														
晚														
点														
早														
中														
晚														
点														

龋齿幼儿每日刷牙、漱口观察记录表

班级：　　　　　　姓名：　　　　　　观察教师：

日期							
早饭刷牙（时间）							
晚饭漱口							
晚间刷牙							
日期							
早饭刷牙（时间）							
晚饭漱口							
晚饭刷牙							

（四）制订运动计划

上学期肥胖儿运动计划

班级	时间	运动项目	第一周	第二周	第三周	第四周	注意事项
小班	九月	骑单车	每天2次，绕操场骑行10分钟	每天2次，绕操场骑行10分钟	每天2次，绕操场骑行15分钟	每天2次，绕操场骑行15分钟	1.每天坚持上、下午各锻炼一次，才能消耗体内的脂肪，长期坚持会达到很好的效果。
	十月	打老鼠	每天2次，每天10分钟	每天2次，每天10分钟	每天2次，每天15分钟	每天2次，每天15分钟	
	十一月	老鹰捉小鸡	每天2次，每次10分钟	每天2次，每次10分钟	每天2次，每次15分钟	每天2次，每次15分钟	
	十二月	袋鼠跳	每天2次，每次10分钟	每天2次，每次10分钟	每天2次，每次15分钟	每天2次，每次15分钟	

(续表)

班级	时间	运动项目	第一周	第二周	第三周	第四周	注意事项
中班	九月	捉尾巴	每天2次，每次10分钟	每天2次，每次10分钟	每天2次，每次15分钟	每天2次，每次15分钟	2.运动强度：中等强度，以微出汗、稍感疲劳、运动后情绪良好为宜。心率小于160次/分，以110~130次/分为宜。3.饭前和饭后半小时内不要跳绳。跳绳前不大量饮水。跳绳运动后不要立即停下，应继续用比较慢的速度跳一段时间，让血液循环恢复正常后再停下来。4.根据天气情况更换运动项目。
	十月	赶小猪	每天2次，每次10分钟	每天2次，每次10分钟	每天2次，每次15分钟	每天2次，每次15分钟	
	十一月	老鹰捉小鸡	每天2次，每天10分钟	每天2次，每天10分钟	每天2次，每天15分钟	每天2次，每天15分钟	
	十二月	两人三足	每天2次，每次10分钟	每天2次，每次10分钟	每天2次，每次15分钟	每天2次，每次15分钟	
大班	九月	放风筝	每天2次，每次10分钟	每天2次，每次10分钟	每天2次，每次15分钟	每天2次，每次15分钟	
	十月	袋鼠跳	每天2次，每次10分钟	每天2次，每次10分钟	每天2次，每次15分钟	每天2次，每次15分钟	
	十一月	赶小鸭	每天2次，每次10分钟	每天2次，每次10分钟	每天2次，每次15分钟	每天2次，每次15分钟	
	十二月	同步跑	每天2次，每次10分钟	每天2次，每次10分钟	每天2次，每次15分钟	每天2次，每次15分钟	

下学期肥胖儿运动计划

班级	时间	运动项目	第一周	第二周	第三周	第四周	注意事项
小班	三月	与蝶共舞	每天2次，每次5分钟	每天2次，每次8分钟	每天2次，每次10分钟	每天2次，每次12分钟	1.每天坚持上、下午各锻炼一次，每天坚持半小时以上，才能消耗体内的脂肪，长期坚持会达到很好的效果。 2. 运动强度：中等强度，以微出汗、稍感疲劳、运动后情绪良好为宜。心率小于160次/分，以110~130次/分为宜。 3. 上、下楼所消耗的能量相当于散步的5倍，游泳的2.5倍。逐步达到每次半小时。每爬10分钟后，休息5分钟。 4. 根据天气情况更换运动项目。
小班	四月	风车转转转	每天2次，每次8分钟	每天2次，每次10分钟	每天2次，每次10分钟	每天2次，每次12分钟	
小班	五月	老鼠尾巴长不了	每天2次，每次8分钟	每天3次，每次10分钟	每天2次，每次10分钟	每天2次，每次15分钟	
中班	三月	与蝶共舞	每天2次，每次8分钟	每天2次，每次10分钟	每天2次，每次12分钟	每天2次，每次12分钟	
中班	四月	捉尾巴	每天2次，每次10分钟	每天2次，每次10分钟	每天2次，每次12分钟	每天2次，每次12分钟	
中班	五月	踩影子	每天2次，每次10分钟	每天2次，每次10分钟	每天2次，每次12分钟	每天2次，每次15分钟	
大班	三月	捉尾巴	每天2次，每次10分钟	每天2次，每次10分钟	每天2次，每次12分钟	每天2次，每次15分钟	
大班	四月	踩影子	每天2次，每次10分钟	每天2次，每次10分钟	每天2次，每次12分钟	每天2次，每次15分钟	
大班	五月	夹球奔跑	每天2次，每次10分钟	每天2次，每次10分钟	每天2次，每次12分钟	每天2次，每次15分钟	

（五）家园配合，进行龋齿防治

<h3 style="text-align:center">致家长的一封信</h3>

——幼儿园防控龋齿系列活动三

亲爱的家长朋友：

　　你们好！

　　幼儿园从2010年9月开始实施《幼儿园防治幼儿龋齿实施方案》以来得到家长的大力配合和支持，在此表示衷心的感谢！防治幼儿龋齿工作的开展，使我们共同认识到牙齿健康对幼儿身体生长发育的重要性。在新的学期里，我们会一如既往地做好防控龋齿的各项工作。

　　幼儿一年一度的健康体检即将开始，借此契机，幼儿园特别与市儿保所口腔科就防控幼儿龋齿的相关问题进行咨询与沟通，市儿保所对我们的防控龋齿工作给予了高度的肯定，并提出3月末到幼儿园为幼儿进行现场口腔检查及涂氟保护漆的服务。虽为自选的体检项目，希望家长从保护幼儿牙齿健康出发，做到早发现、早预防、早治疗，防患于未然。希望各位家长能同幼儿园一起为幼儿终身健康成长奠定良好基础而努力。

【成长心语】

　　早在教育部2001年颁布的《纲要》中就明确指出："幼儿园必须把保护幼儿的生命和促进幼儿的健康放在工作的首位。"《指南》又从幼儿学习与发展的角度提出了幼儿在健康领域应该学习与发展的具体目标。其目的就是指导我们围绕幼儿的健康做好各项工作，促使幼儿健康成长。幼儿园阶段是幼儿身心迅速发展的重要时期，关注和促进幼儿的身体健康和心理健康，是幼儿阶段保育和教育的首要任务。这不仅关系到幼儿当前的健康状况，还会对其未来的发展乃至一生的健康产生重要、深远的影响。

（东北育才幼儿园 李威玉）

"迷宫"事件，谁之过

【案例描述】

一天早晨，月月（化名）没有入园，但她的父母却气势汹汹地站在了小一班的门口。月月爸爸先对主班陈老师开了口："昨晚月月回家后就说害怕，一开始大人也没在意，后来半夜突然哭醒了。孩子一直在说'我害怕！'"接着，月月妈妈也激动地对陈老师喊起来，陈老师听得一头雾水。月月的爸爸又说："孩子说，昨天陈老师让她进一个小屋里，都是墙，她害怕！"陈老师终于听明白了孩子是因为什么事情吓到了，但家长误认为是老师惩罚孩子并把孩子关进了小黑屋。

孩子所惧怕的"小黑屋"到底是什么？陈老师快速地在脑海里搜索昨天带班时的每一个场景，回忆月月的种种表现……昨天带孩子去户外玩迷宫的时候，月月不肯走迷宫，还胆怯地说："老师，我害怕！"陈老师鼓励她，还让小朋友带着她走了一段……陈老师把事情的经过向家长做了说明，进行了分析，并请家长把月月带到幼儿园来，确认一下老师的判断。

可能是月月父母对女儿的性格比较了解，或是觉得老师的解释还算合理，于是他们就配合地把月月带过来。老师问月月："有一个很可怕的小黑屋是吗？你能告诉我它在哪里吗？"孩子点点头。陈老师有意带孩子到迷宫场，指着立体迷宫说："我们到那里玩一会儿好不好？""不好！"月月马上有反应，呜咽地说："我不去，那有小屋，都是墙，我出不去啊！"这时候，月月父母的态度和脸色明显缓和了，事情水落石出的时候，家长满怀愧疚地向陈老师道歉："对不起，对不起，我们误会您了！"

【思考与行动】

事后，陈老师主动找到了园长，将事情的来龙去脉进行了讲述和反馈。"迷宫事件"引起的幼儿心理恐慌是谁之过？作为管理者，我们围绕立体迷宫的游戏特点、教师的专业素养以及幼儿园户外玩具的配置等问题进行了深层的反思与分析。

1.幼儿园中的迷宫游戏多数是从图书上的平面迷宫开始的。年龄不同，迷宫的难度也不尽相同。5岁左右的幼儿，随着空间知觉的不断发展，开始尝试制作半立体的迷宫，如用鞋盒盖粘贴吸管或用细纸板设计迷宫通道，再放入小球进行游戏等。立体迷宫是平面迷宫的进一步发展，较平面迷宫更为复杂，也更为有趣。走迷宫能有效地提高幼儿的有意注意和空间智能，帮助幼儿学会整体观察、全方位思考，培养逆向思维能力及沉着冷静、敢于挑战的品质等。但立体迷宫需要幼儿具备较好的注意力、观察力、分辨能力、思维能力以及记忆能力，而这些对于小班幼儿来说显然是不适合的。5~6岁的幼儿可以玩一些简单的立体迷宫，但建议成人陪同，并在围墙高度上充分考虑到幼儿心理的承受能力，避免让幼儿长时间在复杂的、封闭的环境中产生焦虑和恐惧而适得其反。幼儿园的迷宫高度已超出该幼儿身高且相对复杂，是造成该幼儿心理恐惧的直接原因。

2.从以往的现象看，幼儿园教师在组织幼儿开展户外游戏时，大都忽略了幼

儿的身心发展特点，随机选取玩具与器械的概率较大，常常看哪个玩具闲置或玩的人少便带领幼儿到哪里去玩。该案例中，教师一是没有根据幼儿的年龄特点选择适宜的游戏器械；二是对幼儿发出的信号没有给予正确的处理，这便是造成该幼儿恐惧的间接原因。

3.幼儿园面对的是3~6岁不同年龄的幼儿，他们的发展目标和教育目标是不同的，因此作为促进幼儿发展的玩具和游戏材料就需要进行科学合理的选择和配备，并应及时培训和指导教师明确玩具适宜的年龄阶段及正确的使用方式。该案例中，幼儿园在购置迷宫玩具时欠缺考虑，同时也忽略了对教师的专业培训，这是事件发生的根本原因。

基于上述思考，我们利用业务学习的时间对教师进行系列培训，结合《指南》帮助教师熟练掌握本年龄段幼儿动作发展的特点，分析和讨论目前幼儿园各种户外大型玩具的功能、特点及预测可能存在的隐患，对园内大、中、小型器械进行功能分类。并在此基础上梳理和制定出《幼儿户外器械配备建议表》，使教师进一步明确和把握各个年龄段体育运动内容的同时，也对一些不合理的户外玩具进行了整改或淘汰。

附件1：

3~6岁儿童基本动作发展特点

基本动作	3~4岁（小班）	4~5岁（中班）	5~6岁（大班）
走	基本消除全身紧张的现象，但由于腿部缺乏力量，脚掌缺乏应有的弹性，身体左右摆动大，两臂摆动不自然，控制身体的能力差，很难避开障碍物。	步幅稳定，上、下肢摆动比较协调，并有了初步的节奏感。	能走得自然轻松、有精神、有节奏，摆臂较适度，步幅较均匀，身体姿势基本正确。
跑	已有明显的腾空，但仍以小碎步跑为主，步幅小且不均匀，动作缺乏节奏感，两手臂仍不能配合脚的动作来摆动，常常是直臂摆动，或是将臂夹在身体的两侧不动。	已基本上掌握了跑步的正确姿势，跑时蹬地较有力且表现出一定的节奏感，步幅也较大，动作的协调性较好，控制跑的速度和方向的能力有了明显的提高和发展。	跑步自然轻松，步幅均匀，有一定的节奏感，步幅较大。控制跑的方向感与能力有了明显的提高。

（续表）

基本动作	3~4岁（小班）	4~5岁（中班）	5~6岁（大班）
跳	已经能够双脚跳起，但动作的协调性较差，弹跳力小，跳得低，手臂的摆动和脚的蹬伸配合不好，脚落地时沉重，不会屈膝缓冲，而且在做跳跃动作时，几乎全身都处于紧张状态，不会将重心前移。	上、下肢逐渐配合协调，有蹬地意识，落地会缓冲，会向前跳、向上跳、单脚跳等各种技能，基本会移动身体的重心。	蹬地意识明显增强，跳得高，手臂的摆动与蹬伸配合协调，但落地时依旧沉重。会落地缓冲，会进行各种较为复杂的跳跃。
钻	基本掌握正面钻的动作要领，但在钻的过程中，有时还不能较好地掌握屈膝、弯腰和紧缩身体的动作。	正面钻的动作掌握得较好，并且基本上学会了侧面钻的动作，但在两腿屈与伸的交替动作方面，有时还不灵活。	钻的能力发展较好，已能较灵敏、协调、正确地钻过各种障碍物。
攀爬	协调地掌握了手膝着地爬行外，多半会并手和并脚攀登，但动作不够灵敏，协调性较差，手握横木的姿势有时不正确。	较好地掌握手膝着地爬行外，爬越比较熟练；能以匍匐、膝盖悬空等多种方式钻爬；能以手脚并用的方式安全地爬攀登架和网等。	在上下攀登时表现出手脚交替的动作，能在攀登设备上较熟练、灵活地做钻、爬、移位、悬垂等动作，动作较灵敏、协调。
投掷	投掷时爆发力小，不会挥臂，物体出手的角度小、速度慢、距离短，不会转体和移动重心，常常将物体往地上扣；由于目测力和协调性差，物体投掷的方向也不准，抛球时两手抓球比较困难，掌握不好挥臂和放手的时机。	逐渐学会投掷时挥臂、甩腕动作，动作较有力、较协调，投掷的距离也较远，有一定投掷目标的意识和方向感。	投掷力量大，有方向感，投掷距离较远。通常男孩比女孩掷远能力要强一些。

(续表)

基本动作	3~4岁（小班）	4~5岁（中班）	5~6岁（大班）
平衡	一般在走、跑、遇到障碍物躲避时都能保持身体平衡，但在快跑、转弯、突然停止或从高处跳下时，往往不能及时调节身体的平衡，容易摔倒。能走平衡木或窄路，但常常低头、耸肩，走时身体摇晃，两脚不敢交替向前迈步。	能较熟练地掌握走平衡木、单脚站立和原地旋转的要点；喜欢走窄路、旋转、闭目走和翻滚活动。	平衡能力显著提高，走平衡木时，能保持身体正直，上、下肢协调，显得轻松自然，而且能大胆地在平衡木上做一些改变姿势的动作，同时，幼儿在活动中还能及时调节身体、适应活动的需要，保持身体自如、平衡。

附件2：

幼儿园户外器械配备建议表

年龄段	种类		规格要求	数量
小班	大型	攀爬滑行	小型滑梯、攀爬架、钻爬隧道等（限高1.6米）	各1件/园
		摆动平衡	荡船或荡桥、跷跷板、小型秋千等（限高1.6米）	
		旋转弹跳	弹簧动物、小蹦床、转椅等（限高0.5米）	
	中小型	运行类	摇马、三轮车、脚踏车、步行车	班均2件以上/类
		钻爬类	拱形门、钻网、爬垫、钻爬筒（直径50厘米）	
		投掷类	趣味投掷篮、投掷板	
中班	大型	攀爬滑行	中型滑梯、螺旋、波浪滑梯组合（限高2.2米）	各1件/园（可为大型组合）
		摆动平衡	中型荡船、跷跷板、秋千	
		旋转弹跳	蹦床、转筒	
	中小型	运行类	儿童自行车、独轮推车、平衡脚踏车、滑板车	班均2件以上/类
		平衡类	平衡梯、梅花桩、滚筒、组合平衡板、平衡木	
		钻爬类	隧道钻筒、钻杆、钻筒、拱形门（高50~60厘米）	
		投掷类	小篮筐、拳击袋、投掷物	
		弹跳类	蹦床、弹跳球、跨栏、跳箱（限高45厘米）	

(续表)

年龄段	种类		规格要求	数量
大班	大型	攀爬滑行	攀登架、滑梯、爬网、攀岩	各1件/园（可为大型组合）
		摆动平衡	秋千、荡船或荡桥、跷跷板、滚筒	
		旋转类	大转筒、大陀螺、平衡旋转器	
		弹跳类	弹簧座椅、压力板、蹦床	
	中小型	运行类	独轮车、平衡车、滑板车、摇摇车、两轮车	班均2件以上/类
		钻爬类	钻杆、爬网、隧道、钻筒、拱形门（50~60厘米）	
		投掷类	儿童篮球架、投掷板、拳击袋、拳击靶、磁性投靶	
		平衡类	平衡步道、大龙球、平衡木（长300厘米、宽10厘米、高30厘米左右）	

❀【成长心语】

人们常说，想要了解儿童就要走进儿童的世界。孩子身体上的不适是我们用眼睛就可以观察到的，而心理的问题则需要我们用心去揣摩。显性的身体健康固然重要，隐性的心理健康更不容忽视。在幼儿的一日生活中，首先，园长要善于引导教师用眼睛、耳朵、心灵去解读幼儿的所思所想，特别是对于那些曾经透过肢体、语言、行为已经传递给我们"信号"的孩子要格外关注；其次，园长应充分把握各类玩具采购的大方向，既不能贪图便宜购买影响和威胁幼儿安全与健康的器械，也不能盲目地选择和配置超出幼儿年龄特点、功能重复或单一的玩具器械，限制幼儿的发展，影响幼儿的心理健康。

（东北育才幼儿园 陈辉）

尊重、顺应婴幼儿——在盥洗过程中教师的思考

❀【案例描述】

在巡视托班幼儿盥洗的过程中，我发现南南班的四位老师组织幼儿同时进行如厕和喝水活动，幼儿分成两组，两位老师带一组幼儿如厕，另两位老师带二组幼儿喝水，之后再交换。出现的问题：1.盥洗室拥挤，存在安全隐患；2.两个环

节所需的时间不同,出现等待现象,在等待的过程中,会出现幼儿打闹以及等不及尿裤子的现象;3. 突发事情发生的时候,老师照顾不到。宁宁班,先分成两组,两位老师带一组幼儿如厕、洗手、喝水,另两位老师带二组幼儿在活动室,之后交换。出现的问题:1. 整个盥洗环节时间长;2. 孩子等待时间长;3. 突发事情发生的时候,老师照顾不到。

【思考与行动】

一、分析与思考

由于2~3岁托班婴幼儿的年龄特点,如厕、盥洗、喝水是幼儿园每天最多的生活环节;在盥洗环节中开展保教工作,应做到"以养为主",把婴幼儿的健康、安全及养育工作放在首位。坚持保育与教育紧密结合的原则,保中有教,教中重保。促进婴幼儿生理与心理的和谐发展。尊重、顺应婴幼儿自然的生理发展规律,加强生活护理,用一对一的方式帮助和指导盥洗。

结合发现的问题,我们组织全体老师展开对如何在盥洗过程中尊重、顺应婴幼儿自然的生理发展规律进行研讨,做到以养为主,培养其良好的盥洗习惯。在研讨的过程中发现:

1. 教师对2~3岁婴幼儿生理心理发展特点掌握不精,缺乏合理的、科学的方法顺应婴幼儿的发展需求。

2. 给孩子提供的盥洗时间短。在建园时结合托班的特点制定了《托班一日生活作息时间表》,为了保证孩子有足够的其他活动时间,压缩了盥洗时间。

3. 考虑到安全因素,老师们愿意采用集体方式进行盥洗,盥洗后再集体返回,这样即便是混乱,孩子也都在老师掌控的范围内。

4. 如厕、盥洗、喝水是很烦琐、枯燥的环节,每天多次循环进行,周而复始,让老师感觉乏味,没有充沛的精力进行反思及提出有效的策略。

二、行动与策略

1. 深入学习,解读2~3岁婴幼儿生理、心理发展特点,了解其发展需求,树立"关爱儿童、满足需求、以养为主、教养融合、关注发育、顺应发展、因人而异、开启潜能"的教养理念。

2. "生活即课程",重新制定一日生活作息时间,优化各项活动,保证孩子们有充足的盥洗时间。

3. 调整教师一日生活工作流程,科学规划好盥洗环节,使其制度化,有利于更好地管理和监督。

经过全体教师多次研讨,大家找出盥洗的次序:如厕—洗手—喝水;需要解决的问题:混乱嘈杂。发现了盥洗环节中存在的问题:不能做到一对一帮助和指导孩子们盥洗;等待时间过长;不能充分利用盥洗环节,发挥其教育作用;教师分工杂乱,完成效果不好;存在安全隐患。

为了找出有效的策略,老师们集思广益,热烈讨论,最后通过教师有效分工和有效站位的方式解决以往出现的问题。

教师站位及分工：1.保育员老师在厕所站位，负责如厕的孩子，帮助能力差的孩子脱提裤子，鼓励能力强的孩子自己整理衣服，大便后自己擦屁股；2.A老师在盥洗室站位，负责便后洗手的孩子，帮助其整理衣裤，指导其使用正确的方法洗手，适时贯穿一些按秩序排队、礼让、帮助他人、节约用水等教育内容；3.B老师在门厅站位，负责孩子喝水，适时贯穿一些喝水有益健康、按秩序排队、礼让、帮助他人等教育内容，帮助孩子整理衣裤；4.C老师在活动室站位，负责盥洗前提出要求，组织等待盥洗和盥洗结束后回来的孩子进行活动，帮助孩子整理衣裤。教师这样分工后，由C老师根据班级孩子的人数和盥洗的速度，依次错峰地输送孩子去盥洗。经过反复实践，我们对《教师一日生活工作流程》盥洗环节进行了修改，最后，大家逐一细化了每个环节的解决策略。

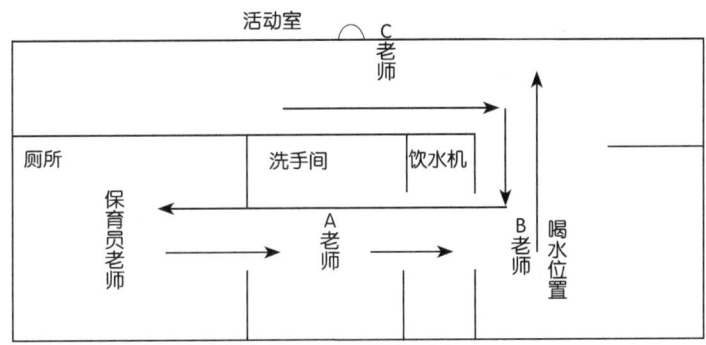

目标：

1.有大小便时主动如厕。

2.乐意有序地排队等待。

3.养成饭前便后洗手的好习惯。

4.有初步的自我保护意识。

对孩子的要求：

1.知道男孩、女孩分厕；大、小便要便在池里；能够按照老师的指令进行分组盥洗，在盥洗室不推不挤，不嬉戏打闹。

2.有自我服务意识，主动整理衣裤，主动找老师帮忙。

3.用六步洗手法洗手，冬天用温水洗手，用自己的小毛巾擦干手心和手背。

4.喝水时，每次接半杯水，先接冷水，再接热水，站在标记线上喝水。

5.认识自己的小标记，使用自己的小毛巾和小水杯，站到地标上排队盥洗。

对老师的要求（上午班老师）：

1.向幼儿提出盥洗要求。

2.将幼儿分组交给下午班教师。

3. 组织未盥洗和盥洗后的幼儿游戏等待。

对老师的要求（下午班老师）：

1. 组织一组幼儿站排，将幼儿送到卫生间如厕。在卫生间出口处，协助整理幼儿衣服。

2. 在盥洗室协助助教组织幼儿洗手。

3. 站在门厅和盥洗室交界处。组织幼儿喝水，提醒幼儿使用自己的水杯，排队接水，先接凉水，再接温水，每次接半杯水。提醒幼儿站在标记线上喝水。喝水后提醒幼儿将水杯送回原来位置。随时观察地面水渍，及时擦干。

4. 盥洗后组织幼儿回到活动室，交给上午班教师。再组织一组幼儿盥洗。

5. 检查、整理盥洗后幼儿的水杯和毛巾。

对老师的要求（助教老师）：

1. 走进盥洗室，在盥洗室与卫生间交界处就位。协助白班教师整理幼儿衣服。

2. 帮助或指导每个幼儿将袖子挽至胳膊肘处，防止水溅湿衣袖。指导幼儿打开水龙头（冬季用温水），打香皂，按六步洗手法洗手，教育幼儿节约用水，控制水流大小。洗完手后要检查幼儿手上的香皂是否冲洗干净，提示幼儿手心朝上，对准水池内轻轻甩手，提醒幼儿使用自己的毛巾擦干手心、手背的水迹，帮助幼儿将袖子放下来。督促未洗手的幼儿排队等待。

3. 密切关注每个幼儿的洗手过程，对搓洗不仔细、冲洗不干净等行为，教师要耐心地给予动作示范和语言提示。

4. 采用竖大拇指、亲抱幼儿、语言鼓励、同伴示范、环境暗示等方法，及时鼓励幼儿洗手过程中的良好表现，促进幼儿良好洗手习惯的养成。

5. 教育幼儿懂得洗手对身体的好处，饭前便后、活动后、手脏时主动洗手。

6. 协助下午班教师组织幼儿喝水。大部分幼儿喝完水后，助教负责让个别剩余幼儿喝水，待其喝完水后将其送回活动室。

7. 填写幼儿一日观察记录的排便次数。

对老师的要求（保育员老师）：

1. 在卫生间就位，将幼儿便盆摆放好。

2. 消除幼儿对在幼儿园如厕的恐惧感。指导和帮助幼儿脱裤子，扶幼儿到小便位置，协助幼儿上、下台阶。

3. 督促未如厕幼儿排队等待。

4. 及时为排便幼儿擦净屁股，观察幼儿排便状况，发现异常应立即上报上午班教师和保健医，及时处理。

5. 提醒助教填写幼儿一日观察记录。

6. 清理小便池、蹲便和便盆，给便盆喷消毒水消毒。

7. 清理洗手池，擦干盥洗室、毛巾架下方地面上的水渍。

突发状况处理：

1. 情绪不稳定幼儿：留在活动室，由上午班教师安抚。
2. 特殊依赖个别教师幼儿：由教师单独带领在自己负责的区域安抚。
3. 弄湿衣服幼儿：待大部分幼儿回到活动室后，下午班教师或助教带幼儿到指定位置更换，然后将幼儿送回，并告知保育员老师晾晒衣物。
4. 便裤子幼儿：保育员老师带幼儿在座便上再便一会儿，直到便完。脱掉幼儿弄脏的裤子、鞋袜。助教取幼儿拖鞋和干净衣物。白班教师和助教准备干净温水，给幼儿冲洗擦拭（幼儿不可光脚着地、教师不可戴手套）。助教在指定位置给幼儿穿好裤子、鞋袜。送幼儿回活动室，再返回卫生间开窗通风。白班教师清理便盆并消毒，清洗脏衣物晾晒，消毒水池，清洗双手。

【成长心语】

> 如厕、洗手、喝水是托班一日生活活动的重要内容，也是婴幼儿身心健康发展的基础。在开展保教工作时，应把儿童的健康、安全及教养工作放在首位。了解其重要性后，教师的不断反思是很重要的，这时园长要善于引领广大教师找出存在问题的原因，如何走向发展，在找出有效策略的同时，要清楚所要遵循的工作依据、理论依据，反复推敲和实践。在这一过程中还要尊重教师的保育教育经验，鼓励教师大胆思索，最终达到目标。相信我们的老师能够坚持保育与教育紧密结合的原则，自然渗透，教养合一，尊重、顺应婴幼儿的自然生理特点，提高生活护理质量，为促进婴幼儿生理与心理的和谐发展而努力。
>
> （沈阳市和平区南宁幼儿园　赵一洁）

幼小衔接我们"衔接"什么？

【案例描述】

近年来，很多幼儿园的大班都面临一个不可回避的问题：幼儿数量减少，退园入学前补习班。对于中途办理退园的幼儿，我会从园长的角度亲自约谈家长，了解幼儿离园的真正原因。近两年来，大班幼儿中途离园的人数有增多的趋势，绝大多数家长都把孩子送到补课机构进行"幼小衔接"学习。

一次，在和一个离园的大班家长聊天中，她的一句"唉，我办退园都办后悔了"引起了我的注意，深入了解后家长说明了原因：在一次家庭聚会中，几个同

龄的孩子一起嬉戏玩耍。席间，大人给孩子们出了数学计算和背诵古诗的问题，别的孩子会的内容很"多"，相比之下，感觉自己只会玩的儿子"逊色不少"。于是，家长十分着急，赶紧给孩子报了学前补课班。进入补课班的前两周，确实感觉孩子与同班同学有差距，可是从第三周开始，孩子马上赶上来了，对知识吸收理解得非常快，一下子在班级里非常突出！妈妈很好奇地与孩子认真交流后发现，虽然看似在幼儿园什么也没学，但是孩子在游戏中对数学概念的累积和前阅读书写能力的培养已经奠定了他进一步学习的能力。家长说，早知道他适应这么快就不着急办理退园了！

我邀请这位家长和我们幼儿园的家长们进行经验分享，大班家长们似乎都明白了这个道理，但是轮到自己为孩子选择的时候还是半信半疑，尤其看到别人家的孩子都去补习班，自己也不自觉地卷入其中，大班退园的现象似乎也没有多大改变。

【思考与行动】

一、分析与思考

"大班退园上补课班"已经成为现在很多幼儿园的常见现象，退园的幼儿大致分为两类：一类是家长以"不输在起跑线上"为名，希望通过让孩子提前学习小学知识而比同龄人更优秀一些；另一类是家长本身不希望提前退园，但是周围的孩子纷纷去了补课班，自己就跟风退园让孩子去学习小学课本了。针对这种退园现象，有些幼儿园为了减少成本支出，大班开始并班开展教育活动，致使大班的活动质量与"退园潮"形成恶性循环。对于我们幼儿园来说，大班退园上补习班的幼儿相对不多，但是每个班级都有。虽然教师经常在班级里答疑解惑，家长对幼儿园大班开展的教育活动也很认可，但是外部环境让家长们焦虑不已，对在园的幼儿和班级活动都造成一定程度的影响和干扰。

家长们曾经一度请求幼儿园多增设小学课程内容，但是作为幼教专业人员，"去小学化"是我们坚守的一块重要阵地。在社会提倡"幼小衔接"而非"小幼衔接"的大环境下，我们必须拿出更加接地气的做法，让家长明其道理、树其信心、领其行动，共同帮助孩子们愉快、自然地完成"幼小衔接"。基于此，我们从改变家长理念入手，开展看得见、摸得着的课程，如思维游戏、体验活动、学习评价等，让家园携手形成合作联盟，帮助幼儿平稳过渡。

二、行动与策略

（一）引导家长转变理念

"大班退园"现象的主导者是家长，因此，我们以已有的"家长学校"为载体，转变家长的教育观念。

1. 时间

家长的认识和观念并非一朝一夕形成的，因此，针对大班家长开设的幼小衔接系列问题讲堂应安排在中班结束后、大班开始前,给家长充分思考和消化的时间。

2. 形式

专家集中报告式:有利于将专家的理念和经验与大家即时分享,受众群体大,信息量大。

家长沙龙座谈式:将同类家长、同类问题进行统计和解决,形式灵活,时效性强。

班级家长会式:由班级教师对班级幼儿整体情况进行分析,有针对性地提出建议和意见,可操作性强。

无论是哪种形式的讲堂,前期做好调研工作很有必要,不同时期不同群体的家长会有不同的担忧和诉求。例如,通过家长问卷的形式了解家长对幼小衔接中的问题和存在的困惑,在讲座或沙龙过程中我们以点带面地予以回复,使每个家长都能学有所得。

3. 主讲人的选择

主讲人可以是幼儿教育专家、小学教育专家、小学校长、小学一线教师、往届幼儿家长。通过实践总结我们发现,小学一线教师尤其是小学低年龄段优秀的班主任教师讲座很受家长的欢迎,其次是往届幼儿家长。这两类人群的讲座内容更加具体形象,家长的共鸣度高。

4. 小学体验活动的组织

组织大班家长实地参观小学,亲身感受小学生活的气息和师生们的状态。通过自主观察体验,了解幼小衔接中自己孩子的努力方向是什么。

(二)开展大班衔接课程

1. 幼小衔接的知识储备——思维游戏课程

很多小学低年级老师反映,对于上过学前班的孩子,他们往往需要花更多的时间去纠正孩子学到的错误知识,如拼音、笔画等。幼小衔接的知识并不是家长们所认为的拼音、计算、识字等,而是能够学习上述知识的自主能力和学习中的思维方式。如果形成良好的思维习惯和学习习惯,上小学后的知识学习是很容易进入正轨的。因此,我们根据大班幼儿年龄特点,从专注力和思维游戏两个层面设计了大班幼小衔接课程。

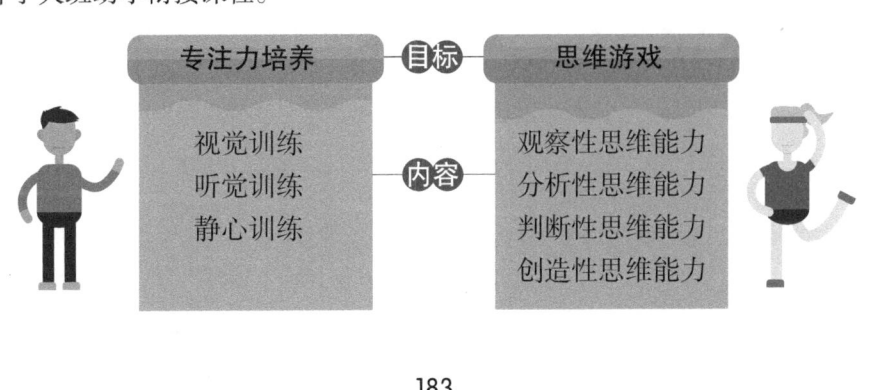

2. 幼小衔接的能力储备——体验游戏课程

从幼儿园升入小学后，孩子的自我服务能力需要迅速增强，教师从幼儿园的事无巨细到小学的以课堂为主，会让孩子在感受充分自由的同时，失去一定的依靠并伴随安全感的缺失。为了锻炼幼儿的独立性和自我服务能力，我们大胆设计了体验游戏课程，即以幼儿园为社会小背景，创设相对独立的自主空间，让幼儿学会独自处理问题。由于大班幼儿在6月份即将毕业，故所有体验课程分布在3、4、5月份进行。

东北育才幼儿园幼小衔接园本主题活动计划

时间	目标	内容		
		活动一	活动二	活动三
3月	人际关系与交往能力	我来当老师 每天利用20分钟的时间，鼓励幼儿自主准备为大家讲授的内容，并以平行上课形式为小组成员（4~5人）讲授；保证一个月内每名幼儿至少讲授一次。	幼儿园里大搜罗 每名幼儿按照任务单上图文并茂的场所标志，独立寻找幼儿园10个场所，并完成各场所及部门人员的盖印章任务。	争做小明星 1.书写小明星 2.倾听小明星 3.全勤小明星 4.友爱小明星 5.规则小明星 制作《争做小明星》卡片，人手一张。每天关注幼儿上述行为，并用粘贴的形式进行记录；每周评选一次，每月根据粘贴数量兑换勋章及学习用品。
4月	任务意识与完成能力	我是班长 每天早上请一名幼儿做班长进行任职演讲，并管理班级以及为幼儿做事。	小小记事本 幼儿园为每人分发一本小记事本，鼓励幼儿记录一日生活及教师布置的任务，持续使用到毕业。	

（续表）

时间	目标	内容		
		活动一	活动二	活动三
5月	独立意识与自理能力	自己进幼儿园 家园配合，鼓励幼儿每天自己进幼儿园，自主晨检，并安全、及时地进入班级。	一个都不能少 幼儿自备书包入园，自备基本学习用品并做好教师下发的物品清单记录（一式两份）。幼儿每天清点物品，教师每周进行检查。	

（三）学习能力评价

我们的幼小衔接课程旨在培养幼儿适应进入小学生活的能力和习惯，其外在表现形式为活动和游戏。对于家长这个幼小衔接重要的合作伙伴来说，应该保持与幼儿园同步的教育思想和做法。然而，当我们教师在与家长沟通孩子幼小衔接的问题时，由于评价比较主观、沟通时间碎片化，家长对此重视程度并不是很高。为此，我们重新思考幼小衔接课程的反馈形式，从学习能力评价的角度及时给予家长反馈和指导，通过不同的笑脸弱化等级差异，让家长了解孩子在班级或同龄幼儿群体中某几项学习能力水平所处的位置。有了主观描述和平行参照，家长的态度端正起来。同时，定期的表格式客观、及时、有效的反馈让家长不骄不躁，明确自己孩子努力的方向。

❀【成长心语】

> 　　幼小衔接工作是教育领域的一个敏感话题。从认知层面上，专家、教师、家长都能意识到衔接的不是知识而是能力；从实践层面上，由于该项工作涉及幼儿园和小学两个主体，所以幼小衔接工作的实际开展并非容易的事，幼儿园和小学应该完成的各自教育职能往往被社会培训机构商业化了。基于此，我们幼儿园做幼小衔接工作，就要把正确的认知付诸实践，通过各种实践体验让家长的认知得到疏通，也正是这些实践体验产生的幼儿能力变化让家长心里有底。家长内心稳定了，头脑理智了，家园才能够形成合力，共同帮助大班幼儿顺利渡过幼小衔接期。
>
> （东北育才幼儿园 原 媛）

幼小协同 科学衔接 为幸福人生奠基

【案例描述】

每年进入五六月份，很多幼儿园大班幼儿出现流失现象，各种以幼小衔接名头招生的培训班很受欢迎，甚至在很多城市出现了"天价学前班"的现象。各种培训班的课程设置大体相同：以小学一二年级教材中的拼音、识字、计算等为主要学习内容；遵照小学生作息时间安排课时；采用小学课堂的教学方式进行集中授课。这些极端"小学化"的行为偏离了幼小衔接的轨道，完全忽视了幼儿身心发展规律，不仅不能为孩子入学"减负减压"，反而导致孩子在"花样繁多"的"衔接"中不堪重负、苦不堪言。这些错误的做法以其功利化、简单化、片面化、形式化等特点得到了部分家长的认同，已经严重影响了正规幼儿园教育质量和生存质量。

【思考与行动】

一、分析与思考

当我们面对幼儿家长不断提出的退园申请时，我们的心理是无比焦虑的。我们对每一个退园的家长进行了访谈，同时也对在园大、中班家长进行了幼小衔接问卷调查，深入了解家长对幼小衔接工作的心理和需求。在对访谈和问卷结果进行分析后发现，在幼小衔接这项工作中，幼儿园和家长存在严重的理念分歧，幼儿园的认识与做法没有得到家长的认同，是造成退园局面的主要原因。

另外，承担幼小衔接工作任务的另一个重要主体——小学，在这个问题上是否也和幼儿园的理念一致呢？我们了解了一部分学校的一年级入学测试，大部分学校的测试内容以拼音、识字、计算等知识测查为主，更有甚者加入了奥数、英语等内容，其难易程度基本等同于一年级上学期期中测试题。这样的做法也变相推动了各类学前培训机构的大量出现，"不能让孩子输在起跑线上"的思想最终让错误的幼小衔接找到了滋生的土壤。

那什么是正确的幼小衔接呢？专家们为幼小衔接界定了这样的概念：是为了使幼儿升入小学后顺利适应小学生活，实现儿童可持续发展，幼儿园、小学和家庭遵循儿童的身心发展规律，相互配合、相互沟通所做的工作过程。在这个概念里，遵循儿童身心发展规律是首要前提，任何违背儿童身心发展规律的做法都是错误的"抢跑"行为。

二、行动与策略

（一）明确目标，把握衔接的方向

理想的幼小衔接，应贯穿于整个学前教育阶段，将幼小衔接工作纳入幼儿园整体课程设置和各项工作规划当中，制定明确的工作目标，有计划地对儿童施加教育影响。花语幼儿园借鉴了上海市制定的幼小衔接工作目标：

1.有入小学的愿望和兴趣，向往小学的生活，具有积极的情感体验。

2. 熟悉小学校园环境，初步了解小学的学习活动特点和课堂教学规范，对各类学习活动形成好奇心和求知欲。

3. 初步养成良好的学习习惯，具备粗浅的适应小学学习生活的能力，以及建立初步的规则意识、任务意识。

在三个目标中，我们以儿童的情感、态度、习惯、能力为主要目标，以关注儿童内在的感受，丰富儿童的经验为主要方式，以体验式教育为主渠道，制订工作方案和课程计划，坚持沿着正确的方向科学有序地开展幼小衔接工作。

（二）三方联动，打造衔接的环境

《纲要》中明确指出："幼儿园应与家庭、社区密切合作，与小学相互衔接，综合利用各种教育资源，共同为幼儿的发展创造良好的条件。"在幼小衔接工作中，我们本着"共话共赢"的原则，积极调动家庭参与幼小衔接的积极性，与幼儿园形成合力，以三方联动的方式打造和谐、有序的衔接环境。

就家庭而言，家长在幼儿入学转折的重要时期起着不可忽视的作用。为了让家长和幼儿园理念一致，我们通过讲座定期向家长宣讲正确的教育理念；在每年大班伊始，面向大班家长开展幼小衔接专题家长会，系统全面地帮助家长了解我园为期一年的幼小衔接工作计划；在班级制订的周工作安排中，特别留出家长工作专栏，清晰明确地指导家长针对个体开展家庭教育。大班毕业前，我们组织毕业生家长参观小学，邀请小学校长、优秀低年级班主任为家长做如何陪伴孩子进入小学的方法指导；定期开展家长开放日活动，帮助家长了解孩子当前的状态，配合幼儿园进行教育，使衔接工作达到事半功倍的效果。

就学校而言，花语幼儿园与浑南区白塔小学仅一墙之隔，两家单位共同达成了幼小衔接工作的共识，成立由园长、校长为核心，由幼儿园毕业班教师、小学低年级班主任为主要成员的幼小衔接工作小组，分三个层面深入开展互动衔接。首先是高层衔接。每学期初，我们都邀请校领导和我们一起召开专项会议，制订学期工作计划。计划中明确幼儿园和小学各职能部门的分工，确保各项工作的有效落实。其次是师师衔接。双方教师定期开展教学研讨活动，并对衔接方案提出合理化的修改意见。小学教师还负责对幼儿园升入该校的学生进行观察和记录，比如孩子们入学后参加的各项活动，在重要考试中的成绩等，为幼儿园深入开展幼小衔接课题研究提供基础性数据。最后是生生衔接。开展"大手拉小手"活动，促进孩子之间的互动交流。大班幼儿走进课堂，亲身体验哥哥姐姐在小学中的学习和生活；小学生谈感受，将自己成为小学生后的一些经验和心得分享给幼儿。我们还经常邀请小学生走进幼儿园，教弟弟妹妹系红领巾、做广播体操和眼保健操，与小朋友一起做游戏等，帮助幼儿与小学生建立融洽的关系，营造和谐的氛围，为其日后的小学生活打好基础。

另外，我们认为，有效的幼小衔接必须从两个方面落实，一个是自下而上的衔接，即以幼儿园为工作主体的"学前准备期"；另一个是自上而下的衔接，就是小学一年级初期也应该设立一个月左右的"学习准备期"，教学模式和方法向幼儿园靠近，尤其是在儿童发展评价问题上更要接近幼儿园的评价标准，体现价值取向的一致性，以便让孩子更好地适应小学生活。

（三）四大板块，凸显衔接成效

为了扎实地做好幼小衔接工作，幼儿园对三大目标进行合理分解，形成四大板块的课程内容，即环境适应、习惯培养、能力提升和知识储备。这四方面内容贯穿于儿童在幼儿园生活的各个阶段，共同推动幼小衔接工作取得显著成效。

1. 环境适应

孩子进入小学之后，面临的第一个问题就是对新环境的适应问题。为了较好地解决这一问题，消除孩子对环境的陌生感和恐惧感，我园充分利用与白塔小学相邻这一地理优势，每月组织幼儿到小学参加一次实践活动。从教室到操场、从体育馆到音乐厅、从食堂到卫生间……孩子们熟悉了学校的每一个功能区，又通过和哥哥姐姐一起上课、一起做操、一起游戏、一起就餐来适应学校的环境，幼儿带着对小学校园的好奇和期待，将小学当成了自己的家园，从而激发幼儿上小学的愿望和对小学生活的向往。

2. 习惯培养

习惯培养是幼小衔接工作中一项非常重要的任务。良好的行为习惯、学习习惯、运动习惯等都对孩子未来的小学生活起着不可忽视的作用。因此，我们要求教师将习惯培养作为教育重点，在每一个生活环节中培养并训练幼儿良好习惯的养成，如科学的饮水习惯、进餐习惯、排便习惯等。为了适应小学的作息规律，大班下学期午睡时间由原来的两个小时缩短为一个小时，六月份开始慢慢取消午睡，改为午间半小时自主游戏，鼓励每名幼儿都能自己组织一到两个游戏活动，尽量减少入学后课间、午间活动的不安全因素。另外，进入大班以后，我们更加注重幼儿的卫生习惯、学习习惯、礼仪习惯的培养，在课程计划中有针对性地开展主题教育活动，帮助幼儿在入学前养成各种好习惯。

3. 能力提升

在帮助幼儿适应环境、培养习惯的同时，我们更注重幼儿能力的提升。提高幼儿的自我服务能力：掌握一些基本的生活技能，具备一定的自理能力，如系鞋带、整理书包、系红领巾、刷牙、叠被子、叠衣服、梳头发等；设置班级"值日生"，鼓励幼儿主动为他人服务，激发幼儿的责任感；提高幼儿与人交往的能力，鼓励幼儿自己设计和组织几个小游戏，在与小朋友们共同玩耍中获得他们的肯定，增强自信心；提高幼儿的学习能力，通过参观小学课堂，让幼儿学习正确的坐姿、举手姿势、写字姿势，日常生活中通过科学的方法对幼儿的专注力进行训练，使幼儿的注意力集中时间逐渐延长；在大班下学期，开展"模拟考试"的小游戏，帮助幼儿了解小学考试的特点和要求，让幼儿具备应对考试的能力。

4. 知识储备

幼儿进入小学之前，需要掌握一些必要的基础知识，为入学做好准备。我们的观点是杜绝一切"小学化"的做法，但绝不排斥幼儿"个性化"的学习和成长。老师们通览小学一二年级语文、数学教材，将部分教学内容与幼儿园五大领域课程内容进行纵向对比分析，有意识地帮助幼儿做好知识积累和拓展。以数学学科为例，一年级教材中有一课叫"整理房间"，涉及的知识点是用不同的方法进行分类和排序。我们把这一课程的内容放到幼儿园日常生活训练中，整理书包、整理图书、整理玩具、整理服装柜等，都要求幼儿说出自己整理的依据，比比谁的方法多，谁的方法好；还有"认识钟表"一课，要求学生掌握整点和半点，我们就利用每天的活动区和游戏时间，在开始前老师会和幼儿约定好结束时间，让其自己看钟表结束活动。所以我们的孩子不仅会看整点和半点，很多幼儿还能准确读出几点几分，为小学学习做好准备。同时我们还积极开发各类适合大班幼儿的游戏活动，如扑克游戏、识字游戏、拼读游戏、骰子游戏等，不断调整教师的教育方法，真正做到让幼儿在游戏中学习。

【成长心语】

> 幼小衔接是幼儿园的一项重点工作，更是一个社会性的热点话题。几年来，我们坚持以科学的态度、正确的理念引领教师和家长，逐渐得到了越来越多的家长的认可和赞同。在每一次幼小衔接专题家长会之后，我都会接到很多家长发来的短信，理念上的认同帮助我们顺利渡过了曾经面对的困境。在这场没有硝烟的战争中，我们的坚持不仅赢得了家长的认可和尊重，更赢得了一批拥有正确幼小衔接理念的家长宣传员。未来还有很多等待我们探索实践的新课题、新领域，我们将继续以保证孩子们顺利入学为核心任务，一如既往地坚持正确的工作方向，把幼小衔接工作深入持久地开展下去。
>
> （沈阳市浑南区花语幼儿园　肖　文）

排队是一种美德

【案例描述】

一年前,幼儿园大班一个女孩在盥洗时被其他小朋友推倒,额头受伤了,尽管幼儿园积极救治,将其立即送到医院,但是家长表现出了强烈的不满,为此事幼儿园还与家长对簿公堂。我们一边积极处理家长的赔偿事宜,一边深刻反思幼儿园存在的安全问题。领导班子在进班蹲点后,发现幼儿在常规方面存在很大问题,尤其是如厕、上下楼梯、饮水等涉及集体性行动的环节,孩子一窝蜂似地拥到一起,教师叫喊声不断,孩子们你推我挤,互不谦让。

通过分析,我们认为孩子们不会排队、不会等待是造成此次重大事故的主要原因,让班内常规迅速好转,让孩子学会排队不仅是安全问题,更是国民素质和道德水准的表现,是我们应该认真思考和必须解决的问题。

【思考与行动】

一、分析与思考

(一)排队等待是一种美德

排队买票、排队上车、排队结账、排队就诊……排队不仅是一种行为习惯,更是一个城市、一个国家文明程度的体现。良好的社会秩序、温馨的生活环境,离不开每个人的努力。排队的本质,就是大家都经历一个相对公正的程序。从不排队到学着排队,看似一件小事,却事关公平与和谐,彰显了思想道德素质不断提升的过程,折射出城市的文明进步。秩序是一种规则,谦让是一种美德。在忙碌中,有序排队已成为很多人的自觉行为,但社会上仍存在不遵守社会秩序的行为。这些不文明的行为,既有损个人形象,又侵犯他人利益。作为小公民,更应该养成文明习惯。

(二)自觉排队是礼让

有人说,礼让是一种美德;有人说,礼让会使每个人活在幸福中;还有人说,礼让会让黑白的世界变得绚丽。礼让常常发生在不经意的小事上,礼让看起来容易,做起来难。在我们现在的文明社会里,礼让是一种必不可少的高尚品质。何为礼让?礼为礼仪、让为谦让,礼让为一种谦让的礼仪。排队与礼让,从来都是作为一种公民应有的道德所搭配出现的,有自觉排队自然就有文明礼让。上升到一个公民社会素质层面来说,自觉排队是外在性规则对公民进行有力约束的体现,进而形成一种习惯;而文明礼让,则更体现出公民自身品德的高低。从小培养孩子自觉排队的良好习惯,形成礼让的美德,应是幼儿园培养的重要目标。

(三)幼儿园良好排队习惯的养成是安全的保证

幼儿园一日生活构成了幼儿园课程,而排队环节是一日生活过渡环节中的重要组成部分,是幼儿每天都要进行的且必不可少的活动。《指南》中指出,幼儿的生活习惯和幼儿健康成长有密切关联,是幼儿阶段需要学习和发展的重要方面。

排队等待，是一种最为平常的生活行为，有序地排队能培养幼儿的秩序感，它是幼儿园各项活动顺利进行的保障。

现在的孩子大部分都是独生子女，家长中普遍存在重视孩子早期智力开发及学习能力的培养，而忽视孩子早期自我行为能力的培养，许多本该由孩子自己做的事情都由家长包办代替了。现实生活中，家长插队、不自觉的行为使孩子的良好习惯化为了乌有，又恢复到了原样。一日生活中的进餐、喝水、盥洗、如厕等，让孩子们在一次一次的学习和实践中习得文明排队的好习惯，能够有效避免本不该发生的安全事故，使孩子的身心安全得到保障。

二、行动与策略

（一）细化内容，制定各年龄段幼儿排队等待目标

诺贝尔幼儿园"排队等待"常规培养目标

年龄段	文明排队目标
小班	1. 能够在老师的提醒下排队，听口令到指定的位置排队。 2. 能够一个跟着一个走。 3. 认识一米等待线。
中班	1. 能够按指定的规则，自觉有序地排队。 2. 排队时不推、不挤，懂得一些自护方法。 3. 知道排队要整齐，只站一排。 4. 要在一米等待线外等待。
大班	1. 能够自己讨论排队规则，并能提出要求。 2. 能够按指定的规则，自觉有序地排队。 3. 排队时不推、不挤，懂得一些自护方法。 4. 能够对不自觉排队的现象进行指正。 5. 要在一米等待线外等待。

（二）创设"会说话"的图示环境

环境暗示是最有效、最直接的方法，我们在培养幼儿常规时将必要的规则融入班内环境中，创设"隐含规则、会说话"的教育环境。在距饮水机一米处设置黄色等待线，在黄色等待线外粘贴小脚印作为排队的提示。饮水时幼儿站在脚印上排队等候，既让幼儿对排队产生浓厚的兴趣，又时刻提醒幼儿饮水时要排队。我们还在合适的地方设立饮水区域，用一条直线作为提示，幼儿依次接完水后按

照喝水图示站在饮水等待线上喝水，既避免幼儿拥挤，又能使幼儿不弄湿衣服、地面等。

在盥洗室地面贴上等待线及"请在这耐心等待"字样，从行为规范的角度告诉幼儿应该怎样排队等待。在洗手池旁粘贴单个图示，提醒幼儿洗手要排队，使图文并茂的环境成为培养幼儿良好如厕常规的有利途径。间操场地上排列着许多大小相同的小圆点，幼儿站在指定的点上排队，整齐又有秩序。圆点、脚印、生动形象的图示能够吸引幼儿，便于其理解，真正让幼儿在生活中学习、在实践中学习，促使其养成良好的行为习惯。

（三）养成排队等待的有效方法

1. 儿歌法

简洁明快、幽默风趣、朗朗上口、童趣盎然的童谣，幼儿非常喜欢朗诵，也利于幼儿接受理解，幼儿在诵读童谣的同时强化和约束着自己的行为。

例如：在让幼儿排队如厕时学念儿歌：小朋友，有礼貌，一个一个排好队，前面有人等一等，你不推、我不挤，文明排队来如厕。

2. 游戏法

《纲要》中明确提出幼儿园教育应要"以游戏为基本活动"。游戏是幼儿喜欢的活动，它能激发幼儿的兴趣，幼儿能在游戏中进行学习。如：可以通过游戏组织小班幼儿排队，根据场地的需要，将幼儿分成几队，每队戴一种颜色的小动物挂件。教师可先请戴红色挂件的幼儿排队，一个一个站好后，再请戴绿色挂件的幼儿排队，依次类推，这样既能节约时间，又能激发幼儿学习排队的兴趣。游戏、模仿、爱听故事是幼儿的天性。为此，我们设计符合幼儿年龄特点的游戏和活动，有意识地将排队等待等常规教育融入集体游戏中，如"谁不见了""开火车"等，寓常规训练于快乐的排队游戏中，从而达到潜移默化的作用。

3. 榜样激励法

孩子的常规养成是一个循序渐进的过程，也是一个从遵守规则、执行规则内化为自己自觉行动的过程，即是一个从他律转变为自律的过程。在这个过程中，榜样、奖励非常关键。因此，我们在培养幼儿良好的排队习惯时经常运用榜样、奖励的方法，以此提升幼儿的行为品质。如在组织幼儿排队时，让未轮到的幼儿欣赏有序小组幼儿的良好行为，通过榜样示范，幼儿欣赏，使他们产生要学习的心理行为，然后要求幼儿在教师的指导下巩固良好行为，形成习惯。

幼儿园的生活活动区是幼儿最喜爱的小天地，服装颜色不同即幼儿分工不同；值日生是一个光荣的职务，是老师的小帮手。幼儿园的值日生活动总是受到幼儿的欢迎。每次孩子们要当值日生时，都会自豪地向同伴和家长说："今天我当值日生了！"当他们戴上值日生标志时，显得尤为自豪。抓住孩子的这一特点，我们在常规教育中，充分发挥值日生的作用，开展轮流当值日生活动，让值日生协助教师监督和管理。每天当值的值日生是能遵守规则，又具有良好行为习惯的小朋友，在当值日生的这天，幼儿不仅要管住自己，同时也要督促同伴遵守规则。如培养幼儿的良好排队习惯时，我们请值日生协助老师检查小朋友是否拥挤，是否有序排队，是否将水龙头关紧等。幼儿的一些不良习惯在值日生的指导和督促下得以改进，良好的习惯也逐步形成，然后组织幼儿互相学习和欣赏，使幼儿产生自豪感。

4. 分组法

错时分组也是老师常用的方式和方法。幼儿如厕洗手时，总会你推我抢，为了避免拥挤，我们采用错时分组的方法，让幼儿先后轮流站在小脚印上洗手，这样能较好地避免如厕安全事故的发生。还可以按照平时的小组进行分组排队，或者按照性别进行分组排队，总之就是分散幼儿数量，减轻排队的压力。

5. 家园共育法

《纲要》在组织与实施中指出："家庭是幼儿园重要的合作伙伴。应本着尊重、平等、合作的原则，争取家长的理解、支持和主动参与，并积极支持、帮助家长提高教育能力。"入园幼儿行为规范的养成教育更是离不开家庭的理解、支持与配合。家庭是孩子的第一所学校，家长是孩子的第一任老师，是孩子最熟悉、最亲密的人，所以家庭教育的作用是不可忽视的。有了家长配合的教育一定会取得事半功倍的效果。所以我们把对孩子文明排队方面的要求，通过各种方式告知家长，如家长会、打电话、家园连心桥等，请家长配合并根据孩子的具体情况分析原因、商量对策。家园同步教育是教育取得成功的关键之一，家长在家也对孩子提出同样的要求，让孩子学习自己主动排队，形成榜样，这样家园一致形成合力，孩子就会潜移默化地养成自觉排队等待的习惯。

好的排队习惯不是一蹴而就的，它是一个渐进的过程。根据幼儿的年龄特点，在目标和内容的安排上必须由易到难。如在有序排队的内容与要求上，小班做到学习有序排队（在老师的提醒下有序排队）；中班要求基本能有序排队；而大班要求自觉地有序排队。每个幼儿的能力是有差异的，这既有先天的因素，更有后天的因素。不同家庭的孩子受家庭成员不同教养观念、行为的影响，导致了不同的能力差异。如：同样是小班孩子，能力强的能按指令和规则进行排队，而能力弱的则只会插队、抢排。因此，教师在引导过程中必须在面向全体的同时加倍关注能力弱的幼儿。

通过一段时间的排队等待培养，幼儿园的常规逐渐好转，孩子们自觉排队的良好习惯已经建立，很多孩子不仅自己养成了排队的习惯，还会让父母等身边的人也要排队，不要插队。孩子们逐步养成了良好习惯，这令我们非常欣慰，未来高素质的公民正在诺贝尔幼儿园健康成长，同时幼儿园的安全事故也减少了，可谓双赢。

【成长心语】

文明排队活动开展以来，取得了很大成效，秉承"生活中的每一个环节都是教育的契机"，让幼儿真正了解并学会等待、学会排队。伴随着幼儿排队习惯的养成，幼儿的安全意识增强了，幼儿园的安全事故减少了，幼儿的文明习惯渐渐养成了。排队是我们生活中不可避免的一种行为秩序，当大家都想办同一件事的时候，有序地排队是解决这个问题的最好方法。有序地排队可以避免危险的发生，可以提高做事的效率，还可以使本来很拥挤的地方变得不拥挤，所以，遵守社会秩序，应从娃娃抓起，人人从小养成遵守公共秩序的好习惯，这不仅展现了文明素养，更有利于整个社会文明水平的提高。

我们在遵守规则、自觉排队的同时，更要遵守自己内心的道德准则，自觉礼让。良好的社会秩序，温馨的生活环境，离不开每个人的努力。在有序排队这个"小"问题上，每个人都不能小视，从自己做起，从现在做起，从娃娃抓起，多一些秩序意识，少一些借口和理由，该排队时自觉按照先后次序排队，不插队，不拥挤。因为排队不仅是一种行为习惯，更是一个城市、一个国家文明程度的体现。在我们的日常生活中，上车要排队，购物要排队，看病要排队，甚至上厕所也要排队……如果我们每个人都能做到自觉遵守秩序，有序排队，不插队，我们的国家将会变得更加文明、更加美好。

（沈阳市诺贝尔幼教集团 李艳艳）

尊重幼儿需求　建立盥洗规则

【案例描述】

近日，我在走班中发现，中班幼儿在盥洗环节中存在以下现象：

现象一： 幼儿集中如厕盥洗，孩子们争先恐后地跑向盥洗室。教师小A说："孩子们，别着急，一个一个来。"孩子们似乎没有听到，依然三五成群，有说有笑。不一会儿传来了哭声，只见小乐摔倒在地，正在哭泣。教师小A赶忙上前询问，小乐哭着说是小新推了他，而小新理直气壮地说："我应该排在前面，是我先来的。"小乐马上反对说："不对，你站在前面也没有小便，我有小便就可以先来！"教师小A说："你们应该互相谦让。"

现象二： 在洗手的时候，小雅东张西望，不专心洗手；东东洗手前没有把衣袖卷起来就打开水龙头；洋洋虽然卷起了袖子，然而只是在水龙头下淋了一下就"完成任务"；明明把水龙头开到最大，一边洗手一边玩水；浩浩洗完手后直接走出盥洗室，水淋了一地。

现象三：幼儿集中如厕，几名幼儿在盥洗室里聊天，迟迟不肯出来。教师小B发现一些幼儿并没有小便，进卫生间不是聊天就是打闹，存在着安全隐患。根据这一现象，教师小B开展了谈话活动，幼儿都能够说出在盥洗室要注意的安全问题，但是当他们再次进入盥洗室时，上述现象依然存在。

【思考与行动】

一、分析与思考

（一）正视盥洗环节的重要性

盥洗是幼儿在园生活活动中的重要环节，看似简单的盥洗环节却深藏着很多教育契机，如何利用盥洗进行随机教育，提升幼儿生活自理能力，是值得教师深入研究的。《指南》中明确指出：幼儿的学习是以直接经验为基础，在游戏和日常生活中进行的。要珍视游戏和生活的独特价值。早在20世纪30年代，陶行知先生就创立了生活教育理论——"生活即教育"。美国教育家杜威说："生活就是发展，而不断发展，不断生长，就是生活。"最好的教育就是在幼儿生活中进行，让幼儿在自然状态下提升各种能力。

（二）中班幼儿年龄特点分析

中班幼儿能够遵守一定的规则，具有初步的自我控制能力，逐步形成对行为的识别与判断能力，情绪较3岁儿童也明显更加稳定，在幼儿园里与同伴发生冲突时能够在他人的帮助下和平解决，活动时愿意接受同伴的意见和建议。当然，他们并非能够调节好所有的事，还是会有激烈争抢，不能很好地控制自己的情绪和行为，遇到争执常常带着情绪"解决"问题。很多孩子在这一时期表现出"自我中心化"和"情绪管理"等方面的问题。这一时期也是规则意识建立的重要时期。

（三）尊重幼儿的盥洗需求

通过观察不难发现，中班幼儿在盥洗环节出现问题的原因：教师没有尊重幼儿的基本需求，没有关注到幼儿是否有如厕意愿就统一安排，直接导致幼儿在盥洗环节争抢、打闹等冲突行为的产生。而幼儿喜欢在盥洗室聊天，也是由于中班幼儿处于语言飞速发展期，喜欢与同伴交流。因此，教师应利用集中教育活动、区域活动多为幼儿提供交流的话题和机会，尊重幼儿的语言发展需求。教育的前提是对幼儿需求的解读，只有我们看到幼儿的需求并尝试满足其需求，幼儿的生命力才会得到滋养，幼儿才能够自主发展。所以，一切高控、一刀切的教育行为都是不符合幼儿需求的，都是不科学的。于是，我通过集中培训学习、园本教研等形式，和教师共同提升教育观念，转变教育行为，让教师能够学会观察幼儿，分析并尊重幼儿的基本需求。

二、行动与策略

（一）调整盥洗形式　尊重幼儿需求

以往，盥洗环节都由教师做统一安排，下达指令，规定时间和次数，不论幼

儿是否有小便需求，都要进入盥洗室，这势必会出现一部分幼儿在盥洗室打闹、漫无目的地闲逛等现象。于是，我们思考应如何调整盥洗形式，让幼儿根据自身需求进行盥洗。如：区域活动后，教师引导有小便的幼儿到盥洗室小便，需要喝水的幼儿到饮水处饮水。即使是在集中教育活动过程中，幼儿有了小便需求，也可以在不影响他人的情况下自行进入盥洗室。让幼儿学会分辨自己的生理需求，这样一来，减少了高控的盥洗环节，取而代之的是幼儿更加自主地处理自己的生理需求。盥洗室也不再是争抢、打闹的场所。

（二）优化盥洗环境　培养规则意识

盥洗室是一面镜子，它不仅反映着园所的卫生状况和文明程度，更能让人从中感受到规则的氛围。一个美观且具有良好规则氛围的盥洗室有助于孩子良好行为习惯的养成和规则意识的培养。因此，我们要营造温馨、文明的盥洗室环境，使幼儿在自由舒适的环境和规则中积极、主动地发展。

1. 与幼儿共同商讨制作出流程图。为了让幼儿更加清晰如厕流程，我们和幼儿共同商讨后绘制了如厕流程图：脱裤子—小便—提裤子—观察尿液—冲水—插卡记录，引导幼儿按照流程进行自我服务；针对中班很多幼儿洗手越来越不专心的现象，我们设置了洗手四步图：两手搓一搓—转一转—叉一叉—拇指转一转；结合中班幼儿良好的习惯养成主题活动，我们在盥洗室墙面上补充了整理衣裤四部曲，通过图文并茂的形式引导幼儿自己整理衣裤等。

2. 设置提示标志。教师与幼儿共同约定如厕规则，并和幼儿运用简单的图画绘制"盥洗室约定"，在卫生间墙面投放提示语"敬、净、静"，通过环境来影响幼儿；在小便池前粘贴站位点点图，提示幼儿当前面有人在的时候请等待；还在男孩小便池内贴上靶心、小花等图案，用充满童趣的方式引导幼儿小便的时候不要东张西望。

（三）多元教育形式　养成盥洗习惯

教师在组织幼儿如厕时要观察幼儿，使用适合的指导语、儿歌、眼神、动作提示幼儿，放手让幼儿去做，相信幼儿的能力，不包办代替。抓住一日生活中的教育契机，结合幼儿在盥洗中存在的问题，利用集中教育活动，通过情景表演、照片和视频回放观摩、幼儿讨论等形式，引导幼儿总结自己的行为，将正确的做法内化于心。如：在幼儿盥洗时，可以用摄像机记录下幼儿不同的行为表现。通过视频回放观摩，让幼儿找一找哪些行为是对的，哪些是错的，大家共同探讨，参与解决在盥洗中存在的问题，增强幼儿对良好的盥洗习惯培养的意识。也可以结合幼儿在盥洗中存在的现象，鼓励幼儿积极参与自编自演情景表演，把培养的要求融进自编的情景中，使抽象的道理更形象化和具体化。

教师还可以运用游戏化的教育方式对幼儿进行习惯培养，将儿歌、故事贯穿于幼儿如厕的过程中，比如在洗手时，让幼儿边洗边念"洗手前，先卷袖，再用清水洗洗手，擦上肥皂搓一搓，指间指缝都搓到，哗哗流水冲一冲，我的小手洗净了"。又如"一只手，两只手，握成两个小拳头，小拳头，伸出来，长出十个小朋友。小朋友，真是乖，一齐伸到水里来，擦擦肥皂洗干净，不洗干净不答应"。目前，教师共积累儿歌15首，故事7则；适当采用小比赛、榜样示范、同伴互助、个别辅导等多元化形式培养幼儿良好的盥洗习惯。

（四）发挥榜样力量 促进同伴互助

教师是幼儿模仿的重要对象，我们的日常行为随时都对幼儿的发展产生潜移默化的影响。因此，我们要做有心人，平时要善于抓住一切有利机会为幼儿做好行为示范，用自己良好的盥洗习惯去影响他们。例如，教师在洗手的时候，方法要正确，在盥洗室要轻声交流等。同伴也是幼儿观摩和学习的榜样，在幼儿中树立良好典型让其他幼儿学习，采用结对子、一帮一的形式，相互交流观摩，取长补短，以此激发幼儿去模仿和学习。

（五）适当行为强化 建立盥洗规则

针对一些散漫、任性的幼儿，我们严格要求，鼓励他们学习榜样。这些幼儿大多缺乏正确的家庭教育，形成了不良习惯，在盥洗时出现嬉闹、推挤，对同伴有攻击行为，以自我为中心的现象。但这些幼儿大多好胜心强，通过积极引导，主动性会变得很高。

【成长心语】

> 中班幼儿在盥洗环节中存在的问题得到了解决，也给我留下了很多反思和启示。幼儿园生活活动是幼儿在园活动的重要组成部分，是满足幼儿一日生活基本需求的活动，同时也是培养幼儿独立自主的教育契机。作为教育者，我们应该充分尊重幼儿的基本需求，学会"放手"，通过引导幼儿自我调整、自我约束、自我服务，提高幼儿规则意识的同时培养幼儿良好的生活习惯。我们应该充分观察和了解幼儿，所有的教育策略和教育方法都要从幼儿的基本需求出发，最大限度地满足幼儿的基本需求，给幼儿充分自主选择的权利。
>
> （盘锦新世纪幼儿园 高岩）

关注细节，维护幼儿的健康与安全

【案例描述】

小三班的盥洗室在教室的斜对面，一般来说，小班幼儿在单独如厕时，都会有配班教师或保育员跟随。但有一天上午，班级教师在组织幼儿进行泥工活动的时候，帅帅没告诉老师就自己去上厕所。当他走出盥洗室时，出于好奇，把手指伸进了门框上的锁孔里玩了起来……这时，他看见保育员老师走了过来。想起老师曾经说过，不要把手指伸进洞洞里，帅帅就急着想把手指拿出来，可是手指却被卡住了，情急之下，帅帅就直接用力把手指抽了出来，结果食指被严重划伤。所幸救治及时，没有造成严重后果。经过园方和家长共同观看录像，发现整个事件发生的过程中，班级教师均无脱岗和过失行为，锁口也并非锋利。这件事幼儿园处理得很及时，没造成更严重的后果，最终取得了家长的谅解。

❀【思考与行动】

一、分析与思考

作为园长，最担心的就是出现意外伤害事件。而每一次事件的善后工作，也都要以最大限度地取得家长的谅解为目标。帅帅的手指受伤事件是我们不愿意看到的，但是事情发生之后，幼儿园尽快将孩子送去专业的医院并进行了治疗，事后又积极向家长还原事件发生的过程，没有任何隐瞒和推诿，并做好安抚工作，消除家长的疑虑以及孩子的不安，最终家长表示满意……按照程序，这个意外事件似乎可以画上一个圆满的句号了，但是，这件事真的是不可避免的吗？我们能不能接受"教师没有过错，该教育的也都教育了，可是孩子不听话，意外的发生谁也阻止不了"这样的解释呢？用专业的眼光再来审视事件发生的经过，我们深信，如果教师事先能够把工作做得再细致一些，一定会降低幼儿意外伤害的概率。还原事件，抽丝剥茧，我们通过几个问题进行反思：

1. 教师的安全意识不够吗？

显然，对于此类事件的发生，教师还是有一定的预见性的，做过防范措施。具体体现在一是要求幼儿去盥洗室时要告诉老师，要有教师陪同；二是帅帅说老师以前告诉过小朋友不要把手伸进洞洞里。但是，这些防范措施并没有起到作用。

2. 为什么帅帅自己走出活动室而教师没有发现？

当时的站位是教师在门口这边的位置，面对教室，帅帅在门边的一组，离门非常近。当教师讲解时，全体幼儿都在教师的视线范围内；但是，当操作活动开始时，主班和配班教师都进到小组关注幼儿操作，帅帅从座位上起身，到他转身走出活动室只用了不到两秒的时间，而两名教师专注于对幼儿的指导，丝毫没有发现少了一个孩子。看到这里，我们发现在组织幼儿日常生活和教育活动时，第一个需要改进的细节，即不同活动中幼儿座位的设计以及教师的合理站位。通过讨论，我们认为在小组活动时，一是关门，二是幼儿的位置要相对离门远一些，如果有孩子走出去，教师不会看不到。同时，教师要尽量面对活动室门站位，用眼睛跟踪幼儿的动态。

第三编　领导保育教育

3. 难道归咎于帅帅不懂事，太淘气？

我们在录像中看到帅帅走出活动室进入盥洗室小便、洗手，虽然这个时间正好是保育员老师在晾手巾而没在盥洗室，但是他却丝毫没有不知所措，由此可见，他的自理能力非常强，并没有其他危险动作。但是在走出盥洗室时，他看了一眼锁眼，然后走过去把手指伸进去拨弄几下，这时，保育员老师出现在走廊，帅帅看了一眼后急忙把手抽出来，接着就是保育员发现孩子受伤的画面……过后我们询问时，帅帅说："老师告诉过小朋友，不能把手指放进洞洞里，我知道不应该放，我看老师来了，所以我想把手指拿出来，可是拿不出来了，我一使劲儿，手就受伤了……"看来帅帅什么都懂，而且就是因为知道自己做得不对，急着把手指拿出来才受伤，难道要责怪老师之前没有进行安全教育吗？我们知道，有些孩子的好奇心重，还会有逆反心理，越是不让动的东西，他越想动一动，那么，老师该如何对幼儿进行安全教育才能让其真正远离危险呢？

4. 锁孔并不小，孩子的手指很细小，怎么就会拿不出来呢？

通过实验，我发现，如果在正对门框的情况下，即使是大人将手伸进锁孔后拿出也不费劲。但是，帅帅当时是斜着将手指插入的，当时如果他能够向老师求助，就能够轻松地抽出手指。为什么他没有求助呢？仅仅是因为知道自己做了错事（把手指伸进洞洞）怕被批评？但是孩子不知道老师的初衷是怕他们受伤害才提出的要求，在这里不得不说的是，在对孩子进行安全教育，提高孩子的自我保护意识方面，我们还存在很多的不足。

二、行动与策略

通过对事件中每个环节的认真剖析，我们深刻地感受到幼儿园一日生活中保教行为精细化的必要性，并开展了以下活动：

1. 通过园本教研活动，细化一日流程并明确每一类活动中教师对幼儿座位的摆放以及主配班教师和保育员的站位及分工。

2. 对幼儿提出规则和要求时一定要让其明白原因，而不是简单以一句"不可以"了事。如果可以的话，师幼要共同制定规则。如果关系到安全，一定要让孩子充分了解怎样预防以及万一出现问题时应如何处理，增强幼儿的自我保护意识和自我保护能力。以锁洞为例，教师可以先跟幼儿讲述锁洞的作用，满足幼儿的好奇心，然后告知其可能发生的危险。

3. 让幼儿知道，他们的安全才是老师最关心的。我们经常说，孩子的安全和健康是第一位的，但是很多时候，却因为追求效果或者为了便于管理而忽略了这一点，很多时候只记得批评而忘记了教育。渐渐地，背离了我们爱的初衷，背离了以幼儿为本的理念，让幼儿误以为表现得好或者不让老师看到自己犯错才是最重要的。所以，每次发现幼儿的错误后，我们一定要把道理讲清楚，真正让幼儿意识到自己的行为会带来怎样不好的后果，最重要的是，在批评过后要告诉幼儿，我们多么爱他们,希望他们健康、安全和快乐!

❀【成长心语】

> 以幼儿为本,促进幼儿快乐健康成长是幼儿园工作的出发点和落脚点。幼儿园的保育教育对象是孩子,他们的安全和健康始终要放在幼儿园工作的首位,而这份安全和健康靠的是教师专业、细心的呵护。作为一名园长,只有敏锐地从看似无意的小事中找出不足,提出解决方案,用专业来引领全员教师提高认识,才能实现用行动杜绝类似事件的发生,切实维护幼儿的健康和安全,促进保教质量的不断提高。
>
> (沈阳市和平区南宁幼儿园 张洪雁)

附件:

对一日生活中盥洗环节流程的细化(中五班)

1. 对幼儿盥洗提出要求

主班教师——能站排洗手,不拥挤;不玩水,及时关闭水龙头;穿长袖衣服洗手时知道挽袖子、放袖子、擦干净;洗手后用手背关闭水龙头;皂盒用后知道归位。

2. 组织男孩和女孩分别盥洗

主班教师——(在教室中间照看幼儿)在教室组织等待盥洗或结束盥洗的幼儿进行交替环节小游戏。

配班教师——带领幼儿进盥洗室。

(站在盥洗室和厕所中间隔断处,双眼环视四周,确保幼儿都在视线范围内)组织盥洗结束的幼儿在盥洗室站排返回教室(站在盥洗室门口,面向走廊班级方向目送幼儿回教室。余光照顾留下的幼儿),提醒幼儿不要跑跳。若有个别幼儿(大便、流鼻血)需等待时可把大部分幼儿送回教室后再接回个别幼儿。

3. 幼儿盥洗流程:挽袖子、冲水→擦香皂→六步洗手法→清水冲洗→甩三下→用自己的毛巾擦干手。

4. 主班教师——在教室组织等待盥洗或结束盥洗的幼儿进行交替环节小游戏。(无配班教师时,主班教师站在教室门口,值日生监督幼儿,教师观望照顾幼儿。教师来回巡视,提醒幼儿注意安全)

配班教师——提醒幼儿盥洗时排队;帮助衣袖较紧的幼儿挽袖子;发现幼儿的衣服、裤子湿后及时帮助其更换;提醒幼儿洗手、擦手;发现盥洗室地面湿滑时及时擦干;提醒幼儿洗手时水龙头不要开得过大,以免溅水。用香皂时请关紧水龙头。

备注:

★吃水果、户外活动前后、进餐前等待中四班结束后再盥洗。进餐后,主班

教师带领先吃完饭的一部分幼儿去盥洗（站在盥洗室厕所中间隔断处），白班教师在教室来回巡视并照顾幼儿进餐。

★淘气堡游戏、舞蹈课结束后幼儿先去盥洗。（中四班周五有舞蹈课，周四有淘气堡游戏，10点活动结束时优先盥洗）

信息技术助力家园共育

【案例描述】

镜头一：今天是幼儿入园适应的第一天，多多妈妈和老师一见面就一边拉着孩子，一边拉着老师问了许多问题："老师，孩子之间如果出现打闹现象该怎么解决？你们什么时候带孩子出去玩啊？我家孩子不爱睡觉，你多拍拍他……"从进入教室门开始，多多就哭声不断，拉着妈妈的手怎么也不肯松开。看到多多的这种状态，多多妈妈竟也开始呜呜哭了起来，反复拥抱也不让他进入教室。在老师的耐心劝说下，多多妈妈尝试走出教室，却也三步一回头。在门外的她还不放心，拿出手机偷偷拍照、录像，足足站了半个多小时。

镜头二：户外活动时间，多多妈妈在栏杆外举着望远镜看，渴望看到多多活动的样子，同时与一起进行观望的其他幼儿家长进行交流。

镜头三：离园时，多多妈妈总是第一个冲进来，马上抱起多多问他今天开不开心。然后她会等到其他家长都离开后与老师沟通孩子的情况，询问孩子睡得怎么样，吃得好不好，有没有多喝水，有没有哭闹等问题。虽然老师进行细致耐心的解答，但是多多妈妈还是不太放心，每天重复问相同的问题。

【思考与行动】

一、分析与思考

家长在幼儿入园初期急切地想了解孩子在幼儿园的一日生活情况。为缓解家长的不安情绪，帮助其了解幼儿在园情况是解决问题的关键。

首先，要寻找家长的关注点。教师每天召开晚间例会，第一时间了解各班情况，收集家长们对孩子入园初期最关心的问题。问题集中在两大方面：一是担心孩子进入陌生环境后，不会表达需求，吃喝拉撒睡这些基本问题不能得到解决；二是害怕孩子在幼儿园发生安全问题，如会不会受小朋友欺负，会不会生病等。

其次，通过骨干教师已有经验和青年教师遇到的各种案例，我们展开教研等活动，进行分析与总结。在了解家长心理的基础上，能够更好地开展家长工作。

家长的焦虑一般有如下几种：

反复叮嘱型——家长一般会把事情细化到孩子生活的每一个细节，他们的心里全是对孩子的担忧，他们把这种担心寄托到老师的身上并反复说，再带着焦虑离开。

陪哭型——送完孩子后不愿离开。送孩子进教室时，家长的眼睛早就红了，抱着孩子不舍得放手，一些家长总是说"我再陪一会儿"。

陪读型——有许多家长想陪着孩子上幼儿园。

但不论什么类型，原因大致都是一样的：首先，幼儿3岁前主要生活在家庭环境中，在家庭中长期建立起来的稳固的、单一的亲子关系，如果突然被外界的社会关系所打破，必然会给幼儿及成人带来心理上的冲击，尤其是绝大部分家庭都是以独生子女为主的家庭教养方式，幼儿成为家庭生活的核心，家人对幼儿倾注了更多的关心和爱，亲子关系也更加亲密。一旦幼儿离开家庭进入幼儿园开始集体生活，家人的情感寄托在很大程度上产生了缺失。其次，幼儿在家庭环境中所得到的关心与爱都源于与自己有血缘关系的亲人，而幼儿园的教育者是陌生的教师，家长对幼儿园、教师的不了解使其在心理上产生不安全感。另外，部分幼儿的依赖心理较强、独立性差，这也是家长产生分离焦虑的原因。因此，减轻家长的分离焦虑也是新生入园时应该做好的重要工作。

二、行动与策略

基于家长想多了解幼儿在园情况的需求，我们提出通过网络及多媒体的方式，建立家长与老师之间快速、直观、频繁的沟通渠道，增加家园共育有效性的解决策略。

行动一：精彩瞬间即时传递

我们将一日生活分成了几大环节——晨间活动、集中教育活动、活动区活动、游戏活动、户外活动、生活活动（盥洗、午睡、进餐等），班级教师每天选择一个环节以录视频、拍照等形式向家长进行反馈。尤其是记录孩子在园的几个珍贵的第一次：第一次吃饭、第一次洗手、第一次上厕所、第一次午睡、第一次和朋友拥抱等。

在中午教师班会时，由全班教师一起对当日采集的信息进行整理、分类后，上传至家长群，让家长尽快了解孩子的活动，让家长放心。在这一过程中，教师不但向家长传递了幼儿的信息，还能了解自己工作中的细节，全面了解班里幼儿当日的情况，以便晚上与家长进行交流时能够更具体、更有针对性，让家长更放心。

行动二：相互学习、相互欣赏

各班教师将本班幼儿在幼儿园各个阶段的学习、生活、表演等照片在幼儿园的公共区域循环播放，或在家长群里分享。如：定期开展的主题活动内容、幼儿排练表演游戏、增添艺术课程等。这样不仅增进各班幼儿相互学习的机会，还有利于幼儿看到自己的成长，家长看到孩子的进步，更重要的是促进了亲子感情交流。

行动三：利用班级群开展家长工作

作为教师，具有专业的教育知识，在对家长进行家庭教育的帮助和指导时，利用班级群发布科学的育儿知识，对家长的疑问进行解答，提供一些儿童常见疾

病的预防方法，这些都有效地促进了教师与家长之间的联系，能够为建立和谐的家园关系打好基础。

行动四：每学期不定时召开家长会，以图文并茂的形式，让家长较容易地了解幼儿的一日生活，以及良好习惯的养成。

家长会时，教师运用多媒体指导家长在家里提高幼儿各方面的能力，如介绍本班幼儿的年龄特点，及在该年龄段幼儿所应掌握的相关能力，包括可以采用哪些亲子间的小活动来提高幼儿的能力。

◎【成长心语】

在"互联网+"时代，大数据在教育领域的广泛应用使传统教育行业掀起了一股革命性浪潮，给传统教育行业带来了颠覆性的变革。信息技术为完善家长工作、家园沟通提供平台，运用信息技术对家园共育进行改革，为促进幼儿园发展、完善幼儿园管理、推动教师队伍建设提供了新思路、新路径、新方法。

（沈阳市和平区南宁幼儿园 张秋颖）

小顾虑引发的大思考

◎【案例描述】

场景一：户外活动时间到了，中班教师A拿了两个篮球组织幼儿进行练习，所有幼儿在她的引领下一字排开坐在休息长凳上，两名点到名字的幼儿来到长凳前进行篮球练习。开始时观看的幼儿还在认真地关注着，可一会儿注意力就不在练习篮球的幼儿身上了，他们互相嬉笑着、玩闹着，俨然是一副自娱自乐状，教师A似乎发现幼儿这一情况，几声提示后又继续辅导那两名幼儿练习。

场景二：教研活动开始了，幼儿园专门邀请了专业的篮球教练与教师共同探讨篮球游戏的具体玩法。教师每人准备了1个篮球，不约而同地站在了一个离教练相对较远的位置，不仅如此，当教练请个别教师进行阐述说明时，教师们要么转移视线，要么默默地低下头，整个教研活动变成了篮球教练的一言堂。即使在接下来的练习中教师们活跃一些，大多也是因为各自的篮球技能差强人意。

场景三：教师在组织大班幼儿与中班幼儿进行篮球活动时，同时选择了篮球过障碍，并根据需要进行了场地的设置，相同的教育内容，不同的运动器械。大班幼儿在S形平衡木上进行过障碍拍球，中班幼儿在一字形平衡木上进行过障碍拍球。大班幼儿表现得比较自如，成功率也较高，而中班幼儿相对就吃力一些，一会儿篮球跑向了一边，一会儿幼儿从平衡木上跳下来，能独立完成的幼儿很少。

❀【思考与行动】

一、分析与思考

篮球作为一项常见的运动项目，引入本园备受幼儿和家长的欢迎，幼儿园也因此形成了"全面发展、运动见长"的办园特色。篮球课程的开展不仅培养了幼儿走、跑、跳、钻、爬、投掷等动作技能，同时又培养了幼儿机智勇敢、积极向上的竞争意识以及与同伴相互合作的能力。在强调提高身体素质和培养幼儿意志品质的同时，幼儿在游戏中的安全和自我保护能力也引起了教师的关注。

幼儿是活泼好动的，在开展篮球课程时会存在许多不安全的因素。运球时手指挫伤、障碍练习时脚踝扭伤、拍球时姿势不准确导致手腕损伤以及不小心踩到正在滚动的篮球……这些意外时刻都会伴随幼儿。那么，如何能让幼儿既参与课程游戏尽情体验篮球游戏带来的快乐，又能尽量避免幼儿受到伤害呢？即使不开展篮球这项运动，教师对于幼儿的意外伤害已经是谈虎色变，更何况篮球运动的开展又增加了意外受伤的概率，教师对此忧心忡忡。

篮球运动并不是女教师所喜爱的一项体育项目，教师对于此项运动并不是十分熟悉，在几年的幼师学习中更是从未接触过。击地、胯下传球、拍换球、起蹲交替……专业术语对于她们来说很是陌生，自己一窍不通的运动项目还要带领幼儿来进行，明显感觉到教师无从下手。针对不同年龄班的幼儿，教师应该如何循序渐进地开展这项运动、如何根据不同体质的幼儿选取相应的活动内容……教师也都是顾虑重重。

二、行动与策略

针对篮球课程，结合本园及教师的实际情况，本着从大处着眼，从细微处入手的原则，围绕教师在组织篮球游戏时存在的小顾虑，我们进行了大思考。

（一）建立完善的安全管理制度

根据幼儿园原有的管理制度，结合我园的办园特色，我们组建了幼儿园安全管理领导小组，明确各自的分工，进一步完善了幼儿园的安全管理制度。经过领

导班子的反复商讨和研究,将安全管理的触须延伸到每个细节,进行了反复的修改与补充,先后完善了《幼儿园安全应急预案》《意外伤害的处理与上报》等,并将原有的后勤岗位分工又重新进行了细化与调整。制定了各种表格,把每项工作的管理和落实都做了细致的分配。

(二)开展各种篮球特色的培训

根据教师的自身篮球素养,制订了由专业的篮球教练引领、班级教师辅助的教研培训计划。每周都开展循序渐进的教研活动,如篮球冲冲冲、玩转篮球、户外篮球联合游戏大研讨等。层出不穷的教研活动,年轻向上、有着共同语言的专业教练,施展技能时幼儿惊叹的眼神……无疑是教师们努力练习的原动力。

(三)细化篮球活动的各个环节

1. 安全的环境是开展篮球活动的基础

在开展篮球课程前,先由保安对活动场地进行地毯式的整理,目的在于防患于未然,不仅要在活动场地确保各种物品的安全,而且对场地周围也要进行观察,排除安全隐患,并将检查确认的结果记录在《保安户外安全巡查》中。

2. 以保护幼儿身心健康为前提

教师在开展篮球课程前,要根据晨检时保健医对幼儿身体健康的反馈情况进行分组。大致分为三种情况:一是持有绿色卡片的健康宝贝;二是持有黄色卡片身体不适的宝贝;三是持有红色卡片需要服药并进行特殊观察的宝贝。教师根据这一情况将幼儿分成几组,并选取幼儿所能接受的强度开展相应的篮球活动。

3. 根据幼儿的身心发展规律创设活动内容

小班:按指定的距离滚球,独立拍球,数数拍球,左、右手拍球,按韵律节奏拍球,按音乐节奏的快慢变换拍球节奏等。

中班:能动作轻松、自然、协调地跨越简单障碍拍球外,能够以听音乐、看信号指挥等方式较熟练地变换出相应的队形。

大班:在掌握小、中班拍球技能的基础上开始进行篮球基本技能的训练,能运球接力、单人运双球走、两人及多人拍地传球、拍换球、转体拍球、头上传球、胯下传球、胯下拍球、起蹲交替拍球等进行花式拍球。

(四)掌握正确的自我保护方法

常言道:授之以鱼,不如授之以渔。一旦幼儿在参与篮球活动时学会了自我保护的基本方法,意外安全事故发生的概率就会大大降低。例如,在活动前,教师应带领幼儿认真地进行热身,防止各种拉伤、挫伤;在奔跑时不能低头,要观察周围的情况,避免和同伴碰撞;在拍球过障碍时要注意把握平衡,适时移动重心;在躲闪投掷物时用双手保护头部;在感到身体不适时要及时主动地告诉老师,以便适当调整活动量;运动后需做些缓慢且放松的整理性活动。

（五）家园联动，助力篮球活动的安全教育

幼儿园的安全管理工作是一项系统工程，它不仅需要幼儿园自身的安全管理工作精细化，同时还需要幼儿园家长的共同参与。在幼儿园安全管理过程中，我们改变了以往"闭门造车"的模式，由"单干"转向与家长"合作"的联动管理。结合我们的特色课程召开家长会，向家长详细介绍了培养幼儿自我保护能力的意义、目标及需要家长配合的具体要求，同时以问卷的形式了解了家长对幼儿进行自我保护教育的实际情况。

通过幼儿园开展的一系列家园互动活动，我们发现家长已经真正融入幼儿园的安全管理之中。尤其是在开展篮球特色活动时，家长会为幼儿准备便于活动的服装及轻便的鞋子；同时家长还会主动配合教师关注细节：女孩的头饰、男孩的帽衫、各种饰品的选择及取舍等；更多的家长利用业余时间带领幼儿进行篮球游戏，并结合幼儿园的组织形式指导幼儿如何注意自我保护，真正达到了助力家园联动安全教育的目的。

【成长心语】

幼儿园篮球特色活动的开展深受幼儿和家长的喜爱，这项活动不仅能培养幼儿不怕困难、主动参与活动的意识，而且还促使幼儿形成了好奇探究、勇敢自信的意志品质。同时提高了教师对户外活动的认识，拓宽了教师的视野，提高了教师目标设定、活动设计、开拓创新等方面的能力。在开展篮球活动的过程中，由教师小硕虑引发的关于安全管理的思考，我们还处于探索过程中，还需要在实践过程中不断地反思，不断地调整，不断地总结，力争让每一名幼儿都能健康快乐地在篮球特色活动中有更大的发展。

（沈阳市和平区南宁长白新城分园 李杰）

从进餐现象看保教质量

【案例描述】

在巡视幼儿进餐时，我发现了一些"怪"现象：

现象一：某中班进餐前，有的孩子趴在桌子上，有的三三两两说着悄悄话，有的双手撑着桌子、翘着椅子腿四处张望，有的嬉戏打闹，教师小A和保育教师一边忙着给孩子们分发饭菜，一边不断地提示着：坐好、小心、别碰洒饭菜，孩子们"望饭止饿"地等待着。待所有饭菜分完，孩子们一起朗诵餐前礼仪后，教师小A才下达命令：小朋友请用餐！孩子们回应：老师辛苦了！终于可以吃饭了，这一分餐过程大概持续了15分钟。

现象二：某大班进餐前，教师小B班的孩子们在分餐桌前站成一排，伴随着音乐，依次由保育教师帮助打餐，站队的孩子身子挺直，小眼睛却在四处搜索。打完餐，孩子们按原路回到座位上自顾自地埋头吃起来。开始，秩序相当良好，鸦雀无声，渐渐地，站排打餐的、就餐的、吃完饭送餐具的、餐后盥洗的、进区活动的，各项工作、各种声音此起彼伏地交织在一起，班级顿时像极了商场里的"美食广场"！

现象三：某大班，个别孩子端着餐盘站在分餐桌前，一边往嘴里胡乱地扒拉着饭菜，一边瞄着活动区里正在游戏的小伙伴，保育教师小C一边收拾餐桌一边催促孩子：时间到了，快点儿吃，老师还要收拾卫生！看着孩子们的窘态，我一看手机，从开餐到现在才20分钟……

【思考与行动】

一、分析与思考

（一）"精读"纲领性文件是做好生活活动的前提

进餐是幼儿园一日生活的重要环节，是确保幼儿健康成长、养成良好饮食习惯的好时机。

《纲要》指出："幼儿园必须把保护幼儿的生命和促进幼儿的健康放在工作的首位。"《指南》中健康领域（三）生活习惯与生活能力目标1"具有良好的生活与卫生习惯"的教育建议指出："帮助幼儿养成良好的饮食习惯。如：合理安排餐点，帮助幼儿养成定点、定时、定量进餐的习惯。帮助幼儿了解食物的营养价值，引导他们不偏食不挑食、少吃或不吃不利于健康的食品；多喝白开水，少喝饮料。吃饭时不过分催促，提醒幼儿细嚼慢咽，不要边吃边玩。"这些都对进餐环节提出了相应的要求。

然而，怎样把健康放在首位、如何养成良好的饮食习惯等关键问题的解决策略在教师对纲领性文件掌握不精、不透的情况下，就容易出现忽略进餐环节的科学性、教育性、重要性的问题，对于自身不适宜行为给孩子健康造成的不利、不良习惯乃至心理上的伤害均无明显意识。

（二）"用好"标准化制度是做好生活活动的保障

其实，我们园早在建园初就遵循《规程》《纲要》，制定了《幼儿一日作息时间表》《教师一日工作流程》等标准化制度。2012年又根据《指南》对制度进行了修改并开展了相关内容的业务培训。

而从上述现象可以看出：标准化制度在指导教师工作时起到了一定的作用，教师一方面会按照制度要求去"听话照做"，另一方面也会根据自己的理解去"活用"。但"活用"不等于"用好"，其一，这种"活用"更多的是出于安全考虑而采取的"大而统"的组织形式，为了赶快结束高强度工作状态而实施的"请集中"的方法策略；其二，这种"活用"是因为管理者更愿意通过教学竞赛、技能大练兵而非实实在在的生活活动来考量教师的综合素质；其三，这种"活用"也体现在周而复始的生活活动让教师没有精力去反思自己的教育行为、提炼有效的教育策略，更没有考虑对自己和幼儿的现实意义的时间。

（三）"改变"固有模式是做好生活活动的根源

案例中，教师小B采用的"站排取餐"和教师小C采用的"请集中吃"的教育策略让我感受到：教师机械地执行既定的生活活动所导致的整齐划一的"高控"行动破坏了幼儿发展的自主性，忽视了对幼儿个体差异的尊重；教师小A采用的"餐前等待"、教师小B采用的"各自为政"也呈现出"消极等待"，降低了幼儿生活体验和学习体验的质量，浪费隐性时间的问题。

当教师把"生活活动"当作"透明时间""聊天时间""放松时间"，认为"生活活动"是"浪费时间"时，"蹲下来、退下去、听进去、看明白"也就成为困难，"规则高控"与"消极等待"等固有模式就会在孩子的生活中反复出现。这会让孩子失去安全感和内化思维模式、行为规则、价值观念的时间和空间，让教师失去寻找自己和孩子成长"哇时刻"的机会和可能性。

作为履行幼儿园领导与管理工作职责的专业人员，我们必须坚持保教结合的基本原则，把幼儿的安全与健康放在首位，对幼儿发展有合理期望。

二、行动与策略

（一）通过组织园本教研认识问题

园长应具备较强的课程领导和管理能力，我把这种能力回归在幼儿的一日生活上，体现在教研活动中。我借自己观察到的三个案例，绘声绘色地给教师和保育教师讲了《进餐时的"怪"现象》的故事，并开展了"当组织幼儿进餐时，你最关注什么"的讨论。大家在轻松的谈笑间围绕"最关注的内容"进行了讨论，也意识到"站排取餐""请集中吃""餐前等待""各自为政"等现象背后的问题。

会议结束时我提出了三个问题，即为"最关注"寻找的理论依据是什么？"最关注"可以分为哪几个方面？"最关注"的具体内容是什么？作为下一次活动的主题。

一段时间里，我也有意识地利用日常观察、观摩活动等方式及时关注各班进餐环节的状态。

（二）从制度层面跟进管理行为

有了第一次教研活动的讨论基础，在第二次教研活动中，教师们个个有备而来，看来，领导有问题意识，教师就会有研究意识和研究行为。

首先，大家结合进餐环节，围绕《指南》《纲要》中关于健康领域的论述和教育建议进行深入研讨，提取相关要素。这一过程让大家在思想上达成共识：其实，进餐对于孩子来说，是为了让其健康成长、满足其生理需求的过程。但对于教师和保育员来说，进餐既是满足儿童生理需求的过程，也是教育的过程。而这一过程只是一日生活中的一个点,如果我们能从每一个点出发去保证师幼关系的完全平等、保证孩子的有效学习和充分发展,那也就保证了师资队伍的高素质,保证了幼儿园保教工作的高品质,这才是我们希望达到和实现的终极目标。

接着,大家围绕"'最关注'可以分为哪几个方面"这一问题展开讨论。针对"消极等待"现象,大家提出用餐结束的孩子的管理、独立性培养、课程渗透等几个解决策略;针对"规则高控"现象,提出餐桌礼仪、规则等解决策略;针对"请集中吃"现象,提出餐桌礼仪、教师与孩子互动、学习营养与健康知识等解决策略。

最后,大家逐一细化了每个解决策略的具体内容。

进餐环节基本任务表

解决策略	具体内容
餐桌礼仪	1."谢谢""不客气"。
	2."请问谁还添……""老师请给我一点儿……"。
	3.闭嘴咀嚼,喝汤无声。
	4.随时擦嘴。
	5.用餐时,如果有事需要交流可以轻声交谈,不能影响、打扰别人。
教师与孩子互动	在全部幼儿都开始进餐时,教师要蹲下来与幼儿进行个性化互动。
用餐结束的孩子的管理	对先用完餐的幼儿进行有效管理,培养幼儿自己管理自己的能力,可安排幼儿进行阅读等自由活动,避免消极等待。
学习营养与健康知识	1.介绍饭菜中所包含的人体必需的营养成分。
	2.说明偏食的害处。
独立性培养	1.自己端饭菜并送餐具到指定地方。
	2.小班幼儿在教师协助下打餐,中、大班幼儿开始自助取餐。
	3.值日生帮忙收拾餐桌。
课程渗透	1.用餐时可以播放舒缓、优美的音乐或近期课程中需要幼儿欣赏的曲目。
	2.餐前等待时间进行微课程,如手指游戏、绘本故事等。

（续表）

解决策略	具体内容
进餐习惯、规则	1. 不敲击餐具。
	2. 不在餐桌上玩。
	3. 咳嗽和打喷嚏要用手捂嘴。
	4. 不扭动身体或晃椅子。
	5. 不掉饭粒、不剩饭。

（三）在制度实施中灵活调整

本以为群策群力的制度形成后进餐环节的问题就会随之解决，但在一星期后的巡视中，我发现个别中班幼儿在用餐时又出现了上述情况。这是为什么呢？我想肯定是哪个环节出了问题。

经过细心观察，我发现教师们都有积极改进的美好愿望，也想让自己的工作做得更"舒服"。但从"知道"到"做到"是需要时间积累和行为坚持的，作为管理者，我必须给大家这个时间，也需要持续跟进和帮助教师坚持。另外，理解程度的不同让许多教师仍处于忙乱状态。我想，有必要在每个年组先树立一个标杆，让大家理解规范的标准是什么，以便大家更好地参照规范去工作。于是，我找到每个年组的组长，给她们一个月的时间，让她们先结合《进餐环节基本任务表》摸索出适合不同年龄段幼儿的解决策略，原则是避免"消极等待"、"规则高控"和"请集中吃"。

同时，我发现每个班确实有一部分进餐速度慢或者小手肌肉发展不灵活的幼儿，因为我们现在更强调教师与幼儿的平等互动，所以教师不会像往常一样催促、强迫，而是变成了"喂"和"等"，这样一来，进餐的时间被拉长了，饭菜也凉了，接下来的活动无法开展，进餐环节仍然给人"美食广场"的感觉。于是，我找到了保健医，与她探讨怎样让进餐速度慢的幼儿提高速度？是否可以更换成勺子？保健医说："中班幼儿进餐慢主要有两个原因，一是挑食，二是咀嚼功能有问题，这两个问题都应该与家庭配合进行纠正。比如，针对咀嚼功能，我们可以有意识地让幼儿咀嚼口香糖、食用坚果，更应该调整喂养方式，把食物切得大一些、烹饪得别太软烂，通过逐渐锻炼提高幼儿的进餐速度。"针对换成勺子的建议，保健医说："中班幼儿用筷子吃饭是卫生保健的要求。如何既想按要求执行又能很好地解决目前的问题，我们需要给班级配一些勺子，让能力弱的幼儿有一个过渡期，同时教师要有意识地在其他生活活动中以及活动区里提供动手操作的机会，让他们在游戏中锻炼小肌肉群和握筷子的能力，更重要的是要与家长联系，让幼儿在家同步跟进。"这些建议得到了中班老师的赞同，一方面，我们邀请进食慢的幼儿家长进行喂养方式的专题宣讲会；另一方面，让教师在班里有意识地进行个别指导。一个月后，这些幼儿的进餐速度和使用筷子的熟练程度都有所提升。

❀【成长心语】

> 进餐环节的问题就这样解决了，但却给我留下了许多反思与启示。
> 生活活动的每一个环节都应该是课程的一部分，也就是说，从孩子早上入园的第一分钟开始，直到离园时的最后一分钟，其间所经历的所有活动都属于课程内容的设置范围。如果能充分实现生活活动每一个环节的教育价值，那么，儿童学习和发展的潜力，就可以在最大程度上得以实现。我们和孩子互动的每一个瞬间都是教育，都应该传递教育价值，在日常生活的点点滴滴中塑造一个未来的社会公民。
> 作为领导与管理幼儿园的专业人员，园长必须能够立足本园实际，沿着"是什么？为什么？怎么做？"的脉络，尊重教师的保育教育经验和智慧，积极推进保育教育改革。最终引领幼儿园、幼儿、教师、家长的终身可持续发展。
>
> （东北育才幼儿学园 全 玲）

从"预约听课"引发进班指导的思考

❀【案例描述】

作为一名园长，走进班级指导教师工作是每天必须要做的事情。随着日复一日的进班指导，我发现在与教师交流反馈解决班级问题时，经常不能达到有效的沟通。

对话一："A老师，在给孩子提供材料时我们应该更多地考虑孩子的个体差异，这个材料对于能力弱的孩子是不是有些难，需要调整一下呢？"

——"园长，我班孩子能力强，所以这个材料暂时不用调整，很适合他们的……"

对话二："B老师，今天的游戏孩子似乎没有什么兴趣，应该反思一下哪个环节出问题了。"

——"园长，我班孩子可喜欢这个游戏啦，今天您看到的只是一个偶然现象，孩子们也不知是怎么啦……"

对话三："C老师，益智区玩具'好饿的小青蛙'去哪了？"

——"园长，这个玩具孩子们不喜欢玩了，班里也没有地方放，我就送到幼儿园的库里了……"

每当与教师针对出现的问题进行沟通而达不成共识时，不仅不能实现进班指导推进班级工作的目的，而且还会让教师误以为园长进班就是来挑毛病的，甚至有时会产生消极的工作情绪。

【思考与行动】

一、分析与思考

这种现象的不断出现，引发了我深深的思考。园长进班指导的目的在于发现闪光点，及时帮助教师改进出现的问题，激发教师产生积极的教育行为，出发点和落脚点都是帮助教师提升班级质量，提高教师专业素养。为什么在进班指导过程中会出现和教师无法达成共识而起不到实际作用的问题呢？冷静下来仔细分析，原因主要有以下几点：

1. 关注点不同。面对班级中的诸多工作，园长在进班指导时所关注的内容往往和教师对班级各项事物的关注点会不尽相同。当两者的关注点产生差异，在反馈时就很难达成一致。

2. 视角不同。发现问题时，教师是站在自己的角度来审视问题，班级的教育活动、环境创设、常规管理等各项工作都是经过自己的思考并付诸实践，她们从内心深处更希望得到同事特别是领导的赞扬或认可；园长则是站在全园教学管理的角度看待各个班级的工作，更多的是从专业的角度去分析和解决问题。因此，看问题的视角不同，以致最终不能达成共识。

3. 反馈模糊不聚焦。通常情况下，为了不影响教师的正常带班工作，园长经常利用教师不带班的时间与教师进行反馈，此时已离开教育现场，无论是园长还是教师都是凭印象和感觉在回顾、在沟通，无法准确再现当时的情景。这种印象、感受比较模糊，经常因感受不同而很难达成共识。

二、行动与策略

改变一：教师预约来指导

为了提高进班指导的实效性，让进班指导更具有针对性，我采用了预约指导的方式，其最大特点是"留有余地"，有充分准备的时间和空间。预约的时间和需要指导的内容由教师确定，这样一来，教师从原来被动接受指导变成了主动邀请指导，在心理上由被动接受转变成愉悦接纳，此时教师和园长就形成了共同关注的问题点，而园长也会提前做好指导的准备，在指导的过程中会更有针对性，所提出的改进意见与建议质量更高，更容易让教师接受，从而让指导更有效。应该说，每一次预约指导都是对现状的超越，随着预约指导一次次的深入，班级各项工作的质量定会提高，从而推动教师的专业成长。

改变二：带着相机来进班

相机已经逐渐成为我们的第三只眼睛，它可以记录下班级中教师和孩子发生的各种事情，可以为教师和园长更理性地分析幼儿的现状提供第一手资料。当我们和教师一起观看该班教师和孩子的互动情景时，该教师自己就会发现在和孩子互动中还存在哪些不足，怎样互动效果会更好。教师脱离教育现场，从录像中更能理性地看待问题、解决问题。此时，园长适时提出意见和建议，更能走进教师的心中，被教师所接纳。当我们遇到困惑和问题时，相机的真实记录也能更好地帮助教师发现问题的根源，从而使教师更有效地提高工作质量。

改变三：邀请教师共指导

同一年龄班在开展工作的过程中经常出现共性问题，为此，在进班指导的过程中，我邀请同年龄班的教师或新教师共同参与。教师们走进其他班级不仅能够发现别人的优点，相互学习，更能自主发现自身存在的问题，帮助其他班级解决问题的过程其实也是解决自身问题的过程。这个过程中，教师们根据自己带班的经验提出各种有效的意见和建议，更贴近实际情况，易被教师所接纳。此时的教师不再是一味依赖于园长的意见和建议的被动执行者，而是变成真正自主解决问题的人。邀请教师共同走进班级的实质，就是带着教师一起走进现场共研，在相互切磋和研讨中，更好地发挥了教师同伴互助的资源优势。

【成长心语】

> 进班指导的微改变，让教师由原来的不情愿指导变成主动邀请，教师从原来的规避问题到主动发现问题、解决问题。这些不仅有效提高了指导效能，更让教师在参与的过程中获得了自主解决问题的方法。微改变产生的效能极大地增加了我在日常管理中不断发现问题和解决问题的信心，在我们每天的细微变化中，管理也就走进了教师心中，只有这样的管理才有温度，才会更合理、高效。
>
> （沈阳市和平区南宁幼儿园 刘春燕）

示范引导，引领教师成长

【案例描述】

事件一：早上进班，我看见小班教师在带领孩子进行打击乐活动，教师准备了两种乐器，每种只有三个，二十几个孩子只能分组轮流到前面体验。体验后，再随音乐进行节奏练习。我又去隔壁小班看了一会儿，大概流程也是如此。因为每周我都会参与小班组的集体备课，所以我知道这是小班孩子的第一次打击乐活动。

事件二：每次小班组集体备课之前，负责的教师都会提前跟我探讨和沟通。在进行"我爱我家"这个主题活动时，有一个内容是调查问卷——和爸爸在一起最快乐的一件事。看到这个内容，我向教师提出质疑，小班孩子会以什么样的方式来完成调查表呢？还有没有更好的办法。教师说："资料包中就是这样设计的，孩子不能完成，可以请家长来帮忙。"我说："当前的信息时代，人们沟通与交流的方式更加便捷和顺畅，我们能否请家长把孩子与爸爸妈妈在一起的快乐瞬间用拍照的形式记录下来，用微信传给教师，我们在活动过程中，通过观看照片，引导孩子回忆与讲述？"通过实践证明，这种方式非常适合小班幼儿，并且取得了良好的效果。

事件三： 本周中班的同课异构是泥工活动——梅花。看了三名教师组织的活动后，我觉得教师更在意幼儿最后呈现出来的作品，而忽视了过程中幼儿的自主学习意识。于是，我主动请求在最后一个班级中进行一次示范活动，请中班所有教师和小班、大班的学年组长来观摩。活动后，我通过说课形式向大家介绍了我的设计思路和意图。

❀【思考与行动】

一、分析与思考

教师的专业水平决定了幼儿园的品质，要发展，就要在现有基础上引领教师不断成长，这是办好幼儿园的前提，是提高保教质量的关键。《园长标准》指出，教学领导是园长工作的重心所在。园长首先应该是一位优秀的教师，不仅对幼儿园的保育教育有深刻的理解与把握，还要能够引领全体教师的专业化成长。于是，我对教师队伍现状进行了认真的思考。

（一）理念与实践发生冲突

虽然教师们熟知幼儿年龄特点和一些理论知识，但在实际工作中仍心存顾虑，希望幼儿养成良好的常规习惯，担心幼儿出现意外，在意幼儿活动的效果，所以不敢放手，高控现象多，出现理论与实践脱节的情况。

（二）经验与创新发生冲突

年轻教师在工作中有热情、有想法，但是当想法提出后受到质疑或遇到困难时，就会产生动摇心理，向原有经验妥协，在原有课程的基础上很少开展创造性活动，维持现状。很多特色活动的开展也仅仅是依照以往的资料包和大型活动的流程来设计，这种状况使幼儿园的发展出现了瓶颈状态，很难突破。

（三）愿景与现实发生冲突

幼儿园发展了六年的时间，我们期望教师队伍日趋成熟，积极进取，具备一定的专业素养。但是在现实生活中，社会舆论对幼儿教师的负面报道，家长的挑剔，繁杂的日常工作和压力，尤其是当今社会具备更多的选择性，独生子女生活的优越感等诸多原因，都阻碍和动摇了教师的前进和发展。

二、行动与策略

基于以上思考，我们在工作中做出了以下调整。

（一）夯实理论学习，形成专业共识

理论可以指导实践，但前提是教师要在掌握的基础上内化为自己的教育行为。我们首先调整了业务学习笔记的形式，重点带领教师学习《指南》，每月每个年龄班针对一个领域进行考核。改变以往写读后感的形式，请教师们围绕文章，结

合《指南》谈谈自己的体会,进行研讨。在日常工作中,我们还会把一些好的文章推荐到教师微信群,与大家一同探讨,达成共识。每次园本教研的研讨,都引导教师从《指南》和《纲要》中找出对应的理论作为支撑,学会分析问题,形成应对策略的依据。教师要提升,一定要具备相应的文化底蕴。我们鼓励教师们多看书,给她们提供出去学习和开阔眼界的机会。每学期期末,我们都要求教师把自己擅长的内容进行总结,形成论文,并给出相应的修改意见,鼓励她们参评。在这样的互动中,教师能感受到我们传递的能量,专业的需求,从而与我们在专业提升上达成共识。

(二)营造教研氛围,提升专业素养

幼儿园的教研氛围直接影响一个园所的文化,影响幼儿园的质量和教师的专业程度。开园六年以来,我们引领教师进行了一系列有效的教研活动,营造积极融洽的教研氛围。

当教师在工作中遇到问题的时候,都通过园本教研的形式来解决问题。如:组织小班教师开展研讨"如何带领小班幼儿开展第一次打击乐活动";抽查教师工作流程后,共同细化"离园前的活动安排";检查教案后,带领教师共同研究"如何制订周计划";为了支持和鼓励年轻教师总结经验,带领大家共同学习"如何撰写论文"等(见附件)。这些园本教研的内容,都来源于教师的实际工作,是她们急需解决的。作为园长要有敏锐的问题意识,善于发现实践中的问题,尤其是与倡导的理念之间的落差,带领教师共同解决问题,不断提升专业素养。

同时,我也深刻地意识到,良好的教研氛围不可能在短时间内就形成,需要幼儿园具有完善的教研制度,园长重视,全园参与,形成合力来共同营造。

(三)逐层示范引领,形成专业梯队

开园六年来,在一系列的考核与园本教研中,一些工作能力强,具备专业素养的年轻教师逐渐成为我园的骨干教师。在她们成长的过程中,我根据每个人的实际情况提出了不同的要求,不仅让她们能充分发挥自身优势,还能形成专业梯队,满足幼儿园教研工作的需求。

作为园长,在教学工作中要积极向教师传递先进的教育理念,每次外出学习回来后,我都主动与教师进行分享。在日常教学活动中,发现问题,及时进行示范活动,组织园本教研。学年组长定期带领各自学年组开展园本教研活动,示范教学,组织教师开展周观摩听评活动。每个学年组还选出一位骨干教师作为学年组长的助手,带领年组教师进行集体备课。每位教师都有自己负责的特色活动,通过组织这种全园特色活动不断提高自己的专业素养。这样搭建起来的梯队,不仅有助于形成幼儿园的教研氛围,也使每位教师都在自己原有的基础上得到了提升。

【成长心语】

开园六年来,幼儿园已经逐渐形成了自己的特色,每名教师都在原有的水平上得到了提升和发展。作为小区配套幼儿园,在园区赢得了社会和家长的认可,使更多的孩子享受到了"南宁"品牌。

幼儿园的品质得到提升,绝不是靠园长一个人的努力完成的,而是在园长带领下群体发展的结果。从园长到每一名教师,从发现问题到总结经验,依据教师专业成长的基本规律以及不同水平教师专业发展的不同需求,采取不同方式与不同层次的引领,助推教师的专业化发展,从而提升幼儿园的办园质量。

(沈阳市和平区南宁幼儿园 韩沈丹)

附件:

新教师园本教研纪实
——设疑、解疑、分享、提高

南宁幼儿园远洋分园于2011年开园,90%以上的教师是没有任何工作经验、刚刚走出校门的新手,如何让她们尽快适应幼儿园环境和新的工作要求,加速自我调适过程,并富有成效地开展工作,是我们在开展园本培训过程中正在着力研究的问题。

为了使园本培训适合新教师的特点,我们通过多种形式了解新教师对于培训的需求,开展了一系列行之有效的园本培训活动。其中的一次头脑风暴式培训,我们根据新教师的实际情况设计了三个问题,分组进行研讨。

问题一:孩子向你告状时,要如何回应?

问题二:如何让孩子尽快接纳和喜欢你?

问题三:家长问你孩子表现得如何时,你应如何回应?

这三个问题是新教师走上工作岗位后经常遇到的问题,是否能适宜地解决,关系到她们能否得到家长和幼儿的认可以及专业水平的提升。

通过报数,20名教师被随意分成了三组,每组选出了记录员、计时员和讲解员。

第一组新教师为自己的小组起名为"和谐组",她们提出在构建和谐社会的形势下,我们幼儿园、班级也要努力营造和谐的氛围,尤其是教师与幼儿之间的关系。她们的问题:孩子向你告状时,要如何回应?这一组的新教师首先共同分析了这种情况发生的原因,大家觉得,多数是因为幼儿争抢玩具,不会与人沟通而造成的。针对这种情况,她们根据幼儿的年龄特点总结出了以下几个策略:引起注意;正确引导;日常观察;了解原因;以此为戒;教师语气。

小班:保证每名幼儿都有玩具,互换使用,讲道理,养成习惯。

中班:单独了解原因,两名幼儿一起说,教师指导。日常注意观察,学会互换。

大班：讲道理，教育幼儿学会宽容和谦让。引导幼儿自己解决问题。

第二组新教师的问题：如何让孩子尽快接纳和喜欢你？她们在研讨前觉得这个问题最好的解决办法就是"爱"，所以她们为自己的小组起名为"爱、传承"。但是大家普遍认为，光有爱是不够的，作为一名专业的幼儿教师，要有"爱"的方法和策略。

对于大多数幼儿，教师要先观察，然后用语言打招呼，记住幼儿的小名，开展游戏活动，最后与家长建立良好的关系。

同时，还根据大班与小班幼儿的不同特点和不同类型找出一系列策略。

一、小班幼儿

外向幼儿：幼儿会主动亲近教师，教师也可以抱一抱、亲一亲幼儿。

内向幼儿：先观察幼儿的习惯，从幼儿喜欢的事物入手，然后以行动方式来接触幼儿。

特殊幼儿：先和家长打招呼，熟悉幼儿的喜好和厌恶。

二、大班幼儿

1. 以朋友身份与他们接触。
2. 让幼儿帮助教师做一些事情，并给予他们一定的鼓励。
3. 对于不同性格的幼儿有不同的要求。

第三组新教师的问题：家长问你孩子表现得如何时，你应如何回应？这个小组起了一个很有寓意的名字——"瞧桥"。她们说："教师和家长之间要架起一座沟通的桥梁，才能促进幼儿更好地发展。让我们一起注视这座桥，让它在幼儿成长的过程中发挥最大的作用。"

教师小结：

1. 面带微笑，真诚交流。
2. 肯定长处，后说不足。
3. 细致、细心、细节。
4. 家园一致，共同成长。
5. 真诚、真实、真切。
6. 高声表扬，低声批评。

每组总结后，分别派出代表向全体教师阐述了自己小组的观点，这个畅谈自己观点、展示自我、与同事合作的过程使她们体验到了自我认同感。

在此基础上我不但给予她们充分的肯定，也针对这三个问题发表了自己的见解。

首先，当孩子争抢玩具向你告状时，教师要教给孩子一些解决问题的技巧和方法。

1. 要引导幼儿学会轮流玩，知道什么时候提出交换的要求最有效，以寻求最佳的应对方法。
2. 能用清晰、有效的语句向同伴表达自己的需求。

3. 帮助幼儿寻找协调的办法，如猜出哪些事物能吸引他人，达成协议，满足彼此的需求。

4. 建议幼儿先进行其他活动，学着接受失败。

其次，如何让孩子尽快地接纳和喜欢你，在这个问题上我很赞同新教师的观点。

1. 要有爱心，与幼儿有情感交流。如：每天抱抱孩子；给没来园的孩子打电话；蹲下来和孩子说话；在生活上关心照顾孩子等。

2. 利用孩子喜欢的游戏开展各种活动，与孩子建立朋友和玩伴的关系。

3. 对待班级里的孩子要一视同仁。

最后一个问题是：当家长询问孩子表现得如何时，新教师要如何回应？新教师在工作中要注意观察和了解孩子，针对孩子的作品或活动中的真实表现，向家长说明孩子的发展情况，指出需要家长配合的事项。另外，要如实回应，注意语言的技巧和语气。

通过这样的小结，新教师在对照自己总结出来的策略的基础上有了进一步提升，有效地帮助她们解决了工作中的困惑。

当然，新教师的培训形式还有很多，作为园本培训第一责任人的园长，还要进一步通过机制建设和创新寻找推动新教师成长的有效方法，提高她们的专业能力和素养，使新教师群体快速成长，为提升幼儿园办园质量奠定良好的基础。

课题研究也是保育员的"菜"

【案例描述】

我园是一所民办幼儿园，依托集团的优质教育资源，收费标准比公办幼儿园高。家长为什么要把孩子送到这样的幼儿园？家长看中的是幼儿园优质的教育资源和良好的办园质量。《纲要》中明确指出幼儿园要"保教并重，关注个别差异，促进每个幼儿富有个性的发展"。然而在实际工作中，幼儿园一般为每个班级配备"两教一保"，经常对教师进行培训和指导，忽略了对保育员的培训和指导，重教轻保的现象非常普遍。幼儿园建园初期招聘的保育员来自各行各业——售货员、公交司机、工厂的保管员、学前班教师等，也有从事过保育员工作的，平均年龄为45.4岁。保育员队伍中具有初中学历的11人，占33.3%；高中学历的15人，占45.5%；中专学历的2人，占6.0%；大专学历的5名，占15.2%。只有3人是接受过幼教专业学习的，占9.0%。为了提高办园质量，迫切需要提高我园保育员队伍的整体素质。

【思考与行动】

一、分析与思考

《规程》《幼儿园管理条例》《指南》是当前学前教育执行的三部重要法规。

在三部法规中明确提出了"幼儿园应当贯彻保育与教育相结合的原则""实行保育与教育相结合的原则,对幼儿实施体、智、德、美诸方面全面发展的教育,促进其身心和谐发展"。所以说"保育与教育相结合"是幼儿园教育的根本原则。

学前幼儿仍不具备独立生存能力,需要成人为之提供生存必需的物质条件,虽然学前幼儿的身体处在迅速发展的关键阶段,神经系统不断成熟,但是他们缺乏自我保护的意识,需要成人的保育。学前幼儿的认知、意志、个性的发展,均存在无目的、无意识的倾向,如能接受正常、健康、充满爱护的保育,便有利于促进幼儿良好个性、心理品质的形成。由此可见,幼儿园保教对象的年龄特点决定了保育人员在工作中的地位与作用是不可忽视的,一支具有高质量专业素质的专职保育人员队伍是幼儿园全面做好保育工作的保障,是幼儿园落实素质教育的有效措施之一。随着《规程》精神的进一步落实,幼儿园保育工作更深层次地得到了幼教工作者和社会的重视。以保育员为例,她们在幼儿园一日活动中与幼儿直接接触较频繁,幼儿的生活自理能力,学习活动习惯乃至品德意志的培养都离不开保育员的精心护理和言行影响,换言之,促进幼儿全面发展,保育员也起着重要的作用,因此,幼儿园专职保育人员工作的作用已被放在了关键的位置。

在幼儿园的实际工作中,一日生活都是教育的契机,"教中有保,保中有教"。保育员的工作不仅仅是照顾幼儿的吃喝拉撒,还要在照顾的过程中知道如何培养幼儿的行为习惯,为什么要培养幼儿的行为习惯,通过什么样的方式能够培养幼儿的行为习惯等。所以,保育员的言谈举止、行为习惯和教育方式对幼儿的影响是不容忽视的。幼儿园的工作任务很难使保教工作完全分离,保育员同时也承担着教育任务。班级的保育工作不应只以教师为主体,保育员配合,而是保育员在幼儿的保育教育和幼儿保育管理方面与教师一样起到一定的作用。与教师分工合作,有些事情会做得更好、更精细。这样会对班级的幼儿保教工作起到事半功倍的作用。

目前保育员的学历水平普遍不高,多数未受过专业教育,专业技能不完善,年龄偏大,对自身专业成长的主动性需求不强。依据马斯洛的需要层次理论,需要提升她们的职业认同感和自我发展的意识。帮助保育员建立自信、发挥长处,在幼儿园实际工作中承担保教任务,充分明确作为保育员在幼儿园工作中的岗位职责和工作规范,建立公平的考评奖惩机制,引导保育员自觉学习、不断超越,逐步形成良好的激励竞争机制,进而打造一支职业素质和业务能力俱佳的保育团队。

二、行动与策略

基于以上的思考和想法,我们组织部分有经验、工作踏实肯干的优秀保育员进行座谈,准备申请中国学前教育研究会"十二五"科研课题——"提升保育员专业素质的有效途径研究"。具体由保教后勤主任带领优秀保育员进行课题的研究。大家都表现得异常兴奋,露出期待的目光。保育员也能进行课题研究?实际上每个保育员都有自己的特长,比如在手工、绘画、声乐、写作、舞蹈等方面都

有一定的基础。有的保育员手工水平甚至比教师的还要高。我们本着"扬长补短"的原则从实际工作出发，从规范工作程序、提高职业技能，并能在工作实践中得到运用入手，按照分阶段逐步进行专业技能提升的思路开始我们的课题研究。

（一）统一思想，提高认识

为了确保课题研究的顺利开展，幼儿园成立专门的课题小组，由园长亲自主持课题，保教后勤主任带领工作经验丰富、创新意识强、对保育工作有热情、有责任心的保育员作为课题组成员进行实验课题的研究，参加培训，听取专家和同行的讲座及经验分享。通过培训，他们更新观念，理清思路，明确课题实验的意义和目的，理解了研究的原则和方法，掌握了研究步骤和基本程序。同时幼儿园高度重视保育员的课题研究，划拨专项课题经费，对突出成果进行奖励，这更加激发了课题组成员的热情和积极性。

（二）资源共享，提供平台

1. 根据课题组成员的特长进行研究分工，分别成立以课题组成员为组长的保育常规组、保健组、玩教具组，对课题展开深入的实验研究。保育常规组重点就保育员岗位职责和工作规范方面结合实际进行实践尝试、归纳总结；保健组重点就保育员的专业能力拓展和保育工作拓宽内涵方面进行实验研究；玩教具组重点就如何在生活活动中制作幼儿需要的玩具和教具，如何布置幼儿生活卫生区域环境等为幼儿身心健康发展创造良好的外部环境方面进行实践尝试。

2. 确保保育员每周一次的业务培训和教研活动时间，幼儿园的资料室和办公室的电脑随时向保育员开放；保育员可以在小组活动、专题汇报、制作玩教具时使用幼儿园的休闲教室、会议室、活动室、材料室；提供购买阅读书籍的经费，为保育员外出培训学习和参观提供充足的经费。

3. 为保育员提供保育工作实践的平台，班级保育工作以保育员为主体在幼儿一日活动的常规培养中为保育员提供实践的机会，如填写幼儿一日生活观察记录，组织肥胖儿户外游戏，在运动、饮食、习惯培养方面进行观察记录等。

（三）不断学习，加强教研力度

在课题实施的过程中我们遵循边学习、边研究、再实践、再研究的循序渐进的原则，每学期制订工作计划，使课题的研究落到实处，形成特色。在培训中，我们坚持园本培训和专家培训相结合，拓展培训渠道，提高保育员的学习兴趣。采用参与式培训、主题教研、专题培训、专题交流、成果汇报等学习方式。转变保育员的教育观念，进行有关《指南》的培训，特别是在健康领域进行重点解读并考核；进行专业书籍的读书活动并定期进行读书交流；观看反映有关人性关爱、责任坚持等方面的影片，启迪智慧，陶冶心灵，树立正确的价值观、教育观。为提升保育员实际工作中配合教学的能力进行了可操作性的培训，如幼儿活动区的材料投放、户外游戏的指导、如何制定不同年龄段的常规要求等，不断提升保育员的专业素质，以适应现形势下幼儿教育水平快速提高的要求。

（四）与实际工作结合，总结经验、完善制度

每学期制订较完善的研究工作计划，把课题的研究与日常的保育教育工作有机结合起来。避免教学实践和教科研"两层皮"的现象。在实验过程中注重工作规程和制度的完善，对一些逐步成熟的保育工作规范制度、观察记录进行归纳总结。对于出现的问题及时讨论、不断论证、形成共识、总结积累。保育员通过不断深入的实践，提升了专业技能水平，保证了保育工作质量。

【成长心语】

有些事情不是不能做，而是不敢想。"心有多大、舞台就有多大。"幼儿园的保育队伍在近两年探索和实践过程中，主动挖掘潜力，认真钻研，不断提高专业水平。通过课题研究，保育员眼界变得开阔，思维变得活跃，知识变得丰富，情感变得细腻。充分挖掘保育员每个人自身的优势，如做事认真、肯吃苦、心灵手巧等，在幼儿园的工作中展示自己的才能，与教师共同参与各类评比活动，体现自己的价值。专业能力的提高让保育员体会到：她们也能为孩子做很多的事情，孩子们需要她们，喜欢她们，离不开她们。家长们认可、尊敬她们。保育员充分认识到保育工作在幼儿园的重要性，对职业产生自豪感。好的心情带来好的工作状态，好的状态才能积极营造良好和谐的人际关系，才能将良好的情绪传递给幼儿，关爱幼儿。通过课题研究，保育员在观察记录、组织活动、环境创设方面都有不同程度的提升，在幼儿的常规培养、卫生保健、精细化的保育服务方面都能做到学以致用。转变了保育员只是负责幼儿的吃喝拉撒的传统保育观念，转变了"重教轻保""重教学活动、轻生活活动和自由活动"的观念。提升保育服务质量，对幼儿身体发育、幼儿一日生活行为习惯养成、家长服务、班级管理等方面的工作都有很好的提升，成为幼儿园保教工作的一大特色。

（东北育才幼儿园 李咸玉）

读懂孩子——让午睡更甜美

【案例描述】

近日来，园领导在幼儿午睡巡视中，发现不同年龄段幼儿在午睡中存在着不同的问题。

小班幼儿午睡存在的问题：

走进小班睡眠室，伴随着轻柔的睡眠音乐，孩子们已经进入甜甜的梦乡。教师小H坐在办公桌前准备下午的活动。嘉宝趴在床上睡着了，能听到明显的鼾声；小乐紧紧抱着自己的小娃娃，教师尝试将小娃娃取出来，但是一动，小乐就醒了；豆豆习惯性地将手指放进嘴巴里，不停地吮吸着。很多小班幼儿在午睡过程中存在着恋物、吸吮手指的现象。

中班幼儿午睡存在的问题：

中班大多数幼儿在散步活动后能够做到轻声走进睡眠室，取拖鞋，脱衣物，找到床铺，躺下来休息，但是这样安静的环境常常被个别幼儿打破。豪豪脱完衣物上床，堵住其他小朋友的通道，不让其通过，要玩"刷卡"游戏。随后多数幼儿兴奋起来，有的"积极配合"游戏，有的趁机做一些搞怪的动作引人发笑，有几个互相检举告状"老师，他们打闹""老师，他做鬼脸"。教师小 D 急忙上前让豪豪停止游戏，并不断提醒其他幼儿："请安静！到午睡的时间了。"尽管教师反复重申，但效果不明显，常常是这边安抚一个躺下来，另外一边又传来叽叽喳喳的说话声。

大班幼儿午睡存在的问题：

午睡不久，一部分幼儿就发出均匀的呼吸声，但是还有几个幼儿不停地翻来覆去不肯午睡。多多一会儿翻翻身，一会儿弄弄被，假装闭着眼睛睡觉，偶尔睁开看看四周；琪琪一会儿"躲"在被里，一会儿伸出头时不时地碰一下旁边小朋友；佳佳也"偷偷"探出头，见老师没注意就发出几声怪声，然后装作什么都没发生一样继续躺着。教师小 C 走到幼儿身边提醒说："赶紧睡吧，要不然下午该没有精神活动了。"教师试图逐一安抚幼儿入睡的方法未起作用，似乎这样的"关注"更影响了幼儿的睡意。

❀【思考与行动】

一、分析与思考

通过观察教师在午睡中的教育行为及幼儿出现的问题，我带领教师们共同学习幼儿园纲领性文件，引导教师学会"解读"幼儿，通过多种教研形式探寻解决问题的方法和策略。

《指南》在健康领域中提出：3-4 岁幼儿能在提醒下，按时睡觉和起床，并能坚持午睡；4-5 岁幼儿应每天按时睡觉和起床，并能坚持午睡；5-6 岁幼儿应养成每天按时睡觉和起床的习惯。教育建议中指出：保证幼儿每天睡 11-12 小时，其中午睡一般应达到 2 小时左右；幼儿需学会独立安静入睡，养成正确的睡眠习惯；让幼儿保持有规律的生活，养成良好的作息习惯，每天午睡。午睡是幼儿园一日活动中的重要环节，起着承上启下的作用，科学证明，幼儿在睡眠时的生长速度比较快，进入睡眠时，身体各个部位、脑及神经系统都在进行调节，睡眠的好坏直接影响着幼儿的生长发育。

了解了幼儿午睡的重要性，那么怎样解读不同年龄段幼儿午睡前、午睡时产生这些行为现象背后的原因呢？通过多次实践观察、讨论分析并与家长沟通交流，教师们慢慢"看到"了幼儿，"读懂"了幼儿，教育行为和教育策略也悄然发生改变：尊重个体差异，尊重幼儿的基本需求；坚持正面教育，用爱滋养童心；家园教育紧密配合，做到教育的一致性。

二、行动与策略

（一）小班：理解心理需求 爱心陪伴成长

问题现状： 幼儿存在恋物、吸吮手指等现象。

原因解析： 婴幼儿吮吸行为是先天的本能动作，吸吮手指有抚慰和镇静的效果，"口腔期"得到满足的婴幼儿一般到3岁左右就不再吸吮手指了，如长期吸吮手指，不但会使手指变形，更严重的会影响其心理健康发展；幼儿恋物的根本目的在于继续寻求与母亲或其他成人的密切的身体联系，最大限度地保持这种社会情感并获得最大程度的舒适，从表面来看，"恋物"解决的是"皮肤饥渴"，但更深层隐含的是——幼儿内在需要的是一种心理上的安全感和慰藉。一般在入园初期，个别幼儿分离焦虑情绪较重，随着适应集体能力增强，多数幼儿会改掉这个"毛病"。以上现象发生在小班下学期期末且多数幼儿年龄在4岁，为此，我们进一步探究原因，教师观察这些幼儿有哪些相同特质，并了解其家庭教养关系如何。经过调查，我们总结：这些幼儿的家庭中父母关系相对紧张或有其中一方长期不在家，有的是父母对其要求过于严格或父母完全放手不管，幼儿的性格相对比较内向、敏感，渴望被关注和被爱，安全感缺失。

策略实施：

1. 创设温馨环境，平稳幼儿情绪。教师们利用蓝色或紫色的纱、线帘、绸等材料布置出温馨的睡眠环境，调整好光线，播放舒缓音乐或睡前小故事，教师走路要轻、说话要柔，让每个幼儿感受到睡眠是安全的、舒适的、甜美的。

2. 注重家园沟通，关注心理营养。教师与家长及时沟通，让家长了解这种行为的利与弊，家园双方都需要为幼儿创设轻松、愉悦、充满爱和温馨的氛围，创设民主、平等、宽松的人文环境与精神环境，让幼儿感受到被爱和被关注；加强亲子互动的频率，建议家长每天增加陪伴孩子的时间，提高陪伴的质量，如每天与孩子进行半小时的轻松聊天，每天坚持全身心地给孩子十秒钟的紧紧拥抱等；我们引导家长多从幼儿的视角去看待问题，接纳、理解幼儿，缓解幼儿紧张、焦虑的情绪，还重点提示部分家长调整夫妻关系，让他们认识到和谐的夫妻关系是幼儿获得安全感的重要来源。

3. 爱心滋养童心，耐心陪伴午睡。教师一个甜甜的微笑，一个鼓励的眼神，一个抚摸的动作，都会让幼儿感受到被关注、被关爱，舒缓幼儿的紧张或不安的情绪。午睡前，教师小H轻轻走到小乐床边，边轻抚他边说："我在旁边陪着你，让你的娃娃也在枕边陪着你睡，行吗？"刚开始的几天，小乐不答应，教师也没有强求，允许他抱着娃娃入睡，待熟睡后再轻轻挪开娃娃。后来，教师每天坚持陪伴，小乐终于在睡前不抱娃娃了，能够独立地甜甜地进入梦乡了。经过教师们的爱心呵护，家长们不断调整家庭教养方式，两个多月后，孩子们基本改掉了恋物、吸吮手指的"毛病"，在其他活动中也表现出更多自信，愿意参与集体活动了。

（二）中班：满足游戏需求　建立午睡规则

问题现状： 幼儿午睡前玩游戏、打闹嬉戏。

原因解析： 中班幼儿具有丰富、生动的想象力。案例中玩"刷卡"游戏就是豪豪将入园时"刷卡"后再进入幼儿园的生活经验"迁移"成通关游戏。中班幼儿的情绪自控能力虽然较小班有所发展，但是对特别感兴趣的事物仍然受情绪支配，"刷卡"游戏激起了他们的兴趣，所以出现情绪"失控"现象。同时他们的规则意识开始发展，部分幼儿对午睡中"违反规则"的现象和行为向教师告状，面对这样的局面，教师如果"不懂"他们，只采取简单的方法去制止和责备是没有效果的。

策略实施：

1.增加游戏体验，促进能力发展。陈鹤琴先生说过："小孩子生来是好动的，以游戏为生命的。"还有人说："四五岁左右是儿童游戏活动的黄金时期。"此时的儿童不仅游戏兴趣显著增强，游戏水平也大大地提高，他们能够自己组织游戏、选择主题、自行分工、扮演角色等，游戏情节丰富、内容多样化，还出现了以物代物等替代行为。教师们认真反思，认为平时给予幼儿游戏的空间和时间较少，并没有满足幼儿游戏的需求和愿望，集中教学和"高控行为"较多，所以幼儿"抓紧"一切有利机会"玩耍"。为此，教师们"明白"了幼儿的心思，减少了集中活动时间，增加了自由活动时间，提供丰富的材料和体验的机会，使幼儿在游戏中奔跑着、快乐着，社会交往能力及游戏水平都得到较好发展。

2.共同制定规则，提高规则意识。随着幼儿日常游戏活动时间及内容的增加，幼儿的兴趣和需要不断得到满足，午睡期间"玩游戏、嬉闹"的现象逐渐减少，虽然偶尔还会出现，但经教师稍加提示后，幼儿很快也就进入午睡了。为了进一步让幼儿养成良好的午睡习惯，教师与幼儿共同商讨"睡眠"的规则：运用视频记录法将幼儿在午睡前的表现进行拍摄，利用小组讨论及个别交流的方式总结午睡的规则，如"走路说话都要轻""午睡时不能打扰他人""自己独立安静睡觉"等，并用图画的形式记录下来张贴在睡眠区。在满足了幼儿游戏需求的基础上，经过师幼共同约定午睡规则，中班组午睡前的秩序越来越好，幼儿随着舒缓的音乐声很快进入了梦乡。

（三）大班：尊重个性需求　灵活运用策略

问题现状： 幼儿没有"睡意"，出怪声、打扰他人。

原因解析： 经过调查了解，案例中多多是个活泼好动的孩子，进入大班末期后，午睡的时间相对减少，如果孩子在园上午活动量不足时，午睡时间缩短，会使孩子更难入睡。分析原因，这样类型的孩子相对来说精力旺盛，随着年龄增长，其对新鲜事物充满好奇和探索欲，体力和精力更加充沛。案例中琪琪和佳佳则是没有养成良好的睡眠习惯，在家的睡眠作息不规律，有时早睡晚起，有时晚睡晚起，致使她们没有养成良好的午睡习惯。

策略实施：

1. 多种措施并用，提高睡眠质量。睡前做"舒缓操"，让幼儿身心安静放松；为个别入睡困难的幼儿准备眼罩；师幼共同制定"午睡约定"，将"约定"以图文并茂的形式贴在墙面上；创设"午睡后甜蜜分享"环节，让幼儿分享午睡过程中自己的表现或甜蜜午睡后的感受。

2. 依据个体差异，调整方法策略。对于精力过于旺盛的幼儿，在上午各项活动中教师有意识地提高其活动强度，并多布置一些小任务，为集体或其他小朋友服务，肯定其乐于助人、为他人做事的好品行；在其入睡困难的时候，教师不能采取"一刀切"的模式，强行要求其很快进入睡眠，可与其小声约谈，引导其安静地入睡，如果还是不能入睡，允许其在不打扰他人的前提下起来进行安静的活动。

3. 家园一致努力，培养作息规律。教师与家长交流良好作息对于幼儿成长的重要性，争取家长的配合，以身作则，带头遵守作息时间，成为幼儿的榜样，随时反馈幼儿的睡眠状况，共同培养幼儿良好的睡眠习惯。

❀【成长心语】

《纲要》指出："幼儿园必须把保护幼儿的生命和促进幼儿的健康放在工作的首位。树立正确的健康观念，在重视幼儿身体健康的同时，要高度重视幼儿的心理健康。"在日常工作中，我们要牢固树立正确的健康观，充分尊重幼儿的基本需求，发挥教师的引导者作用，进行科学合理的生活教育，为幼儿建立起合理的生活节奏，引导幼儿养成健康的生活方式，达到让幼儿身心健康、幸福、快乐成长的目的。

（盘锦新世纪幼儿园 曾霞）

增强团队凝聚力小游戏

形式： 全体参加，2人一组。　　**类型：** 团队精神，联络感情。
时间： 10分钟。　　　　　　　　**场地及道具：** 室内外均可，无须道具。
推荐指数： ☆☆☆☆
游戏目的： 缩短团队成员间的距离，增加亲近感。
游戏步骤：

1. 找一个身边的队友结成伙伴。

2. 队友间背对背，3分钟内在自己身上做出3种变化。

3. 回过头，彼此找找对方身上的变化。

4. 再背对背，5分钟内在自己身上做出10种变化。

5. 回过头，彼此找找对方身上的变化，双方都找出10种变化后举手示意，以用时少者为胜。

讨论链接：

1. 在游戏中，你是否能很快发现对方身上的变化？

2. 在平时的工作中，不论是领导还是普通的职员，你是否经常留意周围人身上发生的变化，并加以适当的关心？

读故事：

我为什么辞职

美国南卡罗来纳州精密变压器公司的人事福利部经理尼雷日前决定辞职。她这样叙述了她离职的原因：我父亲刚刚死于主动脉瘤。上班后，上司走过来对我说："对于你父亲的去世，我感到难过。"然后再没任何其他表示。即使人们看到我，也都默不作声，真是太缺少人情味了。他们希望我一上班就把个人情感抛到脑后。而同事给我的感觉是：不要让别人看到你情绪低落，你会让我们受到感染。我因在工作时失声痛哭而遭到了训斥。即使人力资源部门也是冷眼相待。我想星期五请一天假，去给父亲立墓碑时，和我谈话的那位女士说："希望你能找个人替你处理这种麻烦事。"当时，我母亲没有工作，在未收到保险赔款前，我必须撑起这个家。这一段时间，除了亲人的离去，同事的冷漠更让我痛苦不堪。

于是我决定辞职。上司问我是否知道自己在做什么。我告诉他，事情太难应付，又没人帮忙。我说我已经承受不了了。对此他感到意外，无法理解我的感受。

尼雷的遭遇绝非特例，多数企业都不能有效地对此加以解决。它们之所以会失去尼雷这样宝贵的员工，原因自明。其实，团队成员不应将队友的悲伤视为扰乱工作的消极因素，而应将其看作是一个人们重新调整自我来摆脱不幸、重建健康关系的自然过程。团队不仅需要锦上添花，更需要雪中送炭。

小评论：

关心同事，就像关心朋友一样；理解同事的苦衷，就像自己也有同样的痛苦。在平时的工作中，你是否关注同事身上发生的变化，是否因此采取关爱的姿态关心一下同事？

★选自车斌，宋启海.团队培训游戏全书：人力资源管理者与培训师的149个经典游戏[M].哈尔滨：哈尔滨出版社，2007.